大展好書　好書大展
品嘗好書　冠群可期

武學釋典32

黃逸武 著

懂勁釋疑——講手與懂推

（影片互動版）

大展出版社有限公司

一張照片，鄭子四代傳承；沈于順先生率筆者與國外弟子至鄭曼青紀念館致意，圖中為鄭子太極宗師鄭曼青銅像，右四為二代傳人徐憶中先生、左四為三代傳人沈于順老師、左三為三代傳人吳明芳老師，左二為筆者四代傳人，其它為四代外籍傳人。

沈于順老師率外籍學員來筆者道場切磋推手

筆者在道場教授內勁太極拳

筆者與內勁班學員之合照

筆者與內勁班學員之合照

筆者與內勁班學員之合照

筆者與內勁班學員之合照

內勁班學生參加2017年總統盃推手
比賽獲二、三組合併第四名

內勁班學生參加2018年中正盃
推手比賽獲第七組冠軍

作者簡介

黃逸武，自幼習中外武術，擅長長拳螳螂、跆拳、西洋拳擊，三十歲時學鄭子太極拳，後多涉略陳氏太極、武氏太極、形意、八卦、鶴拳，三十八歲時從加拿大鄭子太極拳協會會長沈于順先生習太極拳內勁，在沈先生指導下十三年，悟得懂勁之妙。

著有《懂勁——內家拳的瑰寶》、《懂勁之後——內家勁的修煉》二書闡揚內家勁奧秘。現居台北市傳授太極內勁，聯絡信箱E-mail：gwojoe@yahoo.com.tw。

自 序

《懂勁釋疑——講手與懂推》這本書是延續懂勁系列《懂勁——內家拳的瑰寶》、《懂勁之後——內家勁的修煉》之後的第三本書，五年前懂勁系列第一本書《懂勁——內家拳的瑰寶》出版後，立刻獲得愛好中華武術者的熱烈迴響，榮登武術書籍銷售排行冠軍數月之久，甚至三年內一直維持在銷售排行前五名之列。

而當簡體版由大陸人民體育出版社在大陸出版後，簡體版同樣立刻在大陸各地造成大轟動，甚至，許多地方還洛陽紙貴一書難求，許多讀者來信告之，在當地書一上架就被清空了。可見「德不孤，必有鄰」，大家對內家拳內勁的憧憬與渴望，亦如筆者一樣，願花十八年磨得一「勁」，也甘之如飴。

然而，當我練得內勁之後，深知花十八年工夫一點都不可惜，因為內家勁實在太珍貴了，更多人一輩子練太極拳也無法一窺其貌。

《懂勁釋疑—講手與懂推》這本書作者其實不止一人，算算應是數百位愛好內家拳朋友的集體創造。因為《懂勁—內家拳的瑰寶》、《懂勁之後—內家勁的修煉》

這兩本書在華人地區熱賣後，迴響十分熱烈。這些迴響中有很多是非常有深度與內涵的，這些有深度內涵的信若僅收藏在筆者信箱中，想必對於同樣想探討內家武術愛好者而言，是件極大的事。

感懷讀者用心與內勁珍貴，故筆者願整理與節錄出其中較具代表性的詢問與回答來回饋同好。另外，近年來教拳與練勁，還有些新的體悟，如從根勁練到整勁，從整勁練到剛勁、柔勁，從剛柔勁練到中線勁、陰陽勁等，都是懂勁之後必經歷的層層關卡，習者若無人指點，恐怕難走對路，於是筆者集結這兩大部分，成就了懂勁系列的第三本書《懂勁釋疑—講手與懂推》。

「懂勁」這門功課，其實是所有人類的共同必修科目，因為懂勁是老祖宗在教導我們如何有效率地使用自己身體，讓身體潛能得到「正常」的發揮。除非已經臥病在床之人，若還能下床走路，都應該來了解內勁的運作，讓「借地之力」去發揮身體潛能到令人不可思議的地步。甚至，當我們深入研究懂勁之後，更發現連呼吸也可以養勁、蓄勁，讓身體充滿「勁能」，這便是宗師鄭子所說的「吞天之氣」了，於是有了氣勁樁法的出現。而有了這一套「以氣養勁」的方法之後，連臥病在床的人也可以練勁，讓受傷的身體得到勁能的修補與滋養，讓內臟得以繼續運動，好讓身體恢復到昔日的健康狀態。

書中每篇都在闡述「借地之力、吞天之氣、壽人以柔」之道，這些都是老祖宗代代秘傳下來的瑰寶，沒有一絲一毫是筆者能突破自創的，筆者最多只是略為整理而已。緬懷先賢，這些養身健體功法若能透過本書而繼續流傳下去，也算是不愧對歷代老祖宗的苦心研究。

在中華大地上，從來不缺戰禍，炎黃子孫一向都生活在與獸鬥、與外族鬥，與同族鬥的環境中，於是乎自衛武術成為生活必需。而當武術成為生活一部分後，很自然地結合了博大精深的中華文化，把哲理、醫學、養生等學問融入武術當中，造就了兼具中華文化特質的武術體系，內家拳系統於是在此醞釀成形。

內家拳絕非一人一時一地之作，而是千錘百煉後的武術結晶，只要是中華兒女都應珍惜它。甚至，它已不單專屬中華民族所有，而是全體人類共有珍貴資產。當你視它為無物，卻見外國人整日捧在手中視為珍寶，豈不唏噓！望讀者亦能同筆者一般珍惜它。

本書分為三大部分，分別為「講手動手篇」、「懂推篇」、「講手動口篇」，其中引用較冷僻的「講手」一詞，這「講手」一詞是廣東武林界用語，意思是透過動口與動手示範拳術來取勝對方。因為這一詞包含文鬥與武鬥，很符合本書的內涵。所以，便借用它為篇名。

講手動手篇的提問人，大致上，都是與筆者面對面的動手者，而懂推篇則是以內勁的角度去研究目前的推手運動，至於講手動口篇則是筆者以書信回答讀者問題。

「講手動手篇、懂推篇」兩篇因為會牽扯上動手問題，故本書以文字與影片互動模式呈現，讀者可透過指定參閱的影片，更能了解該篇文章想要傳達的真意，算是在武術書當中的新創舉，閱讀時千萬別只看文字而省略影片，否則，就如入寶山而空手回。建議可先把影片檔直接抓入電腦、平板電腦或者手機裡。這樣在看書時，便可以隨時對照篇章提示的影片來觀看。

「講手動口篇」則是集結了眾多武術愛好者的來信與回答，內容五花八門，語法南腔北調，風俗各地不同，透過來信呈現趣味十足。大致上，都是圍繞在懂勁的相關問題上。別人的問題或許正是自己的問題，相信很多人看了之後，會心有戚戚焉，會心一笑，看了別人的問答，等於也解答了自己的問題。

看書後，若對懂勁有興趣想習練的朋友，可以e-mail來信連繫，信箱號碼 gwojoe@yahoo.com.tw 通常我是在台北市士林區授課，以一期為期四～五月的「內勁班」模式教授太極拳內勁，推手班則為其進階課程。也不排除其它的上課模式，只要有時間都可盡量配合。畢竟，能習得內勁是所有太極拳者的最大心願，筆者也樂觀其成。

祝讀者內勁充沛！

黃逸武

目 錄

自 序 11

講手動手篇 21

第一章
鬆柔、樁法之問 23

第二章
剛柔、吻靴之問 38

第三章
虎猿、手重之問 50

第四章
氣場、推手之問 56

第五章
練推、聽勁之問 64

第六章
兩儀、蟒勁之問 72

第七章
盤手、初搭之問 79

第八章
手塚、接勁之問 91

第九章
被擄、美人手之問 98

第十章
遇強、外家之問 105
第十一章
秒殺、純勁之問 111
第十二章
陰陽勁、瞬強之問 117

懂推篇 125

推手百廿要 127
第一章 129
半圓切入、後腳懸跟　出三分掤、來截接化
以圓化攻、以崩攻敵　搭手求聽、先接後發
第二章 138
意寓其上、必先其下　掤放弓勁、捋蓄弓勁
意念手腕、採按相依　手快腳穩、採掤相濟
第三章 145
目標敵身、閃轉騰挪　以身為盾、四象陰陽
霸王卸甲、前翻後仰　敷翻採捋、輪轉落按
第四章 153
手指聽採、掌底按勁　單鞭擒手、兩儀盤手
短勁搶手、連發推手　大悲採扣、槍虎齊發
第五章 162
肘脫則掤、制肘則採　以腕護肘、以纏護腕
上下佔先、壓頭剷根　挽花採手、輪轉雙按

第六章 168

熊經8字、築基卡位　牽制主力、遊打側擊

臂如雙蟒、採纏翻按　腕如蟒口、纏繞反咬

第七章 177

打蛇隨棍、直搗黃龍　大悲合掌、尖如棉針

擎引鬆放、敷蓋對吞　右手制中、左手制肘

第八章 185

過前用化、過後用發　高身用掤、低身用敷

前臂被握、鬆臂上肘　上臂被挾、母雞振翅

第九章 192

遇強則強、遇弱則弱　遇陽則陰、遇陰則陽

守中百變、神明之境　紅燈防觸、手塚歡迎

第十章 200

雙根如藤、左支右應　翻浪加身、用否隨意

雙重出掤、單重出捋　打實用雙、擊虛用單

第十一章 206

陽推陰吞、以實擊虛　纏手防抱、以抱制抱

短遇長手、不用心急　長遇短精、偏門搶攻

第十二章 213

柔勁遇剛、上鬆圓活　剛勁遇柔、左右開弓

脫槍為拳、化盾為接　矛盾推手、採實按虛

第十三章 222

左盾右矛、右重左推　左重右刺、右重閃打

敵方壁守、化矛為戟　掌虛肘實、捨力用勁

第十四章 230

不搭之聽、白鶴亮翅　一來二迎、來留去送

抱虎歸山、甩坐相隨　固根卸虎、左支右解

第十五章 240

尋隙轉身、循環秒殺　十字封手、橫擋側擊

有式無招、見招拆招　陰陽為體、萬變為用

講手動口篇 249

第一章 251

懂勁二書、熊經、根勁、內勁、拳架、身型之問

第二章 267

年紀、五禽戲、纏絲、體感之問

第三章 280

勁趣、起落腳、發人、踩蹬搓揉、傳統武術之問

第四章 295

沈尊師、頂牛、陸上游泳、開勁、站樁之問

第五章 309

虛實、骨肉分離、氣功、頭脹、傳藝之問

第六章 324

來台習藝、運勁、身鬆、借地力、力與勁之問

第七章 335

8字位移、錯路、拉筋、虎步、發勁之問

影片目錄

01鬆沉發勁
02黃逸武與學生之兩儀推手集
03美人手vs壯漢
04霸王卸甲
05黃逸武與學生之抱虎歸山式
06兩儀推手實戰
07推手中的彈抖勁用法
08熊經五部
09定勁樁
10龍虎樁
11氣勁樁
12龍勁
13虎勁
14熊勁
15蟒勁
16鶴勁
17羊勁
18牛勁
19採勁
20動在虎猿01
21動在虎猿02
22盤手八式
23雲手、彈抖、玉女穿梭
24半圓切入後腳懸跟
25意念手腕採按相依
26手快腳穩採掤相濟
27目標敵身閃轉騰挪
28以身為盾四象陰陽
29霸王卸甲前翻後仰
30單邊擒手兩儀盤手
31短勁搶手連發推手
32大悲採扣槍虎齊發
33肘脫則掤制肘則採
34以腕護肘以纏護腕
35上下佔先壓頭剷根
36熊經8字築基卡位
37牽制主力遊打側擊
38臂如雙蟒採纏翻按01
39臂如雙蟒採纏翻按02
40臂如雙蟒採纏翻按03
41臂如雙蟒採纏翻按04

42打蛇隨棍直搗黃龍
43擎引鬆放敷蓋對吞
44上臂被挾母雞振翅
45雙重出掤單重出捋實採虛按
46左盾右矛右重左推
47不搭之聽白鶴亮翅
48一來二迎來留去送
49抱虎歸山甩坐相隨
50十字封手橫擋側擊
51剛勁大悲掌
52柔勁彈抖
53吻靴
54聽勁推手—盲推
55輪轉雙推
56兩儀四象推手
57定勁樁＋虎龍熊蟒鶴羊牛七獸勁動樁

講手動手篇

第一章

鬆柔、樁法之問

手把青秧插滿田，
低頭便見水中天：
六根清淨方為道，
退步原來是向前。

五代後梁——布袋和尚　契此

學拳練勁如逆水行舟，不進則退，一天不練自己知道，二天不練對手知道，三天不練則全世界都知道。但有時候，怎麼練卻仍原地打轉時，請勿灰心。看似不進則退的你，其實，正在蛻變當中，等時機成熟之後，自然能羽化成蝶；亦或者正在醞釀轉變的契機，這些都需要退步之後，才能看清楚的。

****

本篇是講手動手篇之始，武術研討不可能光動口不動手，若是雙方住的遠，彼此碰不到面，就僅能透過電子郵件書信往返，那便只能君子動口不動手。這篇講手的對方，多數是想與筆者「試功夫」的人，亦或者是筆者與學拳弟子的問答。若是來試勁之人，人家專程前來，總得讓對方滿意才行，這是我的習慣。所以雙方見了面，在嘴上談完功夫之後，慣例總會與對方動一動手。

所謂的動手，並非就是要打倒對方，而是兩人經由肢體接觸，來取得更多更正確的資訊，以佐證我的說法與我所說的勁法奧妙。

動手的好處在於可排除文字障、語言障，兩人直接以心印心，如同下圍棋又稱「手談」一樣，不用言語也知道對奕的人在想些什麼。雙方功夫的高低深淺，在兩人一搭手之後，便了然於胸。所以，我喜歡在講手時與人動手。若搭手之後，對方還不清楚，亦或許不滿意的話，要不然就進入發勁與接勁的程度，甚至推手、擒拿、抱摔，也都是可以的。

因為是動手，所以，多少有影片可以輔佐對照，建議讀者在看書時，若在篇章之中有參閱影片某某編號之建議，若能依建議去看該影片檔。這樣文字影片相佐，便能很快進入文字所要描述的狀況中。

以下便是動手篇之開始

問：前兩本「懂勁」二書，都一直強調鬆很重要，又說鬆不是柔，所以，對鬆的瞭解還不是很清楚，可不可以再細說一番？

答：（可參閱影片01鬆沉發勁）

練武是想把身體給練結實，怎知一開始練「鄭子太極」就叫人練鬆，看似愈練愈後退了。殊不知，練武如同插秧，練鬆看似在退步，原來才是向前。

練推手也是這樣，雙方推手，贏家其實是推輸的人。推贏的人是無法知道自己問題出在哪裡的，自己不會再進步；而推輸的人，則可明顯感受到哪裡不足，哪裡僵硬被對方捋到，哪裡接不住勁，讓對方發出去，於是有了改善的空間。相較於推贏的人只能原地踏步，推輸的人卻可持續改善進步，雙方一比，推輸的人，其實才是真正向前的人。

武術雖講究力氣與速度，但必須得加入鬆的成分進去，這是很重要的事情。缺乏了鬆的武術，只是把自己練成一塊石頭，一根木棍而已。而缺乏剛堅的太極，則只是柔軟體操而已，所以，必須要「**鬆堅兼具**」才是真傳的太極功夫。人要能鬆才能打得到人，不鬆打不到人，不鬆的人推不動鬆的人，鬆的人推不鬆的人則應聲便倒。

若還不清楚何謂「鬆」，那麼我們就第三度來談談「鬆之道」吧。

鬆之道——鬆是果，不是因。多數人以為鬆是「因」，是「做出來的」，是「源頭」；卻不知鬆是最後呈現的狀態，是「成果」而非源頭。

以前我們就說過鬆是「下比上堅」後所呈現的成果，這說法現在還是成立的。舉例來說，以浮萍、水芙蓉與草、樹的分別做比較。浮萍、水芙蓉浮在水上，風一吹便浮動，四處飄零。草與樹長在土地上，風一吹，葉子晃動，草根、樹幹卻如如不動。

我們再來比較它們的葉子，會發現水芙蓉的葉子結構其實比樹葉還堅固，水芙蓉的葉子層層疊疊的長在身上，就像一艘船的風帆似的，風一吹整株水芙蓉便跟著飄動，風到哪裡便飄到哪裡，這是因為它上比下堅，水芙蓉本身的結構是葉子結實且無根著地，所以，風一吹便受風吹而動，被風帶著到處飄泊，它的好處是可以藉風力到處漂泊而吸收各處的養分。

而長在陸地上的樹應對風的方法，則是下比上堅，風一吹來，樹葉便飄動化解風力，風再大，樹枝樹葉便一同晃動，來化解風力，風再更大時，枝葉動，樹幹也微微顫動，同樣化解風力。但是無論如何，根是不動的，用根的不動來支撐葉枝幹的動，用葉枝幹的彈性來化解了風的推力。

兩者相較，浮萍、水芙蓉只能承受微風、小風，若風太大，則會把水芙蓉給吹上岸，水芙蓉離開了水，便必乾枯無疑。故浮萍、水芙蓉看似悠閒漂浮，到處吸收養分，卻只能生長在緩流的水域生長，若遇大風大浪則整株必滅。

但長在陸上的樹，根深入土表之內，一般小風小雨完全難不倒它，反而成了它的水分養分來源。偶爾遇到大颱風，縱使部分枝葉折斷，甚至樹幹也被折斷，只要根基還存在，總還能再發新枝枒，只要沒被整株拔起，便能繼續存活，所以，樹木的存活時間，總是比浮萍、水芙蓉要長的多，這便是「**下比上堅**」之功，也就是「**鬆之功**」。

若以主客關係來說，我們也可以說成「堅是主，鬆是客」，仍以樹木為例，樹幹、樹枝、樹葉只是樹的客，根才是樹的主；樹幹、樹枝、樹葉若有折損仍可恢復生機，但若樹根斷了，則樹必枯死無疑。

若以「主堅客鬆」的觀點來看拳術，大多數外家拳在發力時，都犯了「主客易位」的毛病，一出拳，拳比腰硬，腰比腿硬，自然呈現上盤比下盤剛硬狀態。而一般練太極的人在發勁出拳時，雖不至於犯了主客易位的情況，但很多人卻因為太過鬆柔的拳架，把自己練成鬆柔不分，也練成「主客不分」了。目前多數的太極拳光是一味的柔，沒有了堅的部分，埋首只講求鬆，導致有內勁也無法傳導出手。

像我們進入了一家公司拜訪，若發現公司成員都是二十餘歲的年輕女孩，一時之間很難感覺到他們彼此間的主從關係，不知哪位才是主管？哪位是部屬？亦或者是客人。因為這時候每個人看起來都是柔的，我們想洽公辦事，一時之間還不容易拿捏應對進退。而這時候，若能在每個人衣服上掛上職稱名牌，讓我們知曉了他們之間的彼此關係，這樣我們便容易找到正確的人來洽公辦事。

這邊有個前輩的案例，可以拿來說說，話說幾年前，台灣某位太極拳師傅，一日出國表演，也遇到大陸其他太極拳者，人家看完他表演的太極拳架之後，大陸某人就問：「您這拳架看起來鬆鬆的，能打人嗎？」這位太極拳師傅當時只是淡然笑笑，沒有正面回答問題，大陸拳者也就禮貌性的不再追究，兩人就這樣看似高手過招般，高來高去一番便把敏感問題處理掉。其實，這只是雙方打了一場糊塗仗而已，若是大陸太極拳者不死心硬要討教鬆的功夫的話，再來的場面勢必會很難看。

很多名師，名氣響亮卻不敢跟人交手，對方敬你也罷，糗你也罷，總是用這樣打模糊仗混過，看似不與人爭的孤芳自賞，但久而久之卻把太極拳真正的精髓給失傳了、模糊掉了，唯一剩下的就是一個養身的空殼而已。楊祿禪會不敢跟別人打嗎？楊班侯會不敢跟別人打嗎？所以，學太極拳切莫把「鬆功」學成「柔功」，太極功夫一旦純柔，則萬劫不復矣！

鬆的練法

要把鬆練好，首先要把根紮好，下盤根紮好，上盤身子一放沉，自然整個人就鬆了，這就是所謂「放鬆」了。至於根如何紮好，一腳先跨出，先以腳掌1、2點著地，然後用力踩扣著，維持繃緊的狀態，再來把腳掌放下，在腳根快要落地時，把第4點往外撇，之後1、2、3、4點皆著地。形成後腳根有點往外撇的落地狀態。之後，再把繃緊的腿給放鬆，但腳掌仍著地，這時，腳掌變會歸位轉回，於是在腳掌之間變形成了「踩蹬搓揉」的盤根狀態，就如同樹根牢牢紮根於地一般。這是前腳的根。

後腳的根同樣如前腳做法，在做出前腳之根之後，把身體重心往前傾，讓後腳跟也浮起，同樣繃緊後腳肌肉，然後後腳跟才往後踩，快落地時才把第4點往外撇，之後落地，最後再放鬆腿肌肉，後腳掌於是歸位轉回，也形成

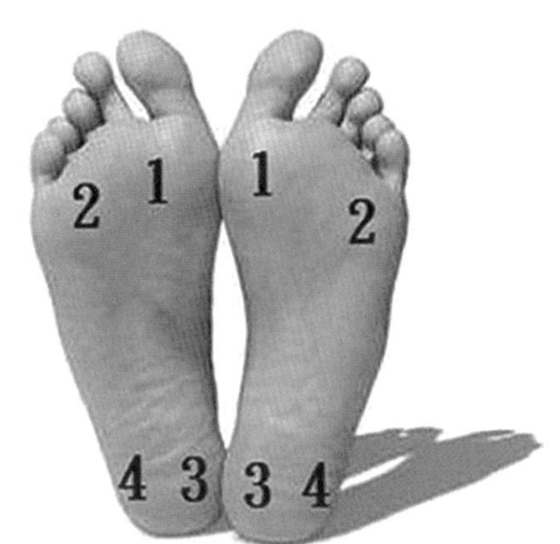

腳底的1234四區之中，以1區最為重要，1區若失守便是斷根

「**踩蹬搓揉**」的吸地盤根狀態。

若練得順時，這時雙腳便如雙根一樣，雙根相互支援來支撐身體，但這不是雙重之病，因為兩腳兩根相互支援便可以讓身體有更多的虛實轉化空間。而且因為是雙根，所以可以快速地轉化「單重」，反而是超靈活的「單重」，這相互支援的「雙根單重」便輕易做到拳經裡面所說「擊首則尾至，擊尾則首至，擊中則首尾皆至」、「人不知我、我獨知人」之境界。

雙根形成後，這時若對方有勁按來，只要身體保持「勁架子」的狀態，就能很輕鬆的把對方來勁引導到實腳入地，這便是「**接勁**」。

來勁時，兩腳掌會自動做出第4點往撇的三角架構，這便是「**盤根勁**」顧根之功。

對方來勁越強，盤根勁的三角架構可越尖銳，這便是「**以鬆接勁**」，也就是祖師爺楊澄甫所說的「不鬆就是挨打的架子」，你鬆對方就推不到底，自然是你聽到對方的勁，對方聽不到你的勁。

或者，也可以用另一個境界來相應，那便是讓對方聽到的全是勁，無從下手，讓對方如同按到一粒大鐵球一般，對方感覺隨時會被鐵球撞上，左支右絀之下便漏洞百出，反而任由你發揮。

一旦對方出現力竭放鬆之後，或者出現「上重下輕」的狀態，漏洞就出現，此時我們便可以馬上直覺反擊，根本無須用腦筋反應，身體直覺反射動作。所以，常有案例記載到，某某太極大師把人打飛出去後，自己還愣在當下，似乎什麼也沒做。的確他當下是什麼事也沒做，就只是因為身體自然反應的以鬆接了勁，然後借地之力，直覺反發對方而已，對方便飛了出去，這便是我們第三次講的「**鬆之道**」。

問：很多的拳術都會有樁法，練內勁太極拳有沒有樁法？

答：（可參閱影片08熊經五部、09定勁樁、10龍虎樁、11氣勁樁）

練太極內勁，首重在於練出根勁，當練出根勁之後，便要練出身體各處之短勁，然後結合身上各處短勁，成為短中長三種內勁隨伺在身。若藉由根勁起頭，發之於手，串連出整體一勁者，則成為整勁，能有整勁便能上下相隨，別人便難進矣。

練出整勁之後，再來便要練成剛勁與柔勁，最後在剛勁與柔勁的不斷內斂之後，可蛻變至「中線勁」，中線勁會較整勁更有效率的使用整勁，既然有效率，也就省勁多了。最後把中線勁會合丹田彈抖勁後加以陰陽作用，便是把勁法提升至「陰陽勁」，一旦勁法昇華至陰陽勁的境界，便開始從有的境界進入無的境界。

在陰陽勁的境界中，陽推陰走，陰退陽上，漸漸地感覺發勁用陰勁會比用陽勁還更有效率，一旦陰勁使用成分多於陽勁之後，發勁便成無形，發勁時對方總摸不著你的出勁。當對方一出手便屬陽勁，即可串連自己的陰勁，兩人的一陽一陰雙勁，反而成為你陽勁的最強推動力，於是當你一出陽勁，便是兩人三勁合一，不但是你打他，他自己也打自己，是妙不可言的勁法，學勁法若能達至此境界，便是頓悟太極陰陽之妙，「神明之境」的眼界將大開。

我們拉回來再說整勁，能練出整勁，是練內勁的小成境界。雖是小成勁境界卻也是很可觀的境界。整勁也可以說是「短、中、長三勁合一勁」，打出整勁就是用全身上中下三盤之整合勁再加以「借地之力」四動力打人，鍛鍊過的人其勁力奇大無比。

然而想練出整勁，就得先練出借地之力之始的根勁，而練根勁自然最好的是熊經。所以，初期站樁就站熊經，熊經站的好，可練出陰陽相濟、盤根錯節的根勁。何況我們的熊經已經發展到五部，分別是「練根、練穿梭、練掤、練雲手、練氣」等五部，能把熊經練好，這五部的功夫也同樣學會了。所以，鄭子說「熊經會，太極會一半」是真話。

若還不滿足，想要在短時間內可以學上大部分太極拳內勁的話，有熊經內勁基礎者可練「定勁樁、龍虎樁、氣勁樁」這三種樁法，鄭子說：「太極拳者，吞天之氣、借地之力，壽人以柔。」「定勁樁、龍虎樁、氣勁樁」這三樁法正好各有「借地力、壽人柔、吞天氣」這三樣之功，站了這三樁等於練了借地力、壽人柔、吞天氣的太極拳功法一般，可與拳架相輔相成，站樁練其功，拳架練其用，兩者結合便體用一致。

在中國武術當中，普遍存在所謂的站樁，站樁可使人的下盤穩固，是練國術中幾乎不可或缺的練法。我們的太極內勁，講究根、根勁、整勁、中線勁、陰陽勁，在在都不離下盤的穩固性，所以，樁法在我們的先練太極之前，也是相對重要的。

若純以「熊經」當作樁法練習，便容易在「陰陽相濟」與「下盤穩固」兩者之間想求取平衡，進而必須取捨某項，而讓根勁與陰陽失據。陰陽若沒根，則陽不成陽，而陰因陽不盛，故也不成陰，陰陽便無法調和順暢。故太極除了熊經之外，應該另練樁法加以強化鍛鍊下盤，才能發揮熊經陰陽相濟之功。

故我們另練的樁法有：定勁樁、龍虎樁、氣勁樁。以下便是其個別介紹：

定勁樁

定勁是太極拳中特別重視的勁法，定勁專主「不爭」，「他強任他強，清風拂山崗」之太極不爭境界，便是大量使用定勁與人過招時的境界。但是由於「不爭」大大違反了武術鬥爭的本質，故習練者在心態上非常難以突破，往往都練成假不爭，真鬥爭。不過，一旦真正瞭解並進入了不爭的境界，則太極之借地之力功法便已成了一大半，故定勁實為重要。

定勁樁

定勁樁就是要用樁法來引導習練者進入定勁的「不爭」境界，常練定勁樁，根勁可快速陡升，站樁三月強過沒站樁人五年功力，是非常厲害的內勁樁法。

【站法】

定勁樁的站法，從頭到腳是，鬆身、頂頭懸、沉肩墜肘、含胸拔背，雙手自然下垂，手掌與大腿自然貼著，拇指輕輕貼靠著大腿。再來便是落跨膝微彎、腳掌自然平行站立，寬度與肩同寬。

樁法啟動時，腳掌以上不再變化，身體保持形態不變，之後著重於腳掌1、2、3、4位置點之間的變化。樁法啟動時，兩腳之2、3、4點浮起，僅用兩腳之1點支撐全身，之後2點先落下，再來是4點落下，最後3點再落下。3點落下之後，身體重心移動至兩腳之1、3點，兩膝微微內扣，然後借著兩腳1、3之支撐，稍微有坐下，此時便會產生坐跨、落跨之感，屁股外側兩旁在大腿骨與跨骨之間，肌腱會有微酸感。這樣便是正確樁法，便完成定勁樁一個循環。

如此循環每天連續做80下～100下，直到兩腿外側至跨之肌肉皆感酸軟後，即完成定勁樁站樁。

一天若能早晚各站一次，三個月後，自身根勁大增，人體第三顆心臟便將出現，一旦第三顆心臟出現則已有小成火候。這時連身體的體質也跟著改變，最明顯得變化是血壓中舒張壓通常會下降10%左右，因為第三個心臟會幫助第二顆心臟（小腿肌）把血液輸送回心臟，在兩顆心臟的輔助下，胸腔內的真正心臟收回靜脈血液的工作量便降低，所以舒張壓會下降10%。

定勁樁減輕了心臟負擔，並可練出根勁，是對於健康與功法都有雙重功效的樁法，是內勁太極第一樁。

【定勁口訣】1、2、4、3、坐。

龍虎樁

龍虎樁是延續《懂勁之後》一書中「**前龍後虎**」的練習課程，把它濃縮至一個樁法來練。站此龍虎樁時，兩腳前後站立，前後大約2～2.5個腳掌的長度。兩手自然上揚，擺著向前按姿勢。

站樁時以「後虎」先動，以後腳掌1、2點，推動身體向前，身體向前之時，要有一個向下沉再上揚之幅度，如同坐船一般，虎勁推到底之後，後腳根3、4點會微微上揚，只留1、2點接觸地面。

龍虎樁

之後「前龍」啟動，同樣以前腳掌1、2點把身體往後推動，往後之時身體同樣會有一個向下沉再上揚之幅度，推到底之後，前腳掌1、2點抬高，而換成3、4點貼著地面，這點與後虎剛好相反。龍虎二勁前進之時，都需要有下沉的動作，形態就如同遊樂園坐海盜船一般。

【秘訣】

龍虎樁的秘訣在於「引進落空、鬆沉圓整」。龍虎勁前進、後退之際，身體到了中心點時都會下沉，到達位置之後，都還上升歸位。這下沉便是「引進落空」兼具「鬆沉圓整」的效果。

若沒下沉則這個樁法便是空的，有了下沉這個樁便是實的，練久之後，發人打人之際，觸手發人便是引進落空，無需再引進落空，故旁人還不知其所以然之際，便已被拔根發出，能有這樣的神效，便是拜這下沉之功。

通常建議每次站樁，左右腳都需互換練，各練五十次，便可練出按勁與採捋勁，是鄭子之「**壽人以柔**」的功法。

氣勁樁

氣勁樁是用外氣來啟動內氣，進而引導內氣去養成內勁，讓內勁在周身循環一圈之後，達到氣勁合一的境界。氣有外氣、內氣、宗氣、衛氣、先天氣、後天氣等分別。我們這個氣勁樁是引用外氣去壓迫內氣，進而啟動先天氣養成之後天氣，用後天氣去營養全身內勁。

借由拉提內氣循環啟動內勁，最後內勁與內氣結合周身循環一圈，達到宗氣內練、衛氣護身的效果，練久之後便是鄭子之「**吞天之氣**」境界。

【做法】

氣勁樁的做法如下，站樁時與定勁樁相同，不過兩腳比肩略寬，而且是1、2、3、4點貼地，一開始由胸腔吸氣、胸腔吸氣七、八分滿之後，改由腹部橫膈膜下沉，繼續吸氣，兩口吸氣之後，便會把氣往下壓去刺激位於丹田之先天氣，讓先天氣壓迫至人體海底輪（會陰穴）處。之後，再吸第三口氣並提肛，這時先天氣無路可走，便會從丹田經走背脊往上提升。

拉提內氣之時，腳掌之3、4點開始抬起，這時腳掌僅用1、2點站立。這時吸氣至滿，內氣也已經經由背脊拉提上來至身柱穴，之後用意念把內勁往兩肩之肩井穴處帶領，並蓄於兩肩肩井穴之中。

內氣蓄於肩井穴之時，這時由於1、2點站立之故，內氣便會與內勁結合為一。這時氣勁合一，自身的力氣便會較平常時大上許多，自己可以感覺氣勁飽滿，力勁十足。

之後，將氣勁借由意念走向身體兩側導出，並直接導至腳掌第4點，氣到腳掌第4點之時，兩腳掌第4點緩緩接地、3點微浮接地，由4點處接地把氣導出，此時勁由於我們站勁架子之三角架構之故，會留在身體形成一個鬆沉的三角架構，而內氣則可沿路營養各個器官，至此便完成一個循環。

通常建議一天做36個循環，便可在無形之中練出氣勁合一之掤勁，這便是「**吞天之氣**」之氣勁樁。

以上三個樁法，妙用無窮，縱使不是練太極拳者，也可以常練用以養身，讓身體得到充分的運動與營養。

第二章

剛柔、吻靴之問

段譽未喝第三碗酒時，已感煩惡欲嘔，待得又是半斤烈酒灌入腹中，五臟六腑似乎都欲翻轉。他緊緊閉口，不讓腹中酒水嘔將出來。突然間丹田中一動，一股真氣沖將上來，只覺此刻體內的翻攪激盪，便和當日真氣無法收納之時的情景極為相似，當即依著伯父所授的法門，將那股真氣納向大錐穴。

體內酒氣翻湧，竟與真氣相混，這酒水是有形有質之物，不似真氣內力可在穴道中安居。他卻也任其自然，讓這真氣由天宗穴而肩貞穴，再經左手手臂上的小海、支正、養老諸穴而通至手掌上的陽谷、後谿、前谷諸穴，由小指的少澤穴中傾瀉而出。他這時所運的真氣線路，便是六脈神劍中的「少澤劍」。少澤劍本來是一股有勁無形的劍氣，這時他小指之中，卻有一道酒水緩緩流出。

初時段譽尚未察覺，但過不多時，頭腦便感清醒，察覺酒水從小指尖流出，暗叫：「妙之極矣！」他左手垂向地下，那大漢並沒留心，只見段譽本來醉眼朦朧，但過不多時，便即神采奕奕，不禁暗暗生奇，笑道：「兄台文質彬彬，酒量居然倒也不弱，果然有些意思。」又斟了兩大碗。

段譽笑道:「我這酒量是因人而異。常言道: 酒逢知己千杯少。這一大碗嘛，我瞧也不過二十來杯，一千杯須得裝上四五十碗才成。兄弟恐怕喝不了五十大碗啦。」

說著便將跟前這一大碗酒喝了下去，隨即依法運氣。他左手搭在酒樓臨窗的欄桿之上，從小指甲流出來的酒水，順著欄桿流到了樓下牆腳邊，當真神不知、鬼不覺，沒半分破綻可尋。片刻之間，他喝下去的四大碗酒已然盡數逼了出來。

那大漢見段譽漫不在乎的連盡四碗烈酒，甚是歡喜，說道:「很好，很好，酒逢知己千杯少，我先乾為敬。」斟了兩大碗，自己連乾兩碗，再給段譽斟了兩碗。段譽輕描淡寫、談笑風生的喝了下去，喝這烈酒，直比喝水飲茶還更瀟灑。

節摘自金庸《天龍八部》

段譽與喬峰初見面，兩人便比起酒來，最後還因此結拜成異姓兄弟，喬峰是紮實的大口大口豪飲硬功夫，而段譽則在自己體內大玩「氣功遊戲」，身體只是氣功遊戲的經手物而已，絲毫不受酒氣影響。

兩人喝酒相鬥各憑本事，不能說喬峰就是憑真本事，而段譽就只是取巧，應視兩人為適才適用，各自發揮己長才是。孔子教學時不也因材施教嗎？所以，我們學拳，若與師傅打的不像，那也不打緊，重要的是能不能從所學之中，得到自己可受用的功夫，才是正道。

****

問：勁有大小與剛柔之分嗎？

答：（可參閱影片01鬆沉發勁、03美人手vs壯漢、51剛勁大悲掌、52柔勁彈抖）

勁的大小除了關乎發勁者本身的鍛鍊之外，另一則是與在於發勁時，能整勁的多寡有關。整勁愈完整出勁愈大，整勁愈不全出勁愈小，這是勁的大小問題。而達到整勁地步後，再來便會慢慢走向剛柔二分，分出兩種整勁，一是三合一的剛勁，另一則是二合一的柔勁，簡稱剛勁、柔勁。

勁是力的昇華，平常人若沒有經過訓練，使力之時只會應用肌肉的伸展收縮來運動。這是動物的本能反應，因為肌肉天生就是用伸展收縮來產生力道的。身體的骨頭周遭旁，大多有一對或數對的對稱肌肉，用來控制肢體的運動，肌肉的一鬆一緊就造成身體與骨架的運動。而這運動是可以練習進而熟能生巧的，從簡單動作，漸增至複雜異常的動作。

當身體基本動作做久之後，身體便會自動記憶起來運動的力道與方向，漸漸地，多複雜的動作也逐漸能上手，慢慢習慣而熟能生巧，簡單如舉手、握物、走路、跑步……等。

複雜則如體操、打拳、開車、操作機械、駕船、開飛機……等，精緻的則如打電腦、寫字、繪畫、雕塑、編織、工藝……等，這些都是人類習慣控制肌肉運動後，再加上逐漸累積肌肉記憶，最後熟能生巧下的成果。

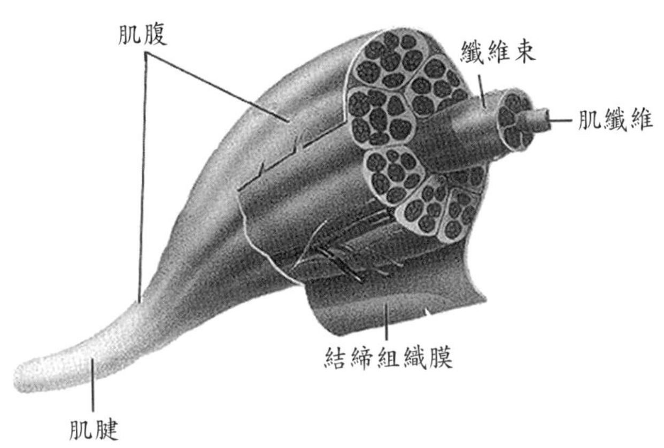

肌肉力由肌腹產生，而勁則由旁邊較富彈性的筋韌所產生

人類對肌肉的使用，已經運用到前所未有的巧妙，成就了博大精深的「雙手萬能」偉業，進身成為萬物之靈。但這些表現仍不算是勁的使用，只能算是使用肌肉力的精彩表現，也就是「力法」的表現而已。

若要講到「勁法」的表現，人類反而要跟動物學習，動物不用鍛鍊身體，就可以把天生的運動本能發揮至極致，人類則要延伸身體力學到更深闊的層次，到鍛鍊肌肉兩端之筋韌時，才能算是有勁的表現出來。

楊式太極第三代宗師楊澄甫曾說：「鐵百煉成鋼，力百練成勁。」這句話是勉勵後學者勤打太極拳，終究會練出太極勁出來。但練力不等於練勁，並非肌肉力伸展一百次便會成勁，肌肉力伸展一百次只能造就更強更巧的力而已，仍不至於成勁。因為勁與力的成分不同。

力的產生是肌肉的伸縮，多練肌肉會結實進而強壯，但勁則更加複雜，它採用了部分的肌肉力伸縮，並結合上肌肉兩端之肌腱的彈性扭轉，再搭配瞬間的骨架整合，造成肌肉力、肌腱力、人體架構三者結合所產生的爆發力量，這才能稱得上是「勁」。這時若再印證回到宗師楊澄甫所說的「鐵百煉成而成鋼，力百練才成勁」這句話上，便講得通了。因為百煉之後的力，經過不斷地淬煉，在正確的指導之下，終究也能結合肌腱力與骨架的使用，於是久練的人慢慢地也沾上用「勁」境界。因為身體肌肉本身自己會記憶，當力越練越巧之後，終究會搭上搭配肌腱力與骨架的應用上，自然就成為一種勁，不過，這種練勁法的先決條件是要能知曉練勁的正確方向，走錯路便容易誤入歧途。

所以，我們可以在這邊區分力與勁的差別，凡是利用肌肉伸縮完成的，就只能算力，力量再大也是力，但若能利用肌肉、肌腱、人體架構三方統合的，便可以稱之為勁，力量再小也是勁。

三打一的境界

知道了力與勁的差別之後，我們便可以很簡單地區分出兩者的差異性，也就是靠肌肉收縮的動作，便稱為力，能利用到身體三種成分者（**肌肉力、肌健力、身體架構**）便可稱之為「勁」。

若把身體結構分成上盤、中盤、下盤，三個層面來看的話，我們也可以說，能善用身體某部分上中下盤結合者，便可以稱之為「**整勁**」。在武術中的行話，便稱之為

「**三打一**」，也就是別人用一腿或者一拳打，我們卻可以結合腿、身、臂三者防守與攻擊，就像三個力量打一個力量、三個人打一個人一樣，故稱之為「三打一」，三個打一個自然防禦力較佳，攻擊勝算也較大。

剛勁與柔勁

三打一是結合上中下三盤的打法，是屬於剛強的勁法，也就是「**剛勁**」。因為上中下三盤三者結合之後，所使出來的力量便是全身的統合力，這比一腿一拳要強大許多，故屬於剛強之勁。不過大多時候勁法的應用，未必都需要如此強大力量便能應付。此時，若仍使用強大的剛勁，便有些像殺雞用牛刀般的感覺，遇到這種狀況，就需要用柔軟的勁法，我們稱之為「**柔勁**」。

在楊式太極前三代之中，剛勁的代表人物為「楊祿禪、楊班侯」，而柔勁的代表人為則為「楊健侯、楊澄甫」，其中又以「班侯的剛勁，澄甫的柔勁」兩者最具代表性。二代班侯與父親楊祿禪二人二代延續「楊無敵」稱號，當時更有「祿禪開天下、班侯打天下」之稱。

班侯的勁法是典型內家剛勁的代表，班侯與人交手時動輒重傷對手或打死對手，甚至連教學時也會失手，把自己的愛徒（張信義）給打到腹瀉三月餘而亡（應是內出血）。而到了楊家第三代的澄甫，則把剛勁進化至柔勁境界，甚至進化到「鬆沉勁」的境界，傳至鄭曼青之後，鄭子在台灣專攻「鬆沉」一路，進而創出了「鄭子太極」的路線。

練就鬆沉勁之後，對手如果鬆沉功夫不比你深，則摸不著你、打不實你，而對手自己往往會在不知覺時被瞬間給斷根打飛出去，這便是從鬆沉中論高低，是源自楊澄甫的柔勁路線，由鄭子在台灣發揮出來。

三打一與二打一

剛勁與柔勁的差別在哪裡？並非力大與力小，而是在「三打一」與「二打一」的差別。三打一勁剛強但未必就強過二打一勁柔韌，練的好的內家拳者，光是一加一的二合一力道，往往也能強過階層較低之人的三合一力道。故功力才是決定一切的判斷，而非力道。再加上二打一的柔勁還留有一個「一」的空間變化，可以用二打一長勁之時，再加一個短勁配合，變化更加靈活，出手發化更是難以預測。

三打一就是剛勁，二打一則為柔勁。剛勁與柔勁在表現上的差異，就是在接觸對方身體時的差別，若接觸對方身體之時，是三體合一的剛勁時，剛勁打進對方身體裡時，爆發力點短且強，往往透過皮膚之後，力道爆發點便在皮膚之後一吋之間的五臟六腑內爆發，內臟受到強大的衝擊力時，往往承受不住，進而破裂而內出血。

以前醫學不夠發達，不會開刀治療內出血，故被打傷的人往往萎靡一陣之後內出血過多而死亡，故剛勁打到人容易把人打死。

而柔勁接觸到對方身體時，由於只有二打一，第三個勁沒用上，故打到人時留了餘地，就像棍棒綁上了泡棉，泡棉棍棒打人便不容易讓人受傷，但是由於力量還是大於「一」，故仍可以把對方給打飛，或者捋開。而且由於與對方的觸點是柔軟的，故對方一時往往很難察覺力道的來源與大小，故柔勁比剛勁難防，但剛勁比柔勁難擋。

柔勁的觸點

柔勁既然只是二合一，而身體卻有三盤，又該怎麼應用呢？三盤該怎麼結合，方能稱上二合一？最簡單的方法，便是多用結合下盤與中盤之勁，形於手時則用柔，這不但是好的打勁手法，也是鄭子太極宗師鄭曼青所說的「**美人手**」。

美人手是典型的柔勁表現，手是美人手，身卻是金剛身，兩者結合這才是鄭子美人手的真諦。

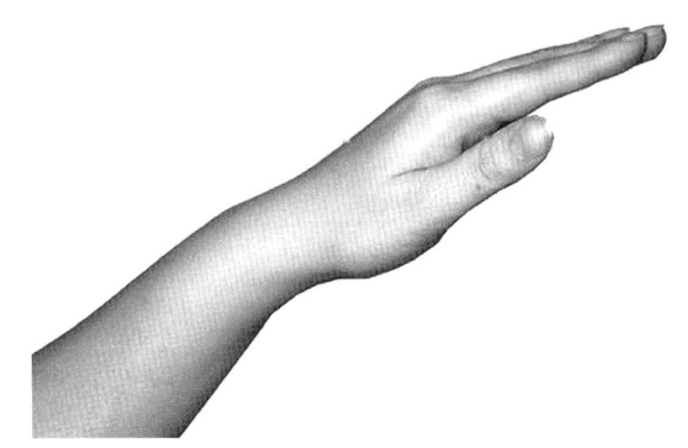

美人手：不伸直、不坐腕，半曲半直不著力，方為美人手

問：老師很重視「吻靴」這個動作，「吻靴」可有什麼重要性呢？

答：（可參閱影片07推手中的彈抖勁用法、23雲手-彈抖-玉女穿梭、53吻靴）

鬆身五式裡面，最重要的動作首推「吻靴」，做吻靴動作便可從腿一直拉到背部全身一體的筋韌，是非常好的拉筋韌動作。吻靴也可以熱絡膝蓋與胯骨部分的筋韌，想要保護好膝蓋與做好落跨動作的人，首先便要把吻靴做的確實一些。

做吻靴動作時，要以身體的腰，當作成一個折點，身體挺直，腿部打直，身體往下折，最標準的姿勢是嘴碰到腳尖，所以，這動作叫作「吻靴」。

不過，正常人不一定都能吻到自己的靴子。這牽扯到個人全身筋韌的柔軟度，只要把動作做出來時，感到小腿肌、大腿肌與背肌都有拉緊的感覺即可，常做這動作可讓人身體輕盈，動作靈活，全身性貫通，而且沒有任何副作用，是一個絕佳的拉筋動作。

最標準的吻靴動作，嘴碰到鞋尖，但以人類柔軟度而言，這樣反而屬於特例，不過倒是表現了「吻靴」這兩個字的真髓，吻靴好用，它還有個孿生兄弟名為「彈抖」則是更佳好用。

彈　抖

彈抖這個動作可算是吻靴的孿生兄弟。

因為一個走前腹筋絡，一個走後背筋絡，吻靴是拉後背肌、大腿肌、小腿肌的肌腱，而彈抖這個動作，拉筋的部位剛好與吻靴走相反位置。它拉到、鍛鍊到的肌韌，是前大腿肌、前小腿肌、與腹肌、核心肌群的肌韌。故「吻靴」與「彈抖」可說是拉肌腱熱身的兩項法寶。

真正的彈抖，動作快而迅速，動作微小，功效卻是奇大，讓人在無預警當中，忽然吃靠、忽然吃裂，是一種近身時，讓人防不勝防的勁法，我把它稱之為「**彈抖勁**」。

因為彈抖勁是讓核心肌群充分展現「丹田勁」力道的動作，充分符合太極拳中「湧泉為根，腰為主，陰陽相濟」的說法，腰在身體之中，為主要的發勁部位。彈抖發勁時無聲無息，毫無預警，是內家拳發勁中的主要武器之一，常見的招式有「半步崩拳」、「抱虎歸山」、「前靠」、「羚羊勁」等，擅長近身突擊對手的招式。

各家派別之中，尤以陳式太極拳最為重視其功效，屢見到陳氏太極徒人在推手比賽中用彈抖勁發人，把彈抖勁發揮的淋漓盡致。

陳式太極拳在中國大饑荒年代（1958～1962）時，曾在大陸落寞一時，陳家溝當時因為大饑荒田地荒蕪，已無太極大師存留在陳家溝，田地荒蕪了，拳法自然也廢棄掉。後來太極拳界有心人士刻意復興源流，尊陳式太極為始祖，在全國遍訪陳式名師，恰巧陳式太極當時已在京師流傳，眾人以北京陳式太極支派為主，再從全國各地，甚至包括香港，慢慢把全套的陳式太極拳給找了回來。

陳式太極拳經過這樣重新組合後，反而獲得了新生命，其中對丹田彈抖勁的發揮，更是超越其他家之上。陳式太極之中的發勁，很多都是靠彈抖勁完成的。

彈抖勁是以丹田反轉為勁源，屬於陳氏太極拳中的一種常用勁法，卻不常在楊式太極中看到。太極原本一家，各家各有所長，自然也有所短，習者應拋棄門戶之見，相容並蓄，學習各家的長處為己所用，方是智者。

彈抖勁法適合與對方貼身接觸後，瞬間使用之手法，常練後威力強大，可成為靠、摔、擒、脫等技的勁源，也可用為被對方手推到重心時的逃脫術，練得好，甚至可以成為連消反打的勁源。因為彈抖勁出於丹田，外觀可以毫無徵兆，勁出之時往往令人防不勝防。在我們的拳架當中，以「抱虎歸山」、「前靠」、「海底撈月」式的表現，最能把彈抖勁表現出來。

使用彈抖勁時，是以「快狠、冷冽」為標準，雖然彈抖勁用時是快狠冷冽，但在練習時，動作恰巧要相反，必須緩慢溫和。這是因為唯有透過緩慢溫和的動作，才能把彈抖勁的全部力量給練齊全，就像我們的運勁十步一樣，一步路分成十步路來走，方能體會一步之內的奧妙，也唯有緩慢溫和的練習，方能讓身體不至於在練習時受傷，故彈抖在練時與使用之時，與大多數太極招術一樣，都是緩慢溫和，常練可健身，但臨敵則時可快速襲擊對手，讓人防不勝防。目前筆者的三十七式中，以「海底撈月」式專練溫和之彈抖勁。

在推手中，若給對方先佔到優勢位置，自己處於不利的位置中，甚至勁架子已經變形，此時很多的勁法很難用得巧妙，反而給對手得機得勢步步進逼的機會，這時自己優勢將會逐漸消失，最後被對手擊潰。

若是對手率先卡位，重心比自己低，形態比自己好時，要把長勁發揮的淋漓盡致，困難度會很高，此時若想反敗為勝，便要應用秘密武器，那便是陳氏太極的「彈抖勁」。

彈抖勁以腳為根，以螺旋而上，爆發點在丹田之中，以丹田的彈抖轉換，帶動上身的形態瞬間改變，讓對手的「得機得勢」，瞬間反而變成失機失勢，是一招在險中求勝的救命招式。

彈抖勁學的完整，不僅可以救命，更可以在自己優勢時出奇不意，以對手想不到的角度發勁，讓對手大吃一驚，進而得勝。學會彈抖勁，你會愛它愛的要死，彈抖勁是學會長勁之後，必學的一種輔佐勁。

第三章

虎猿、手重之問

一日，正當嗟悼之際，俄見一僧一道遠遠而來，生得骨格不凡，丰神迥別，說說笑笑，來至峰下，坐於石邊，高談快論：先是說些雲山霧海、神仙玄幻之事，後便說到紅塵中榮華富貴。

此石聽了，不覺打動凡心，也想要到人間去享一享這榮華富貴，但自恨粗蠢，不得已，便口吐人言，向那僧道說道：「大師，弟子蠢物，不能見禮了！適聞二位談那人世間榮耀繁華，心切慕之。弟子質雖粗蠢，性卻稍通，況見二師仙形道體，定非凡品，必有補天濟世之材，利物濟人之德。如蒙發一點慈心，攜帶弟子得入紅塵，在那富貴場中，溫柔鄉裏受享幾年，自當永佩洪恩，萬劫不忘也！」

二仙師聽畢，齊憨笑道：「善哉，善哉！那紅塵中卻有些樂事，但不能永遠依恃；況又有『美中不足，好事多磨』八個字緊相連屬，瞬息間則又樂極悲生，人非物換，究竟是到頭一夢，萬境歸空，倒不如不去的好。」

這石凡心已熾，那裏聽得進這話去，乃復苦求再四。

摘自清　曹雪芹《紅樓夢》

在紅塵中「美中不足，好事多磨」，又豈止是紅樓夢裡的賈寶玉而已，只要有人在的地方皆是如此。

太極拳在全世界有數億人口，平均15個地球人就有一個人學過，但能精深可發人如掛畫者卻如鳳毛麟爪般稀少，太極拳道場更似紅樓夢一般，是「美中不足，好事多磨」的場所。

****

問：「靜在熊經，動在虎猿」，虎猿是什麼？

答：（可參閱影片20動在虎猿01、21動在虎猿02）

「靜在熊經，動在虎猿」這是我們懂勁二冊書中的經典老話，意思就是人可以隨時因地制宜以「熊經、虎步、猿舒」這三式來鍛鍊自己的內勁，不會受限於場地的大小。

練拳之人總要拳不離手，口不離典，如形意拳高手郭雲深，雖一度入獄手鐐腳銬纏身，仍要練拳，出獄後，反而練就「半步崩拳」的十足霸氣，打遍半個江山無敵手。所以，隨時隨地能練拳，才是習武之人所追求的方向，而不是只能在天氣晴朗、場地寬闊的公園裡練拳，若是如此，能練出多深的功夫，就很令人玩味了。

當我們人在只有站立空間時，仍可以定步練熊經單式，一直練到熊經五部（原式，玉女穿梭式、擠式、掤式、練氣式），這是只需有站立空間即可練熊經。再加上第一篇的三種站樁法，就很能夠精進內勁。

而當人有了可前後走動的空間時，則可加練「虎步」與「猿舒」，故曰「動在虎猿」，虎步式在拳架裡面，就是「摟膝拗步」一式，屬於前進的招式，猿舒在拳架裡面則是「倒攆猴」一式，是屬於後退的招式。動在虎猿把兩者結合，便是以虎式前進，以猿式後退。常習練此二式，動態內勁便可在不知不覺當中養成。

要注意的要點是，虎步前進時要以「**淌泥步**」前進，淌泥步就是像走在泥濘地的步伐，戰戰兢兢不讓自己滑倒。要注意前腳掌「1」點要先落地，之後以後腿為推動的力源，一開始後腿為實腿。身形移動之時，前腿漸漸轉化成實腿，手要摟到膝的位置，這是撈對方的來腿，身形是走拗步，而不是順步。

猿舒後退時，同樣要以後腳掌「1」點先著地，之後腳跟再著地，身形部分則要以「順步」的同手同腳為後退式。雙掌在前，要掌心上下遙遙相對，一進一退，練久了雙掌會有氣場感，手掌感覺像是兩掌互斥的磁鐵一般，樣子像是把猴子攆走一樣。

其實倒攆猴的作用，是類似西洋拳擊中的刺拳，刺拳主要目的是要與對方拉長距離，不讓對方來拳打到自己，屬於防禦性的拳法。我們這時是把它當成內勁與氣場來練，雙腳是練內勁，雙手則是練氣場。

向前虎步、向後猿舒，兩者結合起來，便可在能前進後退的空間中，練得可走動時陰陽相濟的功法。

問：學了幾個月的內勁太極拳，最近感覺手越來越重，這是為何？是對的現象嗎？

答：練熊經、打拳架時感覺手越來越重，這是正常的現象，而且是好現象。祖師爺楊祿禪、楊澄甫、鄭子曼青等人，都有把手輕輕搭在弟子肩上，弟子卻感覺重若金塊的紀錄可查詢。可見把手臂練到越來越重，重若金塊的方向，肯定是對的。

鄭子太極也有打拳架時「空氣中游泳」之說，若不感覺手重，自然難有游泳之感。手感重對於周遭空氣的流動感便會敏感，再加上舉手投足之間「手沉身凝」自然可感覺周遭空氣如水一般流動。故太極練對了，在打拳架時，感覺手越來越重是正確的。

而在做熊經時，若是勁架子的七樣要求「鬆身、頂頭懸、含胸拔背、沉肩墜肘、落跨、膝微彎、盤根勁」都做到的話，兩手手心相對，則可感覺兩手掌之間如有一顆氣球存在一般，壓不下去，這是接到地氣後，雙手磁場互斥的現象，能接到地氣表示從腳到手的勁道順暢，故地氣能從腳上傳到手中，表示姿勢正確。

若有兩人同練的話，兩人可互相隔空感應彼此之間的磁場移動，這絕非異相，是自然之理。就如同最近發明的手機無線充電技術一般，現代都能無線充電了，隔空感應磁場，也不是多稀奇之事。算是科學又為中國氣功證得一件明白之事。

至於手越來越重的理論依據何在？我可以從內勁與氣血的角度來說說。一般外家拳用的是外力打擊，也就是拳打時用手力，腳踢時用腿力，高階一點的技法，最多就再輔佐個丹田核心肌群的力量。不過，主要起始力量還是以腿力、手力為主。

而我們內家拳出拳踢腿時，則不用外力，改用內力出擊，也就是出手打人時，主要是用腿力加身體核心肌群之力，打人的手反而退居二線，只是輔助加成或者僅是傳導腰腿力量的工具而已。這樣的差別之下，出拳的感覺就會差別很多。

我們先不講兩者力量的大小，就以力源的不同出處而言，內家拳由於力源在腳底或者身體核心肌群，故手掌是開放的，是鬆沉的，故血液暢通，當力到手掌之時也是氣血到手掌之時，自然手會變重，這完全不是自我感覺的問題，而是真實物理現象，因為手部是暢通，氣血旺盛之故。

相較於外家拳，打拳出拳之時，拳頭緊握，手部的血液反而被擠壓出去，手掌是呈現失血狀態，手掌失血，以物理現象而言，自然會變輕。君若不信，可以握緊自己拳頭看看，半分鐘之後再張開，會不會發現手掌慘白，手感覺是不是變輕了。因為手握緊後，血液便無法流進手掌之內，手掌自然慘白，感覺手也會變輕了許多。之後，再把手掌放開，讓它自然下垂，是不是感覺兩手掌重了許多，這是因為血液又流回手臂、手掌之故，會有這樣的感覺，便是因為兩者力源不同之故。

我們的內勁太極拳，講究的是式式都要拉到根勁，蓄勁於丹田，放之於手。故常常打拳架時會感覺手掌越來越重，因為手掌氣血暢旺，末梢神經與細胞都得到更多的養分滋潤，於是乎細胞變的更多更健壯，而神經則變得更加靈敏。在「氣血暢旺」加上「末梢神經更靈敏」兩者相加之下，手感自然感覺愈來愈重了。

所以，手掌能不能變重，也是檢驗自己拳架打的對不對的一項重要指標。若是像外家拳求拳快，拳的力源多由手臂二頭肌負責供應，偶而用到丹田力，手掌得不到氣血滋養，自然會感覺手輕飄飄的，不是沒力，就是未能有身體整體一勁之感。

相反的，能式式拳架都能有「腿、身、手」三勁相輔相成，舉手投足之間，身體末梢細胞都得到滋潤，一趟拳架有一趟拳架之功，浸潤久了之後，末梢神經發達，感觸更加靈敏，聽勁自然也就靈敏了。練到高階，打拳感覺如在空氣中游泳，便是連空氣的流動也能感覺得到時。聽勁便會更進一步，達到不用搭手也能聽勁的地步，感覺是身體整體一勁的。

若能達到不用搭手也能聽勁的境界後，對方一舉一動都在你的掌握之中，這不是神話，王宗岳的太極拳拳論裡面便說過「一羽不能加，蠅蟲不能落」，便是聽勁已達聽空氣流動的地步。楊祿禪也有「鳥不飛」的絕技，鳥在他手上飛不起來，因為鳥腿蹬不到東西，無施力點無法振翅，同樣也是聽勁已達高段的表現。

以上所有的能力，都是從打拳時，感覺手掌變重開始的，所以，請繼續保持下去。

第四章

氣場、推手之問

過了數日，已是四月初八。張三丰心想明日是自己的百歲大壽，徒兒們必有一番熱鬧。雖然俞岱岩殘廢，張翠山失蹤，未免美中不足，但一生能享百歲遐齡，也算難得。同時閉關參究的一門「太極功」也已深明精奧，從此武當一派定可在武林中大放異彩，當不輸于天竺達摩東傳的少林派武功。這天清晨，他便開關出來。

一聲清嘯，衣袖略振，兩扇板門便呀的一聲開了。張三丰第一眼見到的不是別人，竟是十年來思念不已的張翠山。

他一搓眼睛，還道是看錯了。張翠山已撲在他懷裡，聲音嗚咽，連叫：「師父！」心情激蕩之下竟忘了跪拜。宋遠橋等五人齊聲歡叫：「師父大喜，五弟回來了！」

張三丰活了一百歲，修煉了八十幾年，胸懷空明，早已不縈萬物，但和這七個弟子情若父子，陡然間見到張翠山，忍不住緊緊摟著他，歡喜得流下淚來。

眾兄弟服侍師父梳洗漱沐，換過衣巾。張翠山不敢便稟告煩惱之事，只說些冰火島的奇情異物。

張三丰聽他說已經娶妻，更是歡喜，道：「你媳婦呢？快叫她來見我。」

張翠山雙膝跪地，說道：「師父，弟子大膽，娶妻之時，沒能稟明你老人家。」

張三丰捋鬚笑道：「你在冰火島上十年不能回來，難道便等上十年，待稟明了我再娶麼？笑話，笑話！快起來，不用告罪，張三丰哪有這等迂腐不通的弟子？」

張翠山長跪不起，道：「可是弟子的媳婦來歷不正。她……她是天鷹教殷教主的女兒。」

張三丰仍是捋鬚一笑，說道：「那有甚麼干系？只要媳婦兒人品不錯，也就是了，便算她人品不好，到得咱們山上，難道不能潛移默化于她麼？天鷹教又怎樣了？翠山，為人第一不可胸襟太窄，千萬別自居名門正派，把旁人都瞧得小了。這正邪兩字，原本難分，正派弟子若是心術不正，便是邪徒，邪派中人只要一心向善，便是正人君子。」

張翠山大喜，想不到自己擔了十年的心事，師父只輕輕兩句話便揭了過去，當下滿臉笑容，站起身來。

節摘自金庸《倚天屠龍記》

誰規定名門弟子不能與他教通婚，為人不可胸襟太窄，千萬別自居名門正派，把旁人都瞧得小了。看來張三丰薑是老的辣，果然一眼就看破其中迷思。

我們在學太極拳之時，往往會遇到許多莫名其妙的規矩，每個師傅多少都有些自家規矩，幾代師傅下來，規矩便一大堆。有些規矩的確是好的，如尚武德、尊師

禮……，可以讓習者走上正途。但有更多的規矩，則是多此一舉，更有些是師者的私心，要徒弟嚴格遵守，自己反而隨心踰越。能看出好規矩亦或壞規矩，是習拳者一項很重的考驗，它將關乎到你一生拳理的水準高低。

****

問：《懂勁之後——內家勁的修煉》書的第六課是講練氣場，氣場到底是什麼的東西？

答：（請參閱影片11氣勁樁）

氣場並非氣功，也不是用運氣來驅動力量，氣場是身體感官的延伸，是除了人的五感之外的第六感，我們稱之為「氣磁覺」。

氣場的由來，氣場是從常練掤勁之後，衍生出來的能力，在我們掤樹練習裡面，我們會感覺掤勁的打擊點只有前臂一片，且上下周遭仍是空點，仍有很大機會被對手穿打進來。

故要消除空點，在久練掤勁之後，掤勁感就會範圍漸漸擴大，進而從一個前臂的打擊範圍，向上向下延伸，再進而向左向右向前向後擴大到整個整著胸前，這個範圍就變成了氣場的來由。

在氣場之內，是自己防守與攻擊的禁區，絕對不允許對方攻進來，對方若攻破，氣場便破了，自己安全可慮。故兩手「一掤一按」之勢，前手掤後手按便成為雙防守與雙攻擊狀態，形成用一個氣場，以「氣磁覺」來守住這個禁區，任對方是誰也不允許進入這區域。

這時雙手與胸前之間，便形成一個無形的「氣球」，

筆者與內勁班學生的勁架子

我們只要守住這個氣球，就可以利用氣球受壓變形的彈力，來反擊對方，對方來力小，我們可以馬上反應彈開。對方來力強時，氣球便被壓縮，不過不用擔心，我們藉由壓力順勢把氣球下向膨脹，氣場便潛入對方下盤之中，這便是鬆沉了。

這時再利用「鬆沉圓整」的原則，讓氣場像氣球膨脹一般往上擠壓，恢復氣球的樣貌，這樣一擠壓，便同時也把對方給拔了根，對方也被我們給發了出去，這便是初級的氣場。

多練習氣場的要訣，是要多練「勁架子」，勁架子一擺好之時，大多會有一個「頓點」出現，這頓點便是全身整勁之狀態，頓點出現也就是勁架子最完整之時。

別人推你時，一把你推到頓點上，通常表示你全身架構完整，你便能自然卡住，這時你每個關節扣好，身形形成完美勁架子，也就是「三打一」態勢（長、中、短三勁

筆者與內勁班學生的勁架子

合一），這時對方再用力推你，也很難推動你半分，而且被別人推到頓點之後，自己「整勁之形」已經完成，虎勁撲出之勢已經隨時待命，任你使用，對方只要稍微力弱或者露出破綻，便是我們反發人、借地之力發勁之時。

勁架子練習時，是以左右互換勁架子、向前向後走為主，前後走這勁架子，也等於是在走摟膝拗步與倒攆猴的升級版，每一步都有一個頓點，達到頓點之後，再走另一步，倒退亦然。倒退勁架子尤為最要，通常接他人勁時也等於是倒退找勁架子。

另一個氣場則是以氣練勁，讓身體充滿生氣的「氣勁」，「以氣練勁」以站氣勁樁最為理想，氣勁樁的站法可回去參考第一篇的樁法之問該章節。

若是臥病在床之人，也可以依循氣勁樁的站法，平躺在床上練習，同樣可以收到氣勁樁的功效。同樣的，坐在椅子上，或者在地上打坐，同樣也是可以練習氣勁樁法。

筆者與內勁班學生的勁架子

內臟要運動到，除了跑跳震動之外，就屬靠呼吸、丹田拉提與提肛的上下按摩運動了。

若是身體有病痛沒辦法運動，便要用坐的氣勁樁與躺著的氣勁樁，讓內臟得到營養，順便也把內勁練入肌腱之內，這樣縱使沒法跑跳運動，身體活動量也不輸每天跑五千公尺的人。

問：何謂推手？

答：（可參閱影片02黃逸武與學生之兩儀推手集04霸王卸甲、05黃逸武與學生之抱虎歸山式、06兩儀推手實戰）

推手，在清朝時稱之為打手，太極拳論的作者王宗岳便有著名的「打手歌」一訣「掤捋擠按須認真，上下相隨人難進；任他巨力來打我，牽動四兩撥千斤；引進落空合即出，沾連黏隨不丟頂。」其實便是推手的口訣。

推手並非太極拳的專利，太極拳的推手在其他中國拳種武術中也存在著，因派別不同而稱為搭手、揉手、擖手、比手、盤手、演手、粘手、拆手、纏手、黐手……等等，目前太極拳的兩人搭手的攻防運動，通稱為「推手」。

推手是太極拳的特殊訓練形式，推手的發明，在當時是為了兼具武術實用以及不傷害另一方之原則下，所發展出來的兩人練習模式，是能接近實戰又不傷人的訓練。

推手不止為太極拳所專有，八卦掌、形意拳等內家拳拳種也都有推手模式，其中形意拳叫搓手、撕扒，八卦掌叫盤手，詠春拳稱之為黐手、碌手、黏橋等。

太極推手捨棄傳統武術的拳打腳踢等攻擊模式，改採透過兩人腕臂接觸狀況下，進行力量和攻防技術的鍛鍊，通常採用的招式為「掤、捋、擠、按；採、挒、肘、靠，進、退、顧、盼、定」等十三勢。

其中掤、捋、擠、按為四正。採、挒、肘、靠為四隅，前進、退後、左顧、右盼、中定為五行。而和推手相對的則為散手，散手就接近徒手實戰了。

雙方搭手為推手，若不動步為「定步推手」，若可動步則為「活步推手」。雙方不搭手而實際徒手格鬥者則為「散手」，介於推手與散手兩者之間，若雙方在搭手之後，自由活動只是不拳打腳踢，則稱之為「散推」。近年來的中國擂臺比武，更直接把散手昇華至散打，散打便是與目前國外的綜合格鬥接近。

推手是各派太極除了拳架之外，最重要的雙人練功方法，也是目前太極拳比賽有別於其他拳種比賽的顯著特徵。

太極推手採用「定步推手」和「活步推手」兩種主要的練習方式，藉由兩人對推的練習形式，來養成內勁，並體會如何控制自身平衡，並同破壞對手的平衡。推時務求身體放鬆，使自己「有根」，並利用鬆沉之力將對手「拔根」，身體不可僵硬，動作要靈活，內勁順而不滯，講究我順人背。

在練習時要以勁推人，不以蠻力推人，勁起於地，發於腿，主宰於腰，形於手指，節節貫串，講究一動無有不動，一靜無有不靜，身體上下相隨。

第五章

練推、聽勁之問

楊過再伸手去提第二柄劍，只提起數尺，嗆啷一聲，竟然脫手掉下，在石上一碰，火花四濺，不禁嚇了一跳。

原來那劍黑黝黝的毫無異狀，卻是沉重之極，三尺多長的一把劍，重量竟自不下七八十斤，比之戰陣上最沉重的金刀大戟尤重數倍。楊過提起時如何想得到，出乎不意的手上一沉，便拿捏不住。於是再俯身提起，這次有了防備，提起七八十斤的重物自是不當一回事。見那劍兩邊劍鋒都是鈍口，劍尖更圓圓的似是個半球，心想：「此劍如此沉重，又怎能使得靈便？何況劍尖劍鋒都不開口，也算得奇了。」看劍下的石刻時，見兩行小字道：

「重劍無鋒，大巧不工。四十歲前恃之橫行天下。」

楊過喃喃念著「重劍無鋒，大巧不工」八字，心中似有所悟，但想世間劍術，不論那一門那一派的變化如何不同，總以輕靈迅疾為上，這柄重劍不知怎生使法，想懷昔賢，不禁神馳久之。

節摘自金庸《神雕俠侶》

真正的太極研究者就應如同獨孤求敗所說的「重劍無

鋒，大巧不工」一般，不注重表面上的鋒利，而是求內在的充實。在其文中的「鋒」與「工」，在太極拳中，便是套路與招式，這些都是見樹不見林的「表面功夫」。

但這些表面功夫卻也不能捨棄，多少人是仰慕太極拳架的舒緩柔和，才來學太極拳的，若廢棄舒緩柔和又與其它拳種有何不同？不過太極除了舒緩柔和之外，它還是改錯拳，學拳是漸進的過程，邊學邊改，從師傅幫你改，到自己幫自己改。

例如名雕刻家朱銘所雕刻的太極系列，雕琢的極為簡略、樸拙，可是神韻、氣勢卻甚為傳神；若這作品是出自於一位學徒之手，必定會被認為是一件尚未完成的三流作品，而不是一等一的佳作。由此可知，若要無鋒、不工，還得先學會「鋒」與「工」。

****

問：練太極拳可不可以只練拳架，不練推手？

答：傳說太極拳原本只稱作「陳家拳」，只因楊祿禪去北京，在天子腳下打遍天下無敵手，遂有了「楊無敵」稱號。之後，嬌貴的八旗王親子弟，紛紛投到旗下學拳沾其光彩。但因八旗子弟早已安逸數代，體弱氣虛，楊祿禪投其所好，遂把拳架通通改慢。

每當有人把拳架打快時，楊祿禪即呼：「打慢點，太急啦！太急啦！」，弟子於是私下便稱楊祿禪所傳之拳為「太急拳」，後來習者認為「太急拳」名稱不雅，遂在有意無意之間，便把太急拳改為頗有道家風骨之「太極拳」，擁有了陰陽相濟等哲理基礎，太極拳稱號於是乎風行全國，蔚為風尚。

呵……這是笑話一樁，讀者別在意！

練太極拳若只打拳架，不推手，實則只練到太極拳的三分之一還不到。在我的分類裡面，完整的太極拳，應該包括「功法、拳架、推手、實戰練習」四大部分。

拳架只能算是太極拳法的「編舞」而已。拳架是把太極拳會用到的招式，盡可能的編在一套拳術裡面，以緩和的速度打出來而已。打久了，的確可以健身益腦，身強體健，但只能發揮太極拳的養身功效而已。若要真有用，還需結合「功法、推手、實戰練習」這三樣，才算是完整的太極拳。

若把太極拳當作是一門功課的話，我們可以說，功法與拳架是正常課堂，而推手則是太極拳的實習課，實戰練習則是人體臨床實驗。

若上化學課時，老師告訴我們氫跟氧結合的話，會產生熱能，並且結合成水。這只能算是課堂知識，但還不是自己的學問，要把這知識變成自己真正的學問的話，就需在實習課裡面，真正去結合一次，那才會算是屬於自己的真學問。

有人作過實驗之後，看見水的珍貴，後來，去發展海水淡化系統，也有人從水分子的角度出發，發展出奈米汙水過濾系統。更有人從產生熱能的觀點出發，發展出氫燃料，進而發展用水當燃料就能驅動的車子。所以，一項知識變成自己的學問之後，端看自己怎麼利用，便可發展出各式各樣不同成果出來。這便是實驗的重要性。

我們可以想像，醫學系學生不上人體解剖課，食品系學生不上烹飪實習課，這樣畢業的學生，我們敢給他看病，敢吃他出產的食品嗎？所以，若太極拳只打拳架不推手，就如同只在課堂上課，腦袋瞭解了太極，而身體卻是完全對太極拳陌生一般。

真正的太極拳應該包括「功法、拳架、推手、實戰練習」四個部分，其中功法應包括「鬆身、樁法、勁法、拳法」，拳架則是屬於全面練到上述四項的編舞，雖練到，但不精。想要精進的話，則要「鬆身、樁法、勁法、拳法」四項分開單獨練習，才會收到理想的效果。

「鬆身、樁法、勁法、拳法」四項練完之後，再來便是要透過雙人的推手去實現功法與拳架中學到的課程。透過兩人推手，便容易瞭解拳法的精髓，並且透過推手去補強自己內勁與技巧不足之處。最後進而透過推手，去發展屬於自己的強項與未來練拳走柔或者走剛路線，走發亦或走化為主的方向性。就如同從化學課知道氫氧結合，進而發展出各式各樣的新事物出來是一樣道理。

最後，太極拳若想真的登峰造極，還得真要受到外界考驗才行，是驢是馬，還得拉出來遛遛。就要如楊祿禪上京師一般，得去作實戰練習，然後去天子腳下打出一片天。若是只停留在太極拳舒適圈中，不加以實戰訓練，便出去與綜合格鬥、散打的人對槓，結果就真的會把太極拳給打回成「太急拳」了。

外界多認為太極拳不能實戰，那是因為太極拳幾乎無實戰練習，就像沒有吃過榴槤的人，怎麼能說出就一定不喜歡吃榴槤呢，而對於喜歡者又怎麼能形容其美味與特殊之處？又像只在陸上學游泳的人，又怎真敢貿然去海上長泳呢？一切都只是缺乏真實練習與體會而已，並非不行。

太極拳無實戰練習，自然無法實戰，若把太極拳的訓練，加入實戰練習，那麼真正實戰時的太極拳，便會像猛虎出閘一般，「力道、勁道、速度、柔軟性」面面俱到，會讓世人大開眼界的，絕對不會現在一般人認定的只能四兩撥千斤的太極拳。否則，楊家二代的「楊無敵」美號，又豈能流傳開來呢？楊班侯又怎能動輒出拳便打死人呢？

問：推手中「聽勁」的功夫很重要，要如何練好聽勁？

答：（請參閱影片15蟒勁、37牽制主力遊打側擊、45雙重出掤單重出捋實採虛按、54聽勁推手-盲推：筆者以蒙眼聽勁方式與人實推）

聽勁要聽的好，便是要聽出對方的「雙重之病」！

王宗岳曾說「每見數年之功，而不能自化者，雙重之病未悟耳」通常講雙重，一般人大概都會以為是講在腳上的重心，這點在太極拳的部分區域中固然不錯，但卻非拳理上極致的雙重，極致的雙重可延伸至對方任何出現的「滯怠」處，皆屬於雙重之病，腳沒跟上身體，則腳雙重，身體沒跟上腳，則身體與腳雙重，雙手沒協調，則雙手雙重，處處皆有陰陽，只要陰陽不協調，便是雙重，並非一定只有腳上才有雙重而已。

若講以手聽勁的雙重，則主要透過觸覺去聽對方的兩點實點。通常與對方搭手，以單搭手為例，會先出現一點「實重」，這一點實重，就是在雙方右手腕的接觸點上。而會有兩點虛重，分別是彼此左手搭在對方的肘附近的位置上。這是雙方皆平等的地方。

若一方不搭實這虛重之處，對方就永遠只能聽一處實點，這時只有單重，但是一方不落實自己之虛重，則對方仍可加強它自己的虛處，便成「雙重之態」。這時的雙重之態，若另一方聽的好，便可立即發勁，對方便成了雙重之病。若另一方不處理，任由對方拿實了雙重，則另一方反成了雙重之病，因為對方可用這兩個實點發勁打擊。故一旦誰先聽出雙重，誰就該先發勁，這就是第一時間搶得的「雙重之機」。

另外，若對方也不落實他的虛重，則由我方主導雙重，把虛重變成雙重，同樣可在第一時間出手。推手雙方比的，其實就是內勁的強弱，與聽勁的靈敏。

聽勁發勁法

若聽勁未聽出「雙重之病」，則便要進入「尋勁」境界，聽勁算是被動，尋勁則屬於主動，化被動為主動，機動性大增。當尋到對方勁之後，便有了二種選擇，一為避勁，二為拿勁。

對方勁道若是感覺太強，便要避勁，若尋勁尋到對方的勁頭，自覺可以掌握，則要拿勁。避勁是避其鋒，不避其身，進而拿其身。而拿勁則要其勁頭，拿穩勁頭之後，向地借力便是「接勁」，若拿勁之後牽引其勁頭直接順勢拖出，則是「採捋」。

不管是避勁、拿勁，兩者到最後，都會走到發勁，向前發為掤、擠、按，向後則為採、捋。

聽勁在於聽到對方的「僵」之後，順其「僵」再聽出其「雙重之病」，拳論上說每見數年之功，而不能自化者，雙重之病未悟耳！聽到雙重之後，便可以直接發勁，無須猶豫；若遇到不給「雙重」的對手時，我們也可直接做出另外「一重」出來，直接讓對方成為被迫的「雙重之病未悟耳」！

知道雙重之病後，我們還可以進化到更高的境界，也就是拳論裡面所說「階及神明」，一階一步的踏上神明之境。要如何階及神明呢？要階及神明就不止是能聽雙重，還要達到能聽單重且能做出單重，這是第一階。

能聽到單重，便可以自己再做出「第二重」出來，被我們做出第二重出來，對方便是「被動的雙重」，這是在被動的狀態之下。

而當對方都沒給任何重時，此時我們便要自己做出單重出來，與對方架構成一個橋，這橋的支撐便是主動的單重，有了單重之後，我們趁機再做出第二重出來，對方又變成雙重之態，這是「主動的雙重」。能任意的聽出單重，做出單重，然後做出雙重，讓對手防不勝防，便是第一階的神明之境。

第二階，要踏上第二階的神明之境，便是連單重也不給。雙方一搭手我們隨時在聽對方的單重、雙重；而不管對方明不明白其中道理，對方也會在無意識之下，無時無刻在聽我們的單重與雙重。

所以，神明之境的第二階，便是讓對方一直處於「聽無重」的狀態，若被對方一搭橋，形成一重之後，我們便要能做到，一有重便是用「化」與「沉」去消除，「化」可以鬆去，更可以應用「蟒纏」式反轉劣勢變成自己的優勢，這便是「**雙臂如蟒**」之意。

而「沉也利用鬆沉之勁，接收對方的搭橋，讓對方的橋與我們站的地面相接，讓他直接與大地推手，對方自然是推不動大地的，而此時也等同我們讓對方有了單重，我們再趁機做出第二重，對方則又是雙重之態，這便是我們後面懂推篇中會談到的「牽制主力，遊打側擊」之意。

第六章

兩儀、蟒勁之問

空聞微一沉吟，心想：「武當派除了張三丰和七弟子之外，並沒聽說有何高手，他臨時找個人來，濟得甚事？若說請了別派的好手助陣，那便不是武當派對少林派的會戰了。諒他不過要保全『武當七俠』的威名，致有此言。」

於是點頭道：「好，我少林派七名僧人，會鬥武當七俠。」

俞蓮舟、張松溪等卻都立時明白宋遠橋這番話的用意。原來張三丰有一套極得意的武功，叫做「真武七截陣」。

武當山供奉的是真武大帝。他一日見到真武神像座前的龜蛇二將，想起長江和漢水之會的蛇山、龜山，心想長蛇靈動，烏龜凝重，真武大帝左右一龜一蛇，正是兼收至靈至重的兩件物性。

當下連夜趕到漢陽，凝望蛇龜二山，從蛇山蜿蜒之勢、龜山莊穩之形中間，創了一套精妙無方的武功出來。

只是那龜蛇二山大氣磅礡，從山勢演化出來的武功，森然萬有，包羅極廣，決非一人之力所能同時施為。張三丰悄立大江之濱，不飲不食凡三晝夜之久，潛心苦思，終是想不通這個難題。到了第四天早晨，旭日東升，照得江面上金蛇萬道，閃爍不定。他猛地省悟，哈哈大笑，回到武當山上，將七名弟子叫來，每人傳了一套武功。

這七套武功分別行使，固是各有精妙之處，但若二人合力，則師兄弟相輔相成，攻守兼備，威力便即大增。若是三人同使，則比兩人同使的威力又強一倍。四人相當于八位高手，五人相當于十六位高手，六人相當于三十二位，到得七人齊施，猶如六十四位當世一流高手同時出手。

節摘自金庸《倚天屠龍記》

張三丰以龜蛇二獸領悟了拳法中沉穩與靈動的奧妙，我們的兩儀推手便符合剛柔相濟之功，而練出蟒勁更能以弱搏強，讓對手打不上力，處處受限，體現了「纏」字訣的奧妙，也算是「金蛇萬道，閃爍不定」。

****

問：兩儀推手是內勁太極最先練的推手，為什麼要練兩儀推手？怎樣才能把兩儀推手給練好呢？

答：（可參閱影片02黃逸武與學生之兩儀推手集、06兩儀推手實戰、22盤手八式、30單邊擒手兩儀盤手）

「每見數年之功，而不能自化者，雙重之病未悟耳」，這個雙重之病最初淺的解釋，當然是指兩腳的並重，腳上若沒有陰陽，就如同一根木頭插入土一般。但會兩腳陰陽轉換之後，並非就悟了雙重之病，還得要能身上處處有陰陽。由於處處有陰陽，故與人推手想時，想要短時間內聽到對方雙腳的雙重，並不容易。

兩儀推手的設計，是要拉高陰陽的層級，不再只講究兩腿的雙重，而是進階去聽對方手上的雙重，聽得對方手的雙重，同樣可以打翻對方，如同聽到兩腳雙重一般。想要把兩儀推手練的好，就要練出「臂如雙蟒、採纏翻按」的境界。

與人推手時，先要作到「雙根如藤 雙臂如蟒」。所謂的**雙根如藤**是指我們的雙腿如同活藤條一般的紮根於地，讓人推不動又富有彈性，可以應付對方的捋或推，對方一推你，身體都能借由雙根性，立即作出左支右撐的反應來抗衡，是讓自己立於雙根支撐的轉化中，而立不敗之地，這也就是「定勁」。

而**雙臂如蟒**又是如何呢？雙臂如蟒則是與對方搭手後，要讓自己的手臂就像兩條活蟒蛇一般，既柔軟又有韌性與強度，而且極富「聽勁」，輕輕巧巧的聽到對方的丟或抗時，作出適當的反應。

一旦對手手臂被我們的蟒臂給纏住之後，則對手便施力不得，也進退不得，進而被我們蠶食鯨吞地攻入陣營之中，然後被發勁推出或者被我們的採勁給捋出。

臂如雙蟒在我們自身實施時的感受，則是感受到纏繞力的纏絲勁大於直線攻擊力，不以直線力當作第一波的攻擊力道，而是把直線力隱藏於纏絲勁之中，以纏繞力去破壞對方的直線攻擊，並以「採纏翻按」的手法纏進對手的重要陣地之中，攻敵之不可救。可說是雙臂的「纏絲勁」運用。

問：何謂蟒勁的「採纏翻按」手法？

答：（可參閱影片15蟒勁、38臂如雙蟒採纏翻按01、39臂如雙蟒採纏翻按02、40臂如雙蟒採纏翻按03、41臂如雙蟒採纏翻按04、42打蛇隨棍直搗黃龍）

「採纏翻按」手法是盤手蟒勁中單手觸敵時的四種貼身變化，蟒勁應用之時，以纏為本，依照手掌部位與對方接觸的區域，可分採、纏、翻、按四個動作來作出反應，以下便是「採、纏、翻、按」四字訣的分項說明。

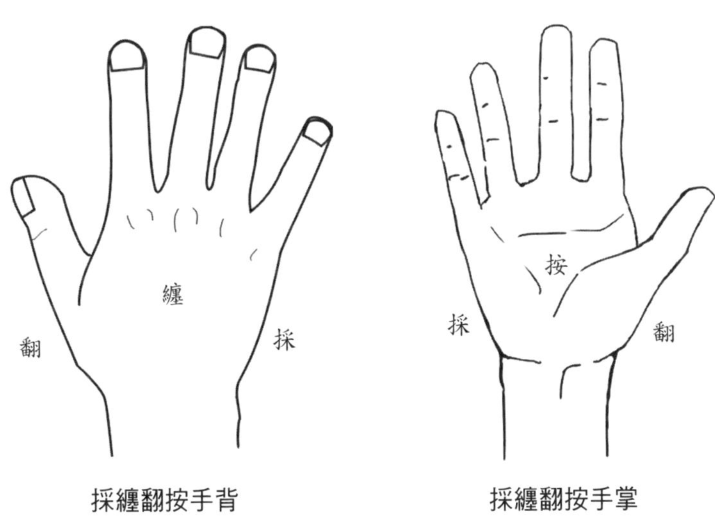

採纏翻按手背　　採纏翻按手掌

「採」字訣

當對方的手碰到我們的小指到掌腹的側邊之小指展肌位置時，我們的手便反射性的做出「採扣」的動作，扣住對方的手臂行動，往下超過45度角拉扯，並且也可因為採扣動作，而讓我們的手佔領對方中線的有利攻擊位置。

「纏」字訣

纏的動作最能表現蟒蛇的靈動，也是臂如雙蟒這一句的最重要精神所在，但纏也不是哪個時候想用都可以，還是需要等待時機的，就如蟒蛇也沒辦法跳起來纏死獵物，需等獵物靠近才有辦法。

通常使用纏的最佳時機，是在我們的手背碰觸到對方手之時，因為手背是人手掌中最弱的位置，這個位置是沒辦法擒拿對手，也不能發勁（因為手腕會折傷）。但我們利用纏絲勁卻可以讓最弱的地方便成最強壯的地方，這便是用纏字訣。既然手背不能發也不能採，我們便利用其觸覺作纏的動作，這纏的動作，要不斷地由內往外纏或由外往內纏，如同像蟒蛇纏住獵物一樣的纏繞運動，一來鎖住對方手臂，二來則佔領中線的有利位置，對方一旦想抓住我們的手臂，則反而會因為我們蟒纏手而讓他自己的直線攻擊力失焦，反被我們攻進他的中線之內，纏字訣用的好，天不怕地不怕，對手再強也不怕，因為對方縱使力量再強，卻也無法使用直線力攻擊到你的要害，如同猛獸被蟒蛇給纏到也要束手就擒，對方攻擊無效，我們卻可以藉由蟒纏手把對方鎖的死死的，讓他動彈不得，進而被我們所驅使。

同理，當對手抓住我們的手臂時，也等於手背碰觸到對手的意思，而且此時還因為對方手臂已「滯」如棍，這時是「我活敵滯」反而是更好用纏的時機，這就是「打蛇隨棍上」，纏字訣是兩儀推手的精華所在，讀者要多多體會。

「翻」字訣

翻的手法是我們拇指側邊的魚際肌碰觸到對手之時所用的手法，前兩個動作已經交代了手掌側肌與手背碰觸到對手時的用法。而當拇指側邊碰觸到對手時的要訣，那便是要用「翻」。

翻就是翻掌，手掌向內翻，翻掌的目的是為了要「握扣」。因為拇指側邊碰觸到對方之時，是自己最不能掌控對方行動之時。而且往往已經被對手給搶佔了「中線位置」，故此時宜迅速翻掌，沉入對方手臂之下，然後握扣對方手掌或手臂，一旦握扣住對方手臂，則原先的劣勢則頓時反轉成平手，甚至因為我們已經握扣住對方手臂，還稍微佔些上風，因為握扣對方手臂下方時，是已經可以發勁推出對方了，也可以再纏而攻進對方中線位置，進而接觸對方身體。

「按」字訣

按字訣的用法在於當自己手掌心碰觸對手之手時，手掌心碰觸對手手臂之時，雖也可以用握扣的方式，但若對方是高手之時，此時兩人搭手相觸，我們的根在他之上，他可以靠著他下我上的優勢，把我們給拔根了去。

故當手掌心碰觸對方之時，雖直覺是抓，但以內勁兩儀推手而言，不建議使用「抓、握」等手法。而是用

「按」的手法。

「按」不光只是往下按而已，而是更進一步的「邊按邊拔根」，把對手的手給下按離開中線位置，讓對方手向下，進而讓我們搶進中線位置，並且得理不饒人地邊按邊把對手重心推高，一舉把對手給按出，這便是連消帶打一氣呵成的功夫。

按字訣練的好，手掌心一碰到對方便能使出按法，是一種直線短勁的積極表現，按法用的好者按的果決，更可以長短勁互用，光用按，不用其他手法也能克敵。

以上講的是一隻手與對方一隻手接觸之時的手法。通常兩人互推之時，多時是兩人雙手互搭，這時便是兩隻手個別使用「採纏翻按」手法，這兩手四項搭配起來，便會有一十六種組合，若再加上，與對方是單搭手狀態的四種變化，與我們兩手打對方一手，或者用一手克制對方兩手等變化，便將近三十餘種變化，能先熟稔這多種組合變化，定會是推手中的高手。

若要歸結種種變化的要領，則可以一句話作總結，那便是「以纏守中」，守中是推手最好策略，既保有中線勁的發勁優勢，也讓對手推不實要害，只能在身體邊邊角角上作文章。因為「採纏翻按」手法在推手裡面太重要了，所以，另外在懂推篇第六章「臂如雙蟒、採纏翻按」中還會另外提及，讀者可留意。

第七章

盤手、初搭之問

眾人都覺奇怪，心想這線香一觸即斷，難道竟能用作兵刃？只見他左手拈了一枝藏香，右手取過地下的一些木屑，輕輕捏緊，將藏香插在木屑之中。如此一連插了六枝藏香，並成一列，每枝藏香間相距約一尺。

鳩摩智盤膝坐在香後，隔著五尺左右，突擊雙掌搓了幾搓，向外揮出，六根香頭一亮，同時點燃了。眾人都是大吃一驚，只覺這催力之強，實已到了不可思議的境界。但各人隨即聞到微微的硝磺之氣，猜到這六枝藏香頭上都有火藥，鳩摩智並非以內力點香，乃是以內力磨擦火藥，使之燒著香頭。這事雖然亦甚難能，但保定帝等自忖勉力也可辦到。

藏香所生煙氣作碧綠之色，六條筆直的綠線裊裊升起。鳩摩智雙掌如抱圓球，內力運出，六道碧煙慢慢向外彎曲，分別指著枯榮、本觀、本相、本因、本參、保定帝六人。他這手掌力叫做『火燄刀』，雖是虛無縹緲，不可捉摸，卻能殺人於無形，實是厲害不過。此番他只志在得經，不欲傷人，是以點了六枝線香，以展示掌力的去向形跡，一來顯得有恃無恐，二來意示慈悲為懷，只是較量武學修為，不求殺傷人命。

六條碧煙來到本因等身前三尺之處，便即停住不動。本因等都吃了一驚，心想以內力逼送碧煙並不為難，但將這飄盪無定的煙氣定在半空，那可難上十倍了。本參左手小指一伸，一條氣流從少衝穴中激射線而出，指向身前的碧煙。

那條煙柱受這道內力一逼，迅速無比的向鳩摩智倒射過去，射至他身前二尺時，鳩摩智的『火燄刀』內力加盛，煙柱無法再向前行。鳩摩智點了點頭，道：「名不虛傳，六脈神劍中果然有『少澤劍』一路劍法。」兩人的內力激盪數招，本參大師知道倘若若坐定不動，難以發揮劍法中的威力，當即站起身來，向左斜行三步，左手小指的內力自左向右的斜攻過去。

節摘自金庸《天龍八部》

鳩摩智用『火燄刀』獨鬥大理寺眾和尚的『六脈神劍』，是一場「仙拼仙」！

我們學習太極拳又何嘗不是「仙拼仙」呢？強者生存，弱者淘汰！世界其他武學也同樣躍躍欲試。

學習太極拳自當要不斷加強自己的功力！先賢已經把目標直指我獨知人，人不知我的神明之境，後輩只需默識揣摩，順藤摸瓜前進即可。

前人太極著作豐富沒有藏私，對於後學者而言，多讀通，多體現，徒弟就不會不如師傅，一代會比一代強，這是學習太極拳最殊勝之處。

****

問：推手就只能兩人一同練習嗎？萬一找不到理想的對手時，可有獨自一人增強功力的方法？

答：（可參閱影片02黃逸武與學生之兩儀推手集、22盤手八式、56兩儀四象推手）

推手是拳架的延伸，更是功力的檢驗，是增進太極拳功力的第三階段。

拳架可以一個人單練，一人體會其中的拳意，而推手則必須是兩個人對練，兩個人共同去發展對拳意更進一步的瞭解。所以，在拳架上找不出的問題，往往可以透過兩人推手檢驗中找出來。

目前太極拳推手可分為套路推手與散推手，套路推手就是在固定的套路當中，雙方搭配的推手，好看但不一定能實用，就像是兩人下棋每次都走固定的走法一樣，是可遇不可求之事。因為縱使推手套路一樣，但只要對手不同，對方就未必會用你認知的力量與速度來推，推手便會產生不同的結果。所以，套路推手比較像是雙人舞蹈，舞的漂亮，但很難練出應變能力出來，因為對方若不照你的公式走，就沒辦法玩下去了。

而散推手則變化較多，注重聽勁與發勁，只需遵守一些簡單推手規則，不限制招式，可任意變化力量與速度。散推手可分為活步推手與定步推手。

活步推手注重身形變化與走化，竅門較多，可化、可發、可靠、可採、可捋、可摔，綜合了技巧、身形與功力，走「進、退、顧、盼、定」五行變化，較適合活蹦亂跳的年輕族群，活步推手是可以練出自己專精的技巧，成為自己獨特的絕活，然後再強化這個部分的功力，發展出自己的絕技。

定步推手則是規定兩人腳掌站定之後不能移動，誰再動步誰就輸，雙方能變動的空間受限，等於是把活步推手拿去了身形走化的推手，所能便剩下的，便是聽勁、內勁與功力的表現，定步推手又較活步推手更能看出個人功力造詣深淺。

當練習太極拳架練到某一定的程度後，再練也感無趣時，便往往會向太極推手去發展。要到怎樣的階段才會想推手呢？通常是拳架打到閉著眼睛也能打，跟人聊天不知不覺也能打時，這時便會想往更上一層樓發展，那便是雙人推手。

不管活步、定步，一開始剛練推手時，可先練「套路推手」，也就是你掤來我按下，我反掤時你按下，你擠來我捋掉，我擠去你捋掉，你肘來我走化，我肘去你走化，我踢腿你摟腳，你還踢時我摟腿。

套路推手在各門各派太極拳中都可以編練，原則上以「掤、捋、擠、按、採、挒、肘、靠」八法互相攻擊與走化，要做到不丟不頂沾連黏隨，以圓化直，讓彼此力量不要相互對頂，走化的愈輕靈愈好。久練之後，可增強聽勁與走化的功力。

至於發勁的功力則少能從推手拳架中練出來，增強發勁功力最好的方法是練單一式，久練一式之後，才能掌握發勁的竅門，李小龍便曾說過一句名言：「我不怕練過一萬種踢法的人，我怕一種踢法練過一萬次的人。」這說法便是告訴我們練單一式的重要性，除了練單一式之外，也可練雙人搭手發勁，兩人一接一發，更能實際體會發勁感，進而改善本身的發勁能力，這點在我們的太極內勁的課堂中，是最常修煉的項目，也是我認為體會發勁重要的練習。

而若是只有一人時，也想增進推手技巧與聽勁功力，就以練習「盤手八式」為最佳。

盤手八式是把定步推手裡面錯綜複雜的盤手法，分解為八個基本式子來練習，這八式分別為「上盤、下盤、雙右盤、雙左盤，前盤、後盤、雙前盤、雙後盤」等八式。

盤手分解為八個式子之後，原本錯綜複雜的盤手就不再難懂難學，再加上盤手八式不是與人盤手的套路，練熟之後可以任意組合變化，所以，也不會落入盤手套路之中的單一方程式的解法，這就是「有定式無定招」之意。

任何八式的單一式子都是單一練習，熟稔一式之後，讓身體自動記憶起來，再逐步增加式子練習，都熟稔後，便一次就可把八個式子一次練習完畢，以後就把它融會進「蟒勁」當中。

練盤手八式就是練蟒勁，兩者的差異在於蟒勁比盤手八式多了手臂纏絲勁的纏繞，多練這纏絲勁將有助於臨場推手的表現，這是個人獨自練習盤手最好的方法。

練盤手八式的好處在於盤手的基本功可獨自練習。通常盤手需兩人互盤練習，功力相當的兩人互相盤手，既練聽勁也練內勁，但若只有一人時便無法練習盤手。不過透過練習分解的盤手八式之後，單獨自己一人也能練盤手，而且還可以單獨加強自己的弱項。

通常兩人盤手，挑選功力相當的對手是非常重要的事情，若與功力高過自己甚多的人練盤手，自己的弱項會愈練愈弱。因為雙方會藉由搭手的聽勁，聽出對方的弱點，進而攻擊對方的弱點，以求突破僵持的局面。這對於彼此聽勁方面的訓練是好事，但對於內勁訓練則是壞事，弱方不但沒機會強化到自己的弱點，反而弱點不斷地被對方攻擊到，久而久之，弱點反而根深蒂固的成了痼疾，一遇到被對方聽到弱點時，便一昧防守，反而沒了攻中帶守，守中帶攻的陰陽哲理。

而強方與弱方盤手，對於自己的弱項也沒幫助，因為對方聽不到你的弱項，或者，縱使聽到但也發不了勁，被你巧妙躲去，拿你沒辦法。久而久之，自己便會漠視這個弱項，以後碰到與旗鼓相當，甚至功力更高者推手，原本被漠視的弱項，這時就會變成致命傷。這樣一來，原本盤手互練的美意，反而變成練拳的惡意。

最好的推手組合，應該要有三組，一組是功力比自己差，一組是功力比自己強，另一組則是功力與自己相當，若推手團體裡面能有這三組人，則是自己的大幸，若不能則選擇次佳組合，那就是與自己功力相當的人做盤手練習。

若都不能找到實力相當的對手，則只能自己練習加強，故盤手八式把盤手招式拆解，先熟練單練是非常重要的事。透過自己的盤手八式練習，加強弱點的補足，就漸漸能在與人練習互盤之時，把熟稔的八式混合使用，再度使用的盤手，便會是聽勁與內勁結合的「蟒勁盤手」，聽勁與內勁的運用會大幅提升，推手實力便可以充分展現，身心意上下相隨，讓對手難守難攻。

要項：盤手八式如視頻中的「上盤、下盤、前盤、後盤，雙右盤、雙左盤、雙前盤、雙後盤」等八個式子，其注意的要項分別是：

一、上下相隨

二、陰陽相濟

三、動靜相應、快慢相合

四、雙臂如蟒、掌如蟒口

上下相隨

上下相隨是指身體的上盤與下盤行動一致，身體與手腿的協調性一致。

要注意的是，是由身體帶動手，而不是手去帶動身體，身體藉由根勁與丹田勁帶動手臂纏繞轉動，所以手動只是身體的帶動的衍象而已，而不是手主動抓住對方，進而身體跟進使力，這是主客問題。

主客清楚了，便能做到上下相隨，能上下相隨則人難進矣，這是王宗岳打手歌裡的一句話。因為主客關係清楚後，身體上下便能相隨，不會群龍無首，對方後來縱使抓到你的手，也只抓到客人而不是主人，所以抓手也不是，不抓你的手也不是，你的手既像泥鰍的滑溜，又像蟒蛇有收縮力，又滑又有勁。像蟒蛇出獵，又像抹了油的大鐵球，對方自然無法卡位到最佳攻擊位置。

陰陽相濟

陰陽相濟也是陰陽相助之意，左陰則右陽，右陰則左陽，上陰則下陽，下陰則上陽，上下左右總要陰陽相濟相助，陰陽相濟不是上下左右絕對的陰陽，而是過渡式的變化相助，就像水球中間被隔著，兩端兩球，只要壓一端水球，水便立刻跑去另一端。

對方向你施力一方，你總能從另一方反施力於他，他推你就像推一個槓桿一樣，一推槓桿的一邊，槓桿的另一邊總會反打於他。故太極拳論曰：「立如秤準，活似車輪」就是此意。

動靜相應、快慢相含

對方動我則動，對方靜我則靜，對方慢我則慢，對方快我則快，這個「動靜快慢」總有準則，其準則便是「守中」，守中之意是總要能比對方卡位到更好的位置點上，這位置點便是中線點，能守中線點，則我在裡彼在表，我便能以靜制動。

若我在外彼在內，則纏繞卡位，破壞對方的守中優勢，對方守中優勢不在，則守中優勢便在我身上，所以，守中就是永遠要佔住對自己有利的位置，而這個有利位置，可因人而異，有時候甚至可以設陷阱，看似對自己不利，對方一推來，反而對他不利，這便是以不利當誘餌來請君入甕。

雙臂如蟒

進入蟒勁盤手境界之後，便要加入這第四項，盤手久練之後，連雙臂都可以有纏絲勁，於是便進入蟒勁盤手境界。雙臂如蟒是要在意念中，用內勁驅使手臂使用，而不是用手的蠻力硬拗對方，所以，手臂要像蟒蛇身體一般有強韌性且靈活。而手掌則要像蟒口一樣，不是主要用力點，但是一旦咬住對方時，便讓對方難以擺脫。

所以，雙臂如蟒這一句，還要配合上「掌如蟒口」。雙臂如蟒、掌如蟒口後，運勁便如九曲珠一般，無入而不自得。

熟練盤手八式之後，再與人推手時，便可如環繞圈扯對方一樣，在對方內勁周遭遊走，聽勁與內勁會與時俱增，盤手可無入而不自得，常練習便能體會到二代楊無敵「楊班侯」所創「亂環訣」之妙處所在。

亂環訣：

亂環術法最難通，上下隨合妙無窮。
陷敵深入亂環內，四兩千斤著法成。
手腳齊進橫豎找，掌中亂環落不空。
欲知環中法何在，發落點對即成功。

問：與人推手時，在搭手之初要注意什麼？

答：（可參閱影片02黃逸武與學生之兩儀推手集、05黃逸武與學生之抱虎歸山式、06兩儀推手實戰、54聽勁推手——盲推）

與人搭手時，須全身精神灌注於聽勁與直覺性發勁，不可用腦筋去考慮攻防之事。要急來急應，緩來緩隨，讓身體本能去反應，不用腦筋做多餘思考。當然前提是事先已經訓練好身體的聽勁與發勁，這樣才能掌握第一時間的優勢。

而搭手意念之所在，不在敵手而在敵身，雖與人搭手，是與對方手對手接觸，但是搭手的意念卻不可落在對方手上，而應落於對方身體之上，這就是「意念敵身」之意。隨時隨地都要有能突入去按觸對方身體的行動，這才能給對方強大的壓力，讓對方不敢鬆手。對方不鬆手便能沾黏連隨，我順則人背，便自然能讓對方造成滯或雙重。若對方硬是放手，便直接切入他中線去按推他的身體，突觸身體把他按出去。

初搭手之時可用「出手三分掤，來勁截接化」來應對。

搭手三步驟——截、接、化

所謂截、接、化，就是指運用所有的聽勁、蓄勁、發勁合為一體，以「勁架子」為根本，做好蓄勢待發的狀況。一搭手時，第一時間便以「問應手」來出手，看對方要如何回應。

所謂的「問應手」便是把聽勁進化到「尋勁」的境界，化被動為主動，對方不給勁，也能找到他的勁源。尋勁方法便是一出手便是帶著「三分掤勁」，不能多也不能少，就是三分掤勁。多了就容易被對方給帶走，少了便鞏固不了自己的氣場。所以說，就是出三分勁，留著七分實力。出三分掤勁之後，便是看對方怎麼回應，若是對方用力過了便是頂，少了便是丟，頂丟都好處理，以掤以捋來對應即可。而若遇到高手能貼著同樣的三分掤勁來應，這時便是要靠之後的盤手來變化對付，找到得機得勢的機會。

若搭手時，聽到對方強化的兩點時，便要立即截勁，因為對方發勁之前一定會出現兩個強點（實點），此時，正是發勁於先的好時機，不等對方落實，我便先發制人，稱為「截勁」。

要能截勁必須聽勁輕靈，陰陽清分，陰陽越能清分，聽勁越能輕靈。若對方一直只有一點出現，我們甚至可以再快速作出第二點，做到攻擊便是最好的防守。不讓對方有機可乘，立即以兩點發勁，這便是對方不雙重，但卻已經被我們給作出雙重之勢。

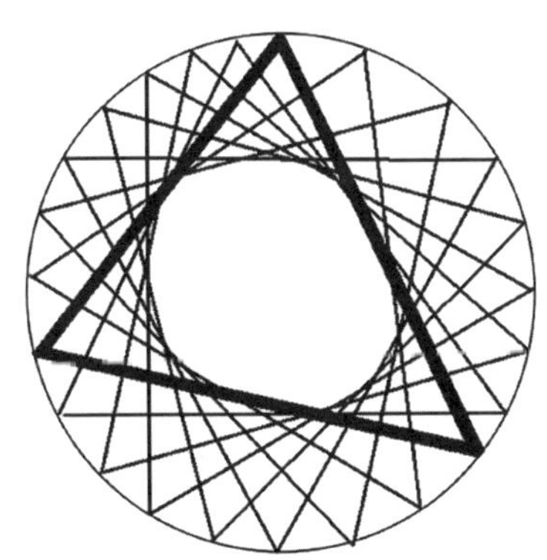

三角形是最穩固的接勁方式，但三角形必須要在圓形之內滑動遊走，這樣別人就無法推實你，而你卻隨時可以三角架構把對方打出，用勁架子打人是內家拳最聰明之處。

若未能先發制人，甚至被對方給作出兩點反發之時，則必須應用「合太極」來接勁，讓身體成為傳導對方來勁的通路，而不是目標，把來勁導入到腳上，以定勁來接勁，也就是把「實二點」增加為「實三點」，形成腳底三角形，有了這樣接勁之後，自己就先不吃虧，這一式也可以說是以「勁架子」來接勁。一接到勁，就必須倒轉陰陽「引進落空」來發勁，此時的倒轉陰陽大約都是把對方來勁上化，自己趁虛而入對方的下盤空缺之處，可以鬆沉勁，或槍勁、或龍虎勁對應來發勁。

若前兩者都不行之時，則剩下左右的採捋化勁方式可依循，採勁是把對方向下扣採，捋則是扣對方之手，以左右方向帶出。化法也可以說是把聽到的兩點強，放掉其中一點，然後加強另一點，讓對方形成單點落空之勢，至於如何加強另一點，則是以第三點會同其他兩點中的任一點，把三角型極縮至成兩點同線、同向，這樣變成一線打一點，才能把對方帶出。

這就是搭手聽勁時，聽勁聽到一點強、二點強、三點強的變化。

口訣曰：「出手三分掤，來勁截接化。」

第八章

手塚、接勁之問

便在這亂成一團之中，一名管家匆匆進來，走到游驥身邊，在他耳邊低聲說了一句話。游驥臉上變色，問了一句話。那管家手指門外，臉上充滿驚駭和詫異的神色。游驥在薛神醫的耳邊說了一句話，薛神醫的臉色也立時變了。游駒走到哥哥身邊，游驥向他說了一句話，游駒也登時變色。這般一個傳兩個，兩個傳四個，四個傳八個，越傳越快，頃刻之間，嘈雜喧嘩的大廳中寂然無聲。

因為每個人都聽到了四個字：「喬峰拜莊！」

薛神醫向游氏兄弟點點頭，又向玄難、玄寂二僧望了一眼，說道：「有請！」那管家轉身走了出去。

群豪心中都怦怦而跳，明知己方人多勢眾，眾人一擁而上，立時便可將喬峰亂刀分屍，但此人威名實在太大，孤身而來，顯是有恃無恐，實猜不透他有什麼奸險陰謀。

一片寂靜之中，只聽得蹄聲答答，車輪在石板上隆隆滾動，一輛騾車緩緩的駛到了大門前，卻不停止，從大門中直駛進來。游氏兄弟眉頭深皺，只覺此人肆無忌憚，無禮已極。

只聽得咯咯兩聲響，騾車輪子輾過了門檻，一條大漢手執鞭子，坐在車夫位上。騾車帷子低垂，不知車中藏的是什麼。群豪不約而同的都瞧著那趕車大漢。

但見他方面長身，寬胸粗膀，眉目間不怒自威，正是丐幫的前任幫主喬峰。

節摘自金庸《天龍八部》

游家莊充滿了英雄群豪，就如同目前世界武術眾家爭鳴一般，武術原本就不應該有高低之分，只有人才有高低之分。武術是世界各地之人為了與當地自然爭、與他人爭，與戰爭爭所發展出來的「身體使用手冊」而已。而我們太極拳講究天地陰陽之理，不但能尚武，亦能養身，更適合修心怡情。

練通了太極拳內勁後，更如隨身懷著珍貴財寶一般，終身受益，到哪都可以自在如意，信心滿滿，就如同喬峰孤身拜莊一般。

****

問：與人推手，總感覺怕怕的，要怎樣才會有自信，甚至能自信滿滿？

答：（請參閱影片28以身為盾四象陰陽）

想要自信滿滿，那便是先知己再知彼，要想知己，就得要建立自己身上的「紅燈區」與「手塚區」概念。

與人推手時，想要有信心的話，便要先建立「紅燈區與手塚區」，有了紅燈區與手塚區與人推手時便會有所本，知道自己在做什麼，不會盲從與躁進，把節奏交給他人，任人宰割。

何謂紅燈區與手塚區

與人推手時，規定只能碰對方的脖子以下，腰部以上的位置，相對地，別人也只能碰我身體的這些位置，這區域位置有些是被人一碰就倒，有些則是別人碰了也很難倒，容易倒的區域就叫「紅燈區」，而被人碰了也不容易倒的區域則稱之為「手塚區」。每個人的手塚區與紅燈區都不同，視個人功力與對手功力而定。

通常好的選手是會把身體的手塚區愈練愈廣，紅燈區愈練愈小，練到幾乎身體整個區域讓人碰到都不容易倒，全身都是手塚區，如同練成「金鐘罩、鐵布衫」，練到這個程度，就成就到「渾身是手手非手」的境界，也就是身體每個區域都能發人。

別人以為推到你肚子，你便會倒，結果你可以用肚子變成「二打一」長勁的點。另外，別人推你肚子時，你不倒，你兩手便空了下來，便比對手多了一雙手，可按可捋對方。又當別人以為推你肩膀你會倒，但一旦推到你肩膀時，你仍可以肩膀做出「二打一」長勁的點，接了對方的來勁。這時你仍是比對方多了兩隻手，可以化被動為主動宰制對方。所以，把身體的紅燈區越練越小，把手塚區越練越大，練到「渾身是手手非手」的境界，那麼與人推手就如同樣外家拳的金鐘罩護體一般。

在散打擂臺裡面，常看到一些選手根本無懼對方的鞭腿攻擊，你踢他，他根本沒當一回事，看到你的破綻馬上直接反擊，這便是如同金鐘罩護體一般。

通常，以練根勁為本體的人而言，身體的丹田延伸至腹肌的核心肌群，都應該是手塚區，這區域容易練成二打一的長勁。而肩部至手肘的部分則是紅燈區，肩膀至腹肌的胸部位置，則可因人而異，練的好，手塚區較多，練的不好紅燈區較多。

區分出紅燈區與手塚區之後，再來便是要讓紅燈區變成手塚區，這便是到了基本功的問題。要多練湧泉至腰軸的連繫，讓身體上下一體，能隨時借地之力，且能上下相隨，能做到一動無有不動，一靜無有不靜，這才能擴大手塚區的範圍。

紅燈區與手塚區的中心位置大約是在圖片當中文字部分，不過，視個人根勁的深淺，紅燈區與手塚區兩者也會彼此消長。

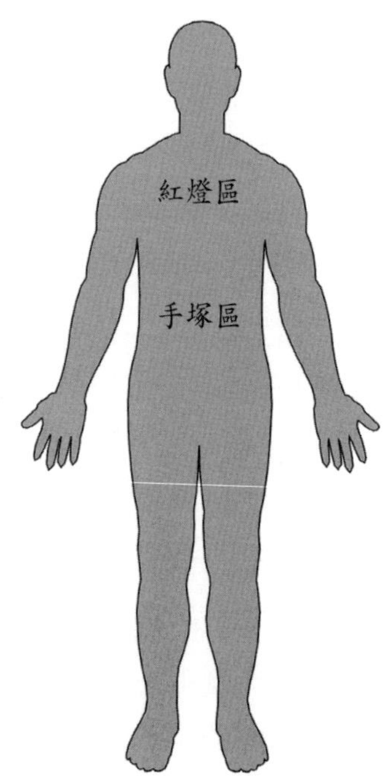

紅燈區與手塚區的攻防

自己的紅燈區是盡量少讓對手碰到為妙，要能在與對手推手的過程中，事先避開，要一開始就先防住對手攻擊紅燈區的來勢，萬一紅燈區真的被碰到時，也要把傷害降到最低，讓來的十分力，剩下一、二分，這樣縱使紅燈區被攻擊也能承受，對手反而會大吃一驚。萬一紅燈區真的被侵入被摸到之時，要趁對手尚未發勁時，迅速以「閃轉騰挪」法移開自己的紅燈區，也可練熟「蟒勁」功力，以雙臂如蟒，邊纏邊化掉對手的潛在攻擊能力。

而至於手塚區，則要「歡迎光臨」，與對手推手盤手時，不用一味把對手的力道全部化掉，要適時的賣一些破綻給對方，讓對方可以進來攻擊你的身體，碰觸到你的身體，當然，這些能讓對方碰到的地方，自然都是我們身體上的「手塚區」，這便是設陷阱讓對方誤入的「請君入甕」。

一旦對方誤觸了你的陷阱之後，你便以二加一的長勁來侍候他，接他的勁，順便用多出來的兩隻手，或推、或按、或捋、或採的反攻擊對方，就如同散打時以金鐘罩護身，挨打時反而直接攻擊對方是一樣的意思。

若對方遲遲不落入我們的陷阱，這時則反盤手為捋，主動將對方的手給拉進我們的手塚區，這便是我說的「歡迎光臨」，把對手主動地給拉進來，對手通常反應是先僵在當下，而不會落入陷阱，這時便剛好可以反捋為按，把對方給按出去；若是對手做出另一反應，出勁按了我們的手塚區，這就是我說的歡迎光臨了，就好好的「關門打狗」，以內勁接他的按勁，然後以雙手伺候他紅燈區吧。

問：很多人都說接勁最難，要如何才能做好接勁？

答：（可參閱影片28以身為盾四象陰陽、44上臂被挾母雞振翅、45雙重出掤單重出捋實採虛按）

接勁需要「聽勁」與「根勁」功力皆具，方能做好，若根勁不好的人，接勁的確很難，不能接勁就無法化被動為主動，但若無法主動攻擊，就便只剩下「化」的選項可用，推手功用剩下一半，可見能接勁是非常重要的項目。

接勁只有十分之一秒的時間可以作判斷，超過了時間還未能反應過來，就會被對手給發出。但若反應正確則反而可以利用對方的來勁，或發或化，把對手給弄得團團轉。

根勁若好，接勁便不會是太難之事，因為根勁可以用來當作接勁的緩衝區，來勁時只要做好往地上「導勁」的功夫即可，其他就交給借地之力的反作用力即可。縱使對手來勁是用捋、用化，只要「導勁」導的好，也能消去大半的捋勁。

接勁之道

接勁可分為接掤勁、按勁與接捋勁、化勁這兩大類，接掤勁是以定勁，先定穩自己身體，然後以尖銳的槍勁或者渾圓的「敷勁」作反擊。而至於接化勁，則是以瞬間直覺整束自己的勁架子，穩固自己身體不讓自己頭重腳輕，如同金字塔一般，對方要捋也捋不走。先讓自己不失根，然後再以順勢以掤勁反打對方，另外，對方要捋要化之前，定要先採你抓你，若能熟練蟒勁，讓對手抓不時，則對方一抓之時，就是打蛇隨棍上之時，對方未能奏效，反惹一身羶，反而是能把對方給反放倒的機會。

【接勁發勁法】

接勁是專門用來破對方來勁用的，用法是在於接到勁之後再反發勁。其關鍵在於根勁要好，這才能在接到勁之後，不讓對方拔根，其次便在於「勁架子」要鬆沉圓整，唯有鬆透的勁架子，才能接納對方的來勁引導對方的來勁回竄流至大地，之後再借大地之反作用力，發還對方。而接勁的手法，以做「第三點」為原則，通常對方會發勁，一般都是在聽到雙重之後，或者對方企圖以作出之雙重發我，故對方發勁來之時，通常已有一、二點出現，這時若再與對方僵持一、二點，便是頂了，恐吃力不討好。

這時若要接得住來勁，便要作出第三點出來，用三點去平衡對方之一、二點攻擊，讓對方來勁可均勻分佈在三個點之上，形成一個穩固的三角架構，這時彼此在上盤就可算平手，等於是對方的攻擊失效了。

而此時就可以把對方來勁盡情引導致地面，之後，再利用地面三角形的優勢，把對方發出，這便是接勁發勁。

第九章

被擄、美人手之問

本因、本觀、本相、本參四僧見了鳩摩智獻演三種指力，都不禁怦然心動，知道三卷奇書中所載，確是名聞天下的少林七十二門絕技，是否要將《六脈神劍》的圖譜另錄副本與之交換，確是大費躊躇。

本因道：「師叔，明王遠來，其意甚誠。咱們該當如何應接，請師叔見示。」

枯榮大師道：「本因，咱們練功習藝，所為何來？」

本因沒料到師叔竟會如此詢問，微微一愕，答道：「為的是弘法護國。」枯榮大師道：「外魔來時，若是吾等道淺，難用佛法點化，非得出手降魔不可，該用何種功夫？」本因道：「若不得已而出手，當用一陽指。」枯榮大師道：「你在一陽指上的修為，已到了第幾品境界？」本因額頭出汗，答道：「弟子根鈍，又兼未能精進，只修得到第四品。」枯榮大師再問：「以你所見，大理段氏的一陽指與少林捻花指、多羅葉指、無相劫指三項指法相較，孰優孰劣？」本因道：「指法無優劣，功力有高下。」枯榮大師道：「不錯。咱們的一陽指若能練到第一品，那便如何？」本因道：「淵深難測，弟子不敢妄說。」枯榮道：

「倘若你再活一百年，能練到第幾品？」本因額上汗水涔涔而下，顫聲道：「弟子不知。」枯榮道：「能修到第一品麼？」本因道：「決計不能。」枯榮大師就此不再說話。

本因道：「師叔指點甚是，咱們自己的一陽指尚自修習不得周全，要旁人的武學奇經作甚？明王遠來辛苦，待敝寺設齋接風。」這麼說，自是拒絕大輪明王的所求了。

節摘自金庸《天龍八部》

咱們自己的一陽指尚自修習不得周全，要旁人的武學奇經作甚？當自己迷惑其他武術的炫技之時，往往便輕視自己所學的武術，武術博採眾家原本是好事，但若過於迷惑別人苦練一、二十年的成果之時，往往容易見異思遷，但是等自己投身學習之後，又會覺得枯燥乏味，於是輾轉來回之即，平白讓自己喪失許多寶貴光陰。

太極拳被譽為天下第一神拳，並非它出了二代楊無敵，而是它較其他拳種有更深奧的陰陽哲理，練拳兼具養身，可終身受用，這境界絕非一般拳種所能達到。

****

問：萬一被對手給抓到重心，一時擺脫不了時，該如何處置？

答：（可參考影片27目標敵身閃轉騰挪）

推手像下棋一樣，功力決定高低，除了偶而突襲成功之外，很難會有一次就讓對方落空移動出局的狀況。實際推手的狀況，通常是透過彼此間互相盤手，找出對方的滯礙處，進而侵犯成功，把對手給推出去。

雙方摸來摸去，聽來聽去，不管多會躲，還是有很多時候會被對方聽到重心，雖然重心被掌握到很麻煩，但並非重心被抓到，就一定會被推出去，還是有一個絕處逢生的手法，那便是「閃轉騰挪」。

【閃轉騰挪】

這是當自己的重心被聽到，且身體又已經極靠近臨界點時，所使用的連消帶打的手法。

當自己身形被逼近臨界點，快要飛出去之時，若再不化解，就可能會被推出，此時便要使出剎手鐧，使用「閃轉騰挪」之法，閃轉騰挪是靠運轉丹田的陰陽變化，把自己的被對方定住的重心，藉由「閃轉騰挪」的變化，讓對方一推來，反變成引進落空之勢，我們得勢之後，便直接以丹田為支點反發對方。

這是高難度的動作，動作之時無聲無息，不著外相任何變化，全以丹田的彈抖產生陰陽變化，來化解危機成為轉機，極為困難卻也極為有效。要練得此功，需先練成彈抖勁，然後，再轉練成陰陽勁，有了陰陽勁之後，再配合聽勁的巧妙，就能把「閃轉騰挪」之法發揮出來，別人推你就如同推一顆懸著的抹油大鐵球，滑不溜丟的，且隨時會被鐵球打回來，而你打人就如強力彈簧把人直接彈出去一般，當你練成了陰陽勁之後，太極就境界就不會進進退退的了，因為已經悟得陰陽之道。

問：鄭子的美人手看起來軟軟柔柔的，是不是只能在拳架中使用？若想要在實際上使用又該要如何使用？

答：（可參考影片03美人手vs壯漢、43擎引鬆放敷蓋對呑）

「美人手」可是鄭子太極的大心得，當然不只能在拳架中表現而已，更可在實際的推手中應用，有著出色的表現。能悟出美人手，並敢大力提倡，可見鄭曼青宗師的功力已進階至歷代太極宗師之列。鄭子太極能在台灣蓬勃發展，果然要拜鄭宗師功力非凡之賜。

想要瞭解「美人手」的使用不難，鬆鬆柔柔如同美人的手一般即是，但要應用得上卻是大難，若非內勁與聽勁功力到達高水準，是無法使用美人手來克敵的。

這個「美人手」也非鄭子所獨創，是從楊澄甫以來，講究以鬆柔為體的太極大架子，必走到的一處關卡，這個關卡悟通之後，便能悟透太極的鬆沉境界，進入鬆沉境界之後，眼界又將是一片海闊天空。

鄭曼青宗師的美人手

而我說「美人手」的手法也非鄭子獨創，也是有憑證的。話說武氏太極歷代先賢當中，以第二代傳人李亦畬的太極武學研究最為深徹，亦畬先生練武若有心得，便順手寫在一張紙條上，然後貼在其書房牆上，過若干日若有同式之更好的心得，便依樣把心得寫上另一張紙條上，然後撕去原紙條，再把新心得貼於原處，每有新心得，都依樣更新，李亦畬先生不執著於成就，而更渴望有新得。

亦畬先生死後，其學生進其書房，發現牆壁到處貼滿心得紙張，往往一處常有數篇至數十篇撕去、重貼過之痕跡，這是李亦畬每有心得撕了去舊紙，換貼新紙，同一處貼紙痕跡滿滿，可見李亦畬大師不以自己所得而自滿、自限，敢勇於突破現狀，追求太極之極致精髓。

如此精研的李亦畬先生，自然留給後輩者都是最極究的心得，但也因為如此，反而留世之作不多，能留世的都是其最後之作，很難讓人一窺其心路歷程，也無從追隨起。

李亦畬先生在太極的造詣中，曾創造出一「敷字訣」，這字訣可說是他千錘百鍊後的太極結晶心血，他曾言：「敷蓋對吞，此四字無形無聲，非懂勁後，練到極精地位者，不能知全。」而他對「敷字訣」作以下解釋，他說：「敷，所謂『一言以蔽之』也。人有不習此技而獲聞此訣者，無心而白於余。始而不解，及詳味之，乃知敷者，包獲周匝，人不知我，我獨知人。氣雖尚在自己骨裏，而意恰在彼皮裏膜外之間，所謂『氣未到而意已吞』也。妙絕！妙絕！」

美人手也是筆者善用的手法，別看柔柔的美人手，對付壯漢反而是最實用的手法，關鍵在於根勁上竄的力量，而非用手使力。

敷字訣我們也可以直接稱之為敷勁，敷勁是很巧妙的手法，敷勁用得好，對方再怎麼勁大，只要被敷著，無不一敷便倒，敷不是靠硬勁，更不是靠硬力，而是靠沾黏連隨與不丟不頂，敷勁之絕妙處，在於「聽勁」與「含蓄」的同時使用。

敷勁要如何使用呢？現在數學的始祖，西元前287～212年之希臘阿基米德曾說：「給我一個支點，我可以推動地球。」敷字訣也是同理，敷就是不與對方抗，敷勁就是「敷蓋在對手勁頭上之勁」，也是太極拳要求的不丟不頂。在作法上，要先能聽到對方勁，但不與對手之來勁相抗，且要把己勁敷在對手的「勁頭」之上。

應用手法上，是把對方之來勁之前端，也就是勁頭視為一顆圓球撞來，我們的勁就敷蓋在其勁頭之中點上處，且不與其頂。之後，以敷帶沾黏的勁法來轉折與包蓋住對方的勁頭，讓對方勁頭施不出全力來。而讓我們的敷勁牽著對方的勁頭走，就像牧童小兒牽著大水牛鼻子一般。這時，要對方東向就東向，要對方西走，對方就西走，對方便如同喝醉酒的醉漢一般東倒西歪！

武氏太極的敷字訣與鄭子太極的美人手，其實正是相同的東西，只是彼此說法不同，解釋不同而已。想要體現鄭子太極的美人手的威力，就看武氏太極的「敷字訣」即可。

第十章

遇强、外家之問

覺遠卻似沒聽到她的話，繼續念道：「…………力從人借，氣由脊發。胡能氣由脊發，氣向下沉，由兩肩收入脊骨，注於腰間，此氣之由上而下也，謂之合。由腰展於脊骨，布於兩膊，施於手指，此氣之由下而上也，謂之開。合便是收，開便是放。能懂得開合，便知陰陽…………」

他越念聲音越低，終於寂然無聲，似已沉沉睡去。郭襄和張君寶不敢驚動，只是默記他念過的經文。

斗轉星移，月落西山，驀地裡烏雲四合，漆黑一片。又過一頓飯時分，東方漸明，只見覺遠閉目垂眉，靜坐不動，臉上微露笑容。

張君寶一回頭，突見大樹後人影一閃，依稀見到黃色袈裟的一角。他吃了一驚，喝道：「是誰？」只見一個身材瘦長的老僧從樹後轉了出來，正是羅漢堂首座無色禪師。

郭襄又驚又喜，說道：「大和尚，你怎地苦苦不捨，還是追了來？難道非擒他們師徒歸寺不可麼？」無色道：「善哉，善哉！老僧尚分是非，豈是拘泥陳年舊規之人？

老僧到此已有半夜，若要動手，也不等到此時了。覺遠師弟，無相師弟率領達摩堂弟子正向東追尋，你們快快往西去罷！」卻見覺遠垂首閉目，兀自不醒。

張君寶上前說道：「師父醒來，羅漢堂首座跟你說話。」覺遠仍是不動。張君寶驚慌起來，伸手摸他額頭，觸手冰冷，原來早已圓寂多時了。張君寶大悲，伏地叫道：「師父，師父！」卻那裡叫他得醒？

節摘自金庸《倚天屠龍記》

張君寶、郭襄、無色禪師三人，聽了一宿「九陽神功」之後，後來默視揣摩各自發展出武當、峨眉、少林內功等絕世武功。

這是因為他們在乎的是好東西的精髓，誰還會拘泥在陳年舊規裡呢？既然古人能夠敞開門戶之見，現代的內家拳，更應該集各家優點去蕪存菁，不管是內家外家，只要是好東西，通通都是中華一家，要保留下前人的武學菁華留世才是！

****

問：在推手時，如何應對比自己強壯的對手？

答：（可參閱影片04霸王卸甲、31短勁搶手連發推手、36熊經8字築基卡位、37牽制主力遊打側擊）

若是公平的推手比賽，雙方基本條件應該都差不多，體重差不多，年紀差不多，就無所謂強不強壯問題。但一般的公園推手，或者彼此相邀的推手，則少能做到這樣的條件，這時難免就會遇到比自己強壯的對手！

以客觀條件而言，彼此年齡體重相差過大，肌肉爆發力自然也會有很大的差異，尤其當兩者體重若相差10%以上份量，兩者便相差二個量級，要想以壓到性的勁力取勝，除非對方是個外家，否則，絕對不可能。

故在對應的心態上，我們必須知道，衡量對手的體能條件下，不可能每一次自己都能贏，故要以多贏少輸的方向去作思考。

故與強壯的對手推手時，須隨時注意「陰陽轉換」的靈活性，自己的「勁頭」不可與對手直接對上，對上了就容易被對方給接勁接住。

縱使自己的勁頭被對手直接給對上了，也要用定勁對上對方的虎勁，以向下力對抗對方的向前力，這樣便能錯開勁頭，有機會轉守為攻，能錯開勁頭方有機會趁機取勝，若用虎勁對上對方虎勁，吃虧的就不一定會是對方，而是體重較輕者，或者整勁較差者。

對方力量若比自己強壯，在整體策略都要以「遊打側擊」、「守中化勁」、「化矛為戟」、「陰陽轉換」等手法為主軸核心。間配著使用「霸王卸甲」、「連發快打」等招式，以及「卡位築基」等手法。

以「中線勁」、「陰陽勁」的勁法效果為最好，自己中線不能被對方給掌握，當能壓制對方中線位置時，絕對不要放掉，再輔佐以「陰陽勁」的陽推陰走打法，以陰勁合對方的陽勁，讓對方來勁撲空，而陰勁合對方的陽勁便能借他陽勁再加上我們的陰陽勁在對方虛處反打他，就會是很完美的制服強者打法。

問：對方若用外家手法與我們推手，該如何應對？

答：（可參閱影片19採勁、34以腕護肘以纏護腕、39臂如雙蟒採纏翻按02 、41臂如雙蟒採纏翻按04）

推手有推手的規矩，若不依照推手的規矩來推手，那就不叫作推手，而是散手了。不是說散手就不行，只是大家要先講清楚規則才玩，這才符合遊戲公平原則。

不過，只要依著推手的規矩，不打擊，需手掌以觸身後才能推，觸身以頸部以下，腰部以上，不能以背後摔，便無所謂內外家之分。

目前拳術當中，許多手法都能在推手中有很好表現，其中以八卦的盤手，詠春的黐手、螳螂的採手最為刁鑽靈活。這些手法，若以我們的勁法歸納來說，便是「短按」、「短採」的組合，短按、短採加上聽橋原本就是詠春黐手的手法，它著重在手掌與手臂的感應與回擊。

而太極推手的勁法，大多以掤勁為首選，以長勁為勁發源，手臂、手掌發勁為主，比短按、短採為溫和。若突然遇到短按、短採的技法，自然會有點被牽著鼻子走的感覺，就如同老虎遇到狼群一般，一個以大力迅速為主，一個以刁鑽靈活為主，力大遇刁鑽總感絆手絆腳。

不過，若說短勁就贏長勁，那也未必。只是善長勁者不容易短時間就能習慣這樣的推法之故。

我們先來講按的用法，按勁的陰陽在手掌之間，手指為陰，手心為陽，手指負責聽、採、抓，一聽到，或者一抓到，落入手掌的掌握之下，手心即刻貼上發勁，可單手發勁，也可以雙手發勁，以聽到即發為主。因為是短發

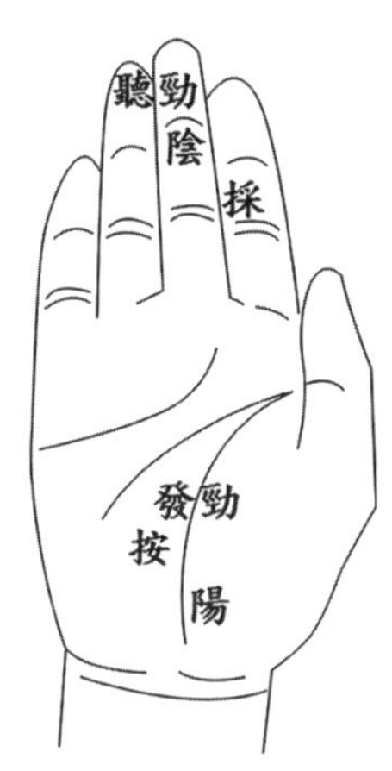

手指區域為聽勁、採勁之用，手掌區域則為發勁、按勁之用

勁，故身體重心未失，所以，可以連發，或者，改發為採，端看對方反應狀況。故與短勁者交手會覺得他手法多變，便是此故。

不過，稍加練習，短勁未必就能在長勁面前吃香，我們再來講短按的破法，原本是就沒有所謂完美的拳法，有法就有破，「天下武功，唯快不破」是通則，快則可以小打大，以弱制強。所以，只要能提高聽勁速度，則便能以同速長勁破短按勁。按法以手指聽勁與採抓，而發勁攻擊點則放在手掌底的手心。故按勁的陰陽很小，正因為小所以可以快，而要破按法，便要抓住其特性，用「以大欺小」來破。

「以纏破按」是主要破按法，「纏」字訣是蟒勁的精神所在，是手臂纏絲勁的延伸，也是身體與手臂「二加一」的長勁。按之陰陽在掌，要破其法，便要避其陰陽，使之陰陽不能變化，其方法便是以大欺小的「纏腕破按」，以纏腕、扣腕等較大的陰陽變化，來牽制住對方較小的陰陽，讓小陰陽碰不到我們身體的核心，讓我們的大陰陽先壓制著他，就像牛被牽著鼻子繞圈，牠想用角來頂你，卻老是找不到目標一樣，因為它的陰陽比身體的陰陽小，大陰陽轉動時小陰陽便發揮不了作用，牛要用角頂時，你牽扯它的牛鼻子，可以扯痛它的牛鼻，身體繞動破其角動，這樣便能破其短勁。

在「推手百廿要」之中，便有「意念手腕、臂如雙蟒」之要項，是指被他人手指抓住時，便以纏脫腕，以纏扣腕，讓他陰陽發揮不了作用。而若能在一開始之時便能主動，則意念手腕，採扣佔先，先扣住對方的手腕，然後採按並用，則變成我們先按，也可用採扣佔先，讓自己的右手制中，左手制肘，只要熟稔推手要項便能應對自如。對方手快卻也打不進自己的中線核心，攻擊自然被破，這便是破外家手法的技法。

第十一章
秒殺、純勁之問

木桑大贊袁承志心思靈巧，讓他九子，與他下了一局。袁承志雖然不懂前人之法，然而圍棋一道，最講究的是悟性，常言道：「二十歲不成國手，終身無望。」意思是說下圍棋之人如不在童年成名，將來如何再下苦功，也終是碌碌庸手。

如蘇東坡如此聰明之人，經史文章、書畫詩詞，無一不通，無一不精，然而圍棋始終下不過尋常庸手。成為他生平一大憾事。他曾有一句詩道：「勝固欣然敗亦喜。」後人贊他胸襟寬博，不以勝負縈懷。

豈知圍棋最重得失，一子一地之爭，必須計算清楚，毫不放鬆，才可得勝，如老是存著「勝固欣然敗亦喜」的心意下棋，作為陶情冶性，消遣暢懷，固無不可。不過定是「欣然」的時候少，而「敗喜」的時候多了。穆人清性情淡泊，木桑和他下棋覺得搏殺不烈，不大過癮，此刻與袁承志對局，竟然大不相同。

袁承志與此道頗有天才，加以童心甚盛，千方百計的要戰勝這位師伯。這一局結果雖是木桑贏了，可是中間險象環生，並非一帆風順的取勝。

節摘自金庸《雪山飛狐》

圍棋又稱手談，對弈雙方不用言語，就能了解對方心思；推手也是手談，雙方比力、比勁、比速度、比技巧、比陰陽，無用言語也都知道對方斤兩。何止圍棋勝敗之道只有一種，太極拳勝敗之道也只有一種而已，那便是贏者為王，敗者為寇，贏家全拿，兩者相通之理為「能讓便讓一大片，不能讓分毫堅守」。天下萬物道理原本皆相似，正所謂：「一理通，則萬理通。」

****

問：當推人時縱使已經碰到對方身體，卻推不動時，該如何處理？

答：（可參閱影片31短勁搶手連發推手、32大悲採扣槍虎齊發、49抱虎歸山甩坐相隨）

這便是有推不動人的危機了，當你已經推到對方身體，卻發現自己推不動對方時，此時你便產生了一個大危機。這大危機是你除了推不動別人之外，你還很可能被對方推動。此時你已經比對方少一隻到兩隻手，因為你用一隻手或兩隻手去推對方身體，對方原來跟你對峙的手，這時便空了下來，不用再防範你的手，可以專心攻擊你。所以，在此一瞬間，他比你多了一隻到兩隻手可用。這一兩隻手它可以反擊、打擊你，他可以把你推倒或捋倒，他便得反守為攻的勝利。

推不動對方的大危機，是推到了對方有意無意設定的手塚區，當你推不動他時，當下雙方都知道彼此之間的優勝劣敗。

事實上，每個人身體或多或少都會有比較能抗，比較難被推動的地方，這個地方我們稱之為手塚區。你推到他能抗能接勁的手塚區時，正好可以讓他接勁並以借地之力反打你，然後再用多餘的手去捋去採輔助攻擊，用手反推你的紅燈區，用按用掤的把你給推出去。

有沒有辦法破解？有的！只要練好這一招，就不用怕推不動對方，這招要在平時推手時，就要做好這樣的訓練，真正與人推手時，才能從心所欲的用出來，這訓練就叫做「秒殺訓練」。

訓練推手時要養成「一秒之間」的推手觀念，什麼是「一秒之間」，就是當自己推人時，每一掌都只能用一秒鐘之內的時間去作攻擊，每一式的發勁都不能超過一秒，多一毫秒都不行。為什麼要如此，讓我們娓娓道來。

「秒殺」太極前輩們說這叫做「打人要打的脆、發勁要發的俐落」。打人打的脆就是這個意思，用現代話術來說，便叫做「秒殺」。發勁推人時，若能秒殺對方的話，對方的反應是跟不上來的，只有望著自己飛出去而興嘆。但若發勁推人拖拖拉拉的，對方便可以有充分時間因應，被聽勁聽足了，縱使你功夫高深，反被對方準備好接勁，最多也只能發揮個五、六成功力，剩下的四、五成都被對方給預期化解掉了。

唯有在對方反應不及的秒殺手段下，功力才能發揮到十成十，甚至到十二成，效果出奇的好。

不過，這還是你的功力超越對方時，才能發揮的事。

若你的功力沒有超越對方，縱使推到對方身體也推不出去，發勁也發揮不了作用時，那麼下場就會更慘了，勢必自己反而會被秒殺掉。

這時「一秒之間」的訓練，相形之下比功力更成了重要的勝負關鍵。因為我們攻擊是一秒之間的事情，所以，縱使對方接勁撐住了，但你經過秒殺訓練之後，已經能立刻在下一秒內改變打法，下一式又是另一個不同模式、不同角度的一秒攻擊，對方便會因此疲於奔命應付。就這樣若能在五秒內，不斷秒殺超過十招出手。對方原本已經疲於應付，能撐住的局面，最後也會因為防不勝防而反轉，變成以下制上。故多練習秒殺的功力，把秒殺練成「半秒殺」，弱者也能勝強者。

如何練習

秒殺練習，要在平常推手訓練時，練習遊走側擊的推法，一推就能推動，自然是好的事，那真的是「秒殺」了。若一推而推不動，便要改另一個方向推擊，左改成右，推改成採、捋改成推……等，反正就要讓招式不過老，別讓對方在一招內給接勁接足了，要讓對方永遠窮於應付，這樣縱使遇到利害的對手，也能因為秒殺的靈活手法，而能以下克上，翻轉局面。

問：太極拳是純練勁，不練力嗎？

答：不是的，太極是講究陰陽，任何動作都有陰陽，因為注重陰陽，往往會讓人以為是在取巧，其實它也取力，只是力要用在對的地方，用對地方就叫做「不頂」不跟對方鬥牛鬥力，故你用力我就用勁，你打上我就打下，這些打法是取勁不捨力的，故太極雖練勁卻也不會捨棄力而不用。若是過度捨力便會太柔，矯枉過正去了。

太極拳講究「捨己從人」，王宗岳的太極拳論曾說：「本是捨己從人，多誤捨近求遠。所謂差之毫釐，謬之千里，學者不可不詳辨焉。」能捨己從人才能不預設立場，才能洞察對手，又因為太極是以靜制動，以柔克剛，自然要洞悉對手。楊祿禪也曾說：「你要給你、咱打咱有、要那有那，別人始終打不著我，我始終打得著別人。」這些都是對於「捨己從人」意涵服膺的表現。

但是捨己從人並非全捨，全捨便是全丟，故楊祿禪才會在「你要給你」之後，補上一句「咱打咱有」，意思就是，咱們要打自己擅長的項目，也就是有所捨，也要有所取。

目前一般的太極操都練成全捨狀態，也就所謂的鬆柔，筆者看過有些人推手連自己的手都不搭在對手身上，身體讓對手隨便推，自己只是靠身體全柔的在走化，這樣推手十場下來，會贏才有鬼，或許，能贏個一、二場。但是全然不推、不捋，就等於自廢雙手，能贏才有鬼。

全柔不但練不出內勁，連帶也把力都捨去了，變成一團棉花而已。一團棉花能打人嗎？或許有人會說當然可以，太極不就是棉裡藏針嗎？的確有這樣的說法，但是綿裡針也還須裡面要有針才行。

棉裡針更正確的說法是鄭子說的「棉花裹鐵蛋」。「棉花裹鐵蛋」外表似棉花，裡面卻裹著鐵蛋，人推你時是棉花推不實，而我們撞人時則是鐵蛋，要刺人時則成棉裡針，這才是更正確的觀念。

取勁不捨力，就是太極拳取用內勁，卻不會捨去肌肉力不用，這是務實的看待與人的應手、搭手的實際狀況，若僅用純勁應對，則如同只用五成功力，去對付對方的十成功力，自然辛苦。但若能勁加力，兩者結合的巧妙應用，則不僅能發揮十成功力，甚至還能一加一大於二，變成十五成功力也並非不可能之事。

唯一要注意的是，以內家拳而言，勁與力的關係，要視為如同主從關係、主客關係，勁永遠是主，力永遠是從、是客。唯有主客關係擺對了，才能發揮身體勁力結合之妙處。若主客關係錯亂，則會喧賓奪主；若是主客易位，則很容易讓人抓住把柄，一舉反攻過來，優勢瞬間變成劣勢。

這樣的建議是不是很正確呀！

第十二章
陰陽勁、瞬强之問

周伯通只為了在洞中長年枯坐，十分無聊，才想出這套雙手互搏的玩意兒來，從未想到這功夫竟有克敵制勝之效，這時得郭靖片言提醒，將這套功夫從頭至尾在心中想了一遍，忽地躍起，竄出洞來，在洞口走來走去，笑聲不絕。郭靖見他突然有如中瘋著魔，心中大駭，連問：「大哥，你怎麼了？怎麼了？」

周伯通不答，只是大笑，過了一會，才道：「兄弟，我出洞了！我不是要小便，也不是要大便，可是我還是出洞了。」郭靖道：「是啊！」周伯通笑道：「我現下武功已是天下第一，還怕黃藥師怎地？現下只等他來，我打他個落花流水。」

郭靖道：「你拿得定能夠勝他？」周伯通道：「我武功仍是遜他一籌，但既已練就了這套分身雙擊的功夫，以二敵一，天下無人再勝得了我。黃藥師、洪七公、歐陽鋒他們武功再強，能打得過兩個老頑童周伯通麼？」

郭靖一想不錯，也很代他高興。周伯通又道：「兄弟，這分身互擊功夫的精要，你已全然領會，現下只差火候而已，數年之後，等到練成做哥哥那樣的純熟，你武功是陡然間增強一倍了。」兩人談談講講，都是喜不自勝。

節摘自金庸《射雕英雄傳》

「我不是要小便，也不是要大便，可是我還是出洞了，天下無人再勝得了我。」老頑童周伯通的雙手互搏之術，在金庸筆下僅「周伯通、郭靖、小龍女」三人能使，周伯通是天性浪漫，郭靖則個性樸直，小龍女則心如明鏡；所以，三人才能使出一身二功夫之雙手互搏之術，之後縱使聰明如黃蓉、楊過等人也沒辦法學會，於是便失傳於世。

事實上，「雙手互搏之術」的拳理不僅只是武俠小說傳說中的武功，更是可以實踐的功夫。太極拳從根勁一路練到全身整勁，再從剛柔勁出發練到中線勁，最後中線勁結合彈抖勁之後，彙以「陰陽」就有人會悟到「陰陽勁」的境界。有了陰陽勁後則陰陽隨勁，一出手便見陰陽相濟，一身就如同有陰陽兩人合作無間的集體做戰，更勝於「互搏之術」的雙分身而已，故習太極者當自強，習得根勁的初步功夫之後，要往整勁、中線勁、陰陽勁的境界邁進，練到了陰陽勁之後，則達到「無」的境界，是進入神明之境，我獨知人，人不知我的境界。這境界有多深，佛曰不可說，就端看個人體悟的境界。

****

問：對於發勁，有沒有比較好的建議策略？

答：（可參閱影片07推手中的彈抖勁用法、45雙重出掤單重出捋實採虛按）

發勁要發的好，除了練好整勁「三打一、二打一」的剛勁與柔勁之外，善用「中線勁」是會很輕鬆的。若能練成「陰陽勁」，陰陽勁的應用則妙不可言。

結構力與中線勁

我們在前面篇章說過「整勁、剛勁、柔勁」，本篇則要帶讀者進入這三勁之後的境界。

整勁就是力用在身體結構的表現，用整勁打人就是用結構力在打人，用結構力打人的好處，是把人打出去之後，自己仍能維持正常的結構，沒有變形。一般外家拳打人一定會破壞自己的穩定結構，這才能打人。

例如拳擊出一個正拳攻擊，這正拳雖把力量帶出去，同樣也讓自己身體重心往前傾，若沒有後續的第二拳、第三拳來左右補強，就很容易自身平衡失調。

若被對方抓到手，很容易被對方給帶了過去，反而成了劣勢，中國摔跤或者日本摔跤都是利用對方結構破壞，或前傾之後，把人給摔出去的。

但發整勁用的是結構打人，只是用自己結構瞬間的整合完整，把對方平衡給破壞掉而打飛對方出去。

因為是整合自身結構，所以，一發勁反而自身結構更加完整，對手不容易摔你，也由於是完整自己的結構，所以，用哪裡碰到對方哪裡都可以，這便是太極拳「渾身是手手非手」之意。所以，用得出整勁的人，就是懂人體力學結構的人。

中線勁

用肌肉伸縮的叫做「力」，用肌腱伸縮旋轉的叫做「勁」，能統合全身三分之二以上的勁，用之於發勁者，就叫做發整勁，而發整勁，發的最巧妙、最省力的，莫過於是發中線勁。

中線勁是上述「整勁、剛勁、柔勁」三勁熟練之後，自然而然，會發展出來的勁法，就如同陰陽二魚愈游愈裡面，愈往中間靠攏，速度愈快，卻也愈省時省力，最後會集中在中間點，便成如漩渦一般的結構，練到這時便是該體會到「中線勁」出現的時候。

所有的脊椎動物都一樣共同性，那就是左右對稱。人是脊椎動物，自然也是左右對稱。而左右都是從中間發展出來的。所以，身體中線是人體的力量集散地，若內勁從人體中線發勁，會是距離最短且威力耗損最少的勁，我們便稱此為「中線勁」。

若是不信，我們可以做個實驗試試，自己先把雙臂平舉與肩同高，然後舉起雙掌平行按出，再自己感覺所按出的力道；然後，把手放下，再把雙臂平舉與肩同高，這次雙掌合併於胸前中間，拇指互碰後再把雙掌推出，這次也感受一下其力道。

比較這兩次的力道，是不是感覺第二次合於胸前的推掌力道會較第一次穩健充沛。這是因為手掌靠近身體最大支撐柱——「脊椎」，又加上拇指互碰後成為整勁結構的關係，所以，力道會較大，這便是中線勁的表現，也是身體最強結構力的表現之一。

陰陽勁

能練出整勁與中線勁之後，再融會彈抖勁與陰陽之理，這才能產生陰陽勁。陰陽勁不只等同於太極的「陰陽相濟」而已，陰陽勁還包含了把勁法融會於陰陽相濟裡面，讓自己身體裡面同時有「陰勁」與「陽勁」兩種力道，陰陽二勁互相合作，等於你的身體裡面有兩個人的力勁在運作，這有點像金庸武俠小說中的周伯通之「雙手互搏之術」。

但是，兩者不同之處在於，「陰陽勁」除了互相強化之外，身體的陰勁還可以去合對方的來勁（陽勁）成為「合太極」，再把這陰陽合太極推到你的陽勁上面去，就變成三勁一體。

故這陰陽勁較之雙手互搏之術的「雙分身」又更加精進，可以有三種力道存在。若以比喻而言，雙手互搏之術就像兩個陌生人放在一起，而陰陽勁則是兩個從小一起長大心靈相通的雙胞胎。

練出了陰陽勁之後，就能充分體會太極的陰陽魚的陽推陰走，陰來陽去的流暢感，也能感覺陰陽互補的「陰陽相濟」之感，這是因為陰陽相濟注入了勁法之後，就像陰陽魚得到了生命的活力，又像輪盤得到了潤滑油一般，化被動為主動，陰陽運轉加入了第三方勁之後，可以更加強健與順暢，也更能感受外界的陰陽變化，進而以對方之陰陽催生出自身的陰陽相推之功。

各家的太極拳都講陰陽，但講是一回事，能做到又是一回事，很多的陰陽自己比劃時有模有樣，但往往一遇到對手，就陰陽不分，這是因為沒把自己的陰陽給注入「勁」，也沒有與對方合太極，一旦人家有勁，自己沒勁，純陰陽相濟便佔不到便宜。亦或者單有一種勁，往往只限於「陽勁」，以一半的勁對付對方的全勁，自然也是吃虧的。

只有陽勁，少了「陰勁」，便是缺乏完整的陰陽勁法，是沒辦法完全展現太極陰陽的威力，一遇到純陽的外家拳全力以赴，實力也沒有人家強大，便只能束手就縛。

而若能練到太極陰陽勁的境界，則就能發揮一加一大於二的效果，便可以悠然與對方匹敵，而且陰陽有勁之後，便可以從「有」的境界，走進「無」的境界，藉由陰助陽，讓對方感受不到你，以陰幫陽，更可以發揮強大的攻擊力。

這就如同宇宙間除了有看得到的物質存在，同時也還相同質量的「暗」物質存在，這才能讓宇宙維持平衡一樣，陰陽勁就是結合明物質與暗物質之能量。

問：推手時，雙方功力很重要，有沒有可以瞬間增強功力的方法？

答：有的，想要瞬間增加功力，最好的方法，就是用高頻率打低頻率。也就是推手時調快自己的節奏感，若一般的節奏是一拍的話，那麼便把自己調高至1/4、1/8，那麼同樣時間之內，便多了4～8倍的攻擊機會與能量出來，很容易擊垮對方，我稱之為「翻浪推手」——採纏翻按+Turbo（渦輪）。

前面篇章說過「雙根如藤，臂如雙蟒」是最好的推手狀態，而臂如雙蟒最好的狀態則是雙手在聽勁中完美的使用「採纏翻按」的手法，而採纏翻按歸根究底的目的則是「以纏守中」。

本篇我們繼續來說另外的雙根如藤的「身法」，雙根如藤，就是要作到雙腳像樹藤一樣具有韌性與彈性，可用來攻擊與防守，防守時能接得住對手的來勁，攻擊時則要提供豐富的勁源，能源源不斷的供給勁源給雙手使用。而要做到這樣的境界，則便要把採纏翻按加上Turbo，讓身體有源源不斷的動能可利用。

在推手時，雙手不僅要採纏翻按的以纏守中，還要用我們身體的節奏感，不斷的提供勁源出來，如同馬達轉速一般，這兩者一旦配合，便成了「翻浪推手」。

身體以節奏感提供出勁源，就像海浪不斷的從海中拍打到岸邊一樣，海浪拍岸雖然每次的節奏都差不多，但對於岸邊的攻擊卻大異其趣，並非每次都一樣。

同樣的，我們的翻浪推手也是一樣，每次的勁源供給過來，卻並非都要攻擊對手，可以用來佯攻，也可用來主攻，更可完全不用，但不斷地來勁會讓對手沒有可趁之機，就像漲潮時要游向大海是很辛苦費勁的，而退潮時只要漂浮著，就能飄到大海中是一樣的道理。翻浪推手就是一波波的浪潮，所以，翻浪推手可以掌握八成的攻擊，攻擊多自然勝率也會增加。

本篇講手動手篇至此結束，再來，則是要進入筆者花最多心思的懂推篇，全篇以「推手百廿要」為主旨，共一百二十句，懂推篇中一一闡明其中的用法，是筆者近年來思慮與實驗，內勁如何應用在推手中的心血結晶，望讀者能細細品味其中真諦。

懂推篇

推手百廿要

半圓切入、後腳懸跟　出三分掤、來截接化
以圓化攻、以崩攻敵　搭手求聽、先接後發
意寓其上、必先其下　掤放弓勁、捋蓄弓勁
意念手腕、採按相依　手快腳穩、採掤相濟
目標敵身、閃轉騰挪　以身為盾、四象陰陽
霸王卸甲、前翻後仰　敷翻採捋、輪轉落按
手指聽採、掌底按勁　單鞭擒手、兩儀盤手
短勁搶手、連發推手　大悲採扣、槍虎齊發
肘脫則掤、制肘則採　以腕護肘、以纏護腕
上下佔先、壓頭剷根　挽花採手、輪轉雙按
熊經8字、築基卡位　牽制主力、遊打側擊
臂如雙蟒、採纏翻按　腕如蟒口、纏繞反咬
打蛇隨棍、直搗黃龍　大悲合掌、尖如棉針
擎引鬆放、敷蓋對吞　右手制中、左手制肘
過前用化、過後用發　高身用掤、低身用敷
前臂被握、鬆臂上肘　上臂被挾、母雞振翅
遇強則強、遇弱則弱　遇陽則陰、遇陰則陽

守中百變、神明之境　紅燈防觸、手塚歡迎
雙根如藤、左支右應　翻浪加身、用否隨意
雙重出掤、單重出捋　打實用雙、擊虛用單
陽推陰吞、以實擊虛　纏手防抱、以抱制抱
短遇長手、不用心急　長遇短精、偏門搶攻
柔勁遇剛、上鬆圓活　剛勁遇柔、左右開弓
脫槍為拳、化盾為接　矛盾推手、採實按虛
左盾右矛、右重左推　左重右刺、右重閃打
敵方壁守、化矛為戟　掌虛肘實、捨力用勁
不搭之聽、白鶴亮翅　一來二迎、來留去送
抱虎歸山、甩坐相隨　固根卸虎、左支右解
尋隙轉身、循環秒殺　十字封手、橫擋側擊
有式無招、見招拆招　陰陽為體、萬變為用

黃逸武

第一章

半圓切入、後腳懸跟　出三分掤、來截接化
以圓化攻、以崩攻敵　搭手求聽、先接後發

谷神不死，是謂玄牝；
玄牝之門，是謂天地根；
綿綿若存，用之不勤。

語出老子《道德經第六章》

根是植物最重要的命脈，植物沒有了根就不能吸收水分、也不能儲存養分，更不能立足。對太極拳而言，無論拳架、推手，根也都是最重要的部位，能在推手時，藏根顧根的好，就能享受讓人推不到，推不倒的樂趣，故老子《道德經》曰：「天地根，綿綿若存，用之不勤。」有了根，不僅天地間用之不勤，推手起來就能綿綿若存，自然能我順人背。

****

這章是懂推篇開始的第一章，懂推篇章標頭共一百二十句，句句是要項，我把它稱之為「推手百廿要」。推手百廿要與於其它太極推手的研究性質不同，它是以內勁為主觀點所寫成的推手論述。

制式推手可能會以二人套路順暢為主軸，如同編一段二人舞，也可能會以雙方招式攻防、技術運用為主；而我的「推手百廿要」則以內勁運用為主軸，把內勁的發放運用於推手之中，進而從推手中鍛鍊出「根勁、短勁、整勁、剛勁、柔勁、彈抖勁、中線勁、陰陽勁」等勁法。

「推手百廿要」是我在教授「懂勁」課程之後的進階推手課程，這次也在本書中不吝分享出來給同好，不管你是完全沒接觸過推手，或者，推手功力有多高，甚至是推手冠軍，這「推手百廿要」的內容，都仍會讓你有新的啟發與體悟出來，因為這「推手百廿要」是以內勁為觀點來看待推手運動，不同於目前的推手以技術、體力來獲得比賽勝利。而且應用在我學生身上，也獲得台灣區推手冠軍。

力有時盡，而勁綿延不絕，故使力配合用勁，方能達到身心靈合一的境界，能到達「我獨知人，而人不知我」的境界，用勁玩推手，會玩出很多的樂趣來喔。

半圓切入、後腳懸跟

（可參閱影片24半圓切入後腳懸跟）

「**半圓切入、後腳懸跟**」是指剛要與人搭手，進入推手狀態時的起手式，半圓切入是說推手雙方要進場時，最好讓對方先進場，自己後進場，進場時不要從正後方向前走去，也不要在站上推手台，站定位後才調整位置。要從推手場中間進場故曰「半圓切入」，其中的「圓」是指以自己身形以半圓形的幅度切入場中，不是橫切，而是圓切，這便是藏根。

舉凡植物都會把自己的根藏的很好，很深，絕不讓其暴露在外，一來可固其樹幹，二來可防鳥獸侵犯傷害，有了強大的根系，根正苗紅的它才能開枝散葉。

一進場之後，心態便要進入戰鬥模式，但態度要從容，不可在進場後還在調整自己姿勢，一進場站穩推手台之後，雙方都站前後步，自己的「後腳跟」要略為懸起，不可踏實，前腳掌微微向內扣，這一來是防對方抬腿踢襠的動作，二來則是呼應後腳的支撐，形成三角錐形體的底作。

當前腳掌略微向內扣時，前腿膝蓋也自然向內扣，當前腿膝蓋向內扣，後腳跟略微懸根時，兩股纏絲勁力量自然往上竄通至身體丹田，結合在丹田之中，此時身體的三角架構便已自然成形。所以，起手式從「半圓切入、後腳懸跟」站穩推手台之後，身心便已經處於戰鬥狀態，且不會讓對手發現。不要讓對手發現自己已準備好，是很重要的事情，要讓對手對我們的訊息知道的愈少愈好，正所謂「我獨知人而人不知我」。

出三分掤、來截接化

「出三分掤、來截接化」是我教拳時常說的話語「出手三分掤、來勁截接化」之縮寫。

出手三分掤：

是指當自己伸手一搭出去，與對方手搭手之時，在尚未接觸對方手臂之時，一定要先運勁於手臂之上，帶著三分掤勁，這三分掤勁，不能多也不能少，少了容易被對方侵壓進來，自己氣場就扁了，而過多了則容易「身滯」，會讓對方聽到自己身體過於僵，若是身體過僵，對手一出手，一定是先採先捋你再說，對自己是很不利的。

而三分掤勁是自己實力的三分，不是猜測對方預估自己的三分。最好是自己只出三分掤勁，對方卻感覺如十分掤勁一般剛強。若是能這樣，表示對方一定實力與你相差懸殊，推手起來你便會輕鬆愉快，對方推你時會感覺猶如「蜻蜓撼大樹」。故一搭手時，手太輕不對，手太重也不對，就是出手三分掤最好。

當然「出手三分掤」還有另一層的意思，就是不管你是想用任何招式把對方拿下，一開始都要以出手三分掤勁為主，一來避免被對方侵犯進來，二來為後來的攻勢定下基礎，要攻要守都可以。推手之時不要把一種勁法用老，多混合幾種勁法去處理對方，才不會讓對方有機可趁，這才是明哲保身之道。

來勁截接化：

前面的出手三分掤是講自己在出手時的狀態，後面的來勁截接化則是講對方來勁時的狀態。對方不會一味挨打，當然也會出手攻擊，對方攻擊時我們便要化解，這化解的順序便是「來勁截、接、化」。對方攻擊我，或用掤、或用按、或用捋、或用挒。若能在第一時間就先判斷出對方要出手，便可用「截」來解決。截者攔截是也，「截」若套用軍事術語便是決戰於國境之外，讓對方沒有機會進入本土之內攻擊，在外境便把對方給解決掉，讓對方攻擊消彌於無形之中，讓自身損傷降至最低。

這截法要靠長期聽勁訓練，能一聽到勁的苗頭，便能知道後來的走向，再配合「捋、纏、採」等技法的引導，讓對方準頭不準，無的可放矢，這箭自然射不到我們身上，因為一開始就被你的「捋、纏、採」給打歪了，這便是攔截成功了。

截勁若不成，便要走到下一步，那便是接勁，接勁講究「來留去送」，別讓對方給白來又白跑了，讓人給白打了。積極點的接勁，是讓對方的攻擊能遇到我正面的還擊。更好的接勁則是能誘敵深入，讓敵人進來後，讓他的重心過偏，以至於孤立無援一舉被殲滅，這便是接勁。

接勁是在截勁不到之後，用「硬實力」把對方的來勁給接獲並止住，讓對方的攻擊勁不能再深入。或者，能利用對方的攻擊，而做出「引進落空」的效果，讓對方撲空，而迅速遭到我們的反擊。

接勁最好的方法是「引進落空」，第二方法則才是「借地之力」。「引進落空」是讓對方來勁沒打實進而撲空，這時再趁虛攻擊，往往只需用四兩勁便能撥掉對方千斤力，這便是世人常說太極拳的「四兩撥千斤」，四兩撥千斤多用於對付外家，因為雙方性質不同，比較能展現其效果。但四兩撥千斤少能用在推手比賽之中，其原因在於雙方都是內家拳的行家，是練家子，萬一四兩撥千斤不成，變成千斤壓四兩那就糗大了。

而「借地之力」則讓對方推你推的結實，這是較穩當的做法，這做法是在第一時間將對方來勁給引導至地上，並且讓地面的反作用力還擊對方，我們要做的，就只是當對手與地面兩者的溝通橋樑而已。

接勁就好比是棒球比賽裡面，蹲在本壘後方的捕手，做好接球的角色，不管前面投手丟什麼球過來，快速球、變速球、指岔球、蝴蝶球、還是王建民的伸卡球……，都要在球通過本壘之後，把它給通通接進手套裡面。

捕手接球也是借地之力，手接住球後，透過自己半蹲稍微向前傾的身形，讓球的勁道很容易的傳遞至地上去，瞬間透過地面上的相抗的反作用力，把球的來勁給抵消，身為捕手若不會借地之力，早晚手掌會腫的跟麵包一樣大。捕手接球那瞬間要做的事情，便是把球給接進手套裡，抵消來勁則靠地面之支撐。

推手的接勁也是如此，透過我們身形如「勁架子」的傳導，讓對方來勁與地面銜接，自己瞬間要做的事情，同樣就是把對方來勁給抓住，別讓它給跑偏了。一旦對方來勁被你給抓住，又被地面給抵消後，等於對方推你時是完全沒勁的，他只是把身體靠過來而已，這時，我們便可以用自身之力，額外施予一些力勁，可以捋，也可以按，以不對到對方「勁準頭」的方式，以遊採側按方式攻擊對方，對方往往就能被我們給推出了。

然而若是對手強勁，我們接到了勁，也借到了地力，卻接不住怎麼辦？原則上，若能準確地借地之力，是沒有接不住勁的。但是事情往往就會如此發生，縱使自己完美接勁，但還是被對方給突破的情形。因為原則沒有錯，但功力有高低。若是對方功力比自己高出甚多，勁頭又夠大，雖借地之力的接勁，仍會被破壞。被破壞的並非借地之力，對方之力再大，也沒辦法跟地球反作用力相抗衡，會接不住的原因，乃是對方破壞了你的引勁的架構，把你的引勁結構給破壞了，讓你借不到地力，自然就沒有所謂的地力可言。另一種模式則是他的聽勁靈巧，你借到地力，他則聽到你所借的地力，故意閃躲開，不與你的地力相抗，偏打你借不到地力的地方，這樣一來，他反而可以獲勝。

若遇到這樣的情形，便要改以「化之」，太極拳講究「陰陽」，有「發」自然也需有「化」，善發者必定善化，就如同陰陽相濟循環的道理一樣，故一旦借地之力時發覺苗頭不對，便要走化，要讓對方的來勁，走向空虛處，別讓矛頭對到自己身體結構。

能走化靈巧，端賴聽勁能力的高低，再輔以「守中」能力的高低，守中是讓自己的中心線不讓對方的力量對到，當中心線一被對方對到時，便立刻要捋與採，讓對方勁一來就偏掉，再趁對方勁偏掉之後，用大捋還是採，甚至也可以反發對方，讓對方出局。這便是「出手三分掤，來勁截接化」之意。

以圓化攻，以崩攻敵

（可參閱影片18牛勁）

以圓化攻：

對方來勁推你，還是用勁捋你時，勁必定是走前後直線模式。因為直線才能發力，就像用棍子戳人才能把人給推出去。若用柔軟繩子戳人，便不能把人給戳出去，不過繩子若纏繞之後，扯你拉你，也能把你給扯下，但將扯之當下，用的也是直線力，非纏繞之力。故直線攻擊是不破的真理，不管對方攻擊是推是捋，都是屬於直線力或者加工後的直線力。

而要破直線力，便要用圓形力來破，這邊所謂的圓形力，是指打斷其直線力作用的側邊橫向力。另外因為是用圓形力，故自己身體也會跟著轉動，身體一轉動，對方的直線力不但沒法頂住一個焦點，瞬間攻擊失焦，加上側邊又被伏軍反擊，反成腹背受敵，對方的直線力自然就無處施力，便化解了攻勢，故曰以圓化攻。

以崩攻敵：

除了兩軍正面做戰之結構外，我們提供另一種思考模式，那就是「天降神兵」。

兩軍正面做戰可稱之為平面形的做戰，講究實力至上，力大者勝。但太極是講究陰陽，也就是攻虛避實，決不與對方最強大的正面軍做戰，故以崩攻敵，把戰場給「立體化」了，這邊的「崩」是指山崩之意，也就是從上而下的攻擊，不跟對方主力相對，而用類似以圓化攻的模式，由上攻下，甚至由下攻上，由左右有攻中間，也都是可以的。典型的用法是用「牛勁」攻擊，牛勁發勁時先繞半圈再犄角用頂，繞半圈可從彼此原本的直線相對，化身為上位攻擊下位，故對方受勁之時，是打到其虛點之處，以實擊虛便能不耗實力而戰勝。

搭手求聽，先接後發

（可參閱影片45雙重出掤單重出捋實採虛按）

「**搭手求聽，先接後發**」這兩句是相關連的，太極功夫的精彩處，主要在於聽勁，而非發勁，就算發勁也是聽到勁之後才發，而非一來就主動發勁。故聽勁才是一與人搭手後的第一要務。

能聽到勁之後再處理，是這功夫的順序。沒聽到勁之前，別亂做任何多餘於動作，把自己守在「勁架子」之中，否則亂動會暴露自己弱點與行蹤。就如同埋伏的狙擊手，深入敵方陣營，不是一有風吹草動就胡亂先開槍，一開槍反而暴露自己位置，被對方給捕捉去，好的狙擊手總是要等到瞄準之後才會開槍，一槍斃命。

故與人一搭手是先求聽勁，聽勁是聽對方的「重」，單重要避開，然後擊其虛處，若雙重則借地，然後拔其根。若單重擊來，要先閃與捋，雙重來擊則可接，接勁時要借地之力後發勁。若是都沒重可聽，不用緊張，換我們做「重」給他，但這重，不會是真重，是佯重，這在後面會論述到，此時先按下不表。

第二章

意寓其上、必先其下　掤放弓勁、捋蓄弓勁
意念手腕、採按相依　手快腳穩、採掤相濟

將欲歙之，必固張之；
將欲弱之，必固強之；
將欲廢之，必固興之；
將欲奪之，必固與之，是謂微明。

語出老子《道德經第三十六章》

老子說：要將其收合的，先將其伸展擴張；要將其刪弱的，先將其加固增強；要將其丟擲廢棄的，先給予其支持；這就叫做隱微奧秘的真理。因為陰柔勝過陽剛，柔弱勝過剛強，這是老子的治理之道。發勁也是如此，想要把對方身體騰空發出，就先要斷其根，讓其失根，而不是去打擊其身體受力位置，這樣對手才會在不知覺當中，就被打飛起，如同老子的「欲歙之，必張之」之意。

****

意欲其上，必先其下

（可參閱影片01鬆沉發勁、10龍虎樁、12龍勁、13虎勁）

「**意欲其上，必先其下**」是指與對方搭手後，在發勁時不可與對方的來勁撞個正著的直衝，與對方來勁對衝是「較勁」，看誰的勁比較強，強勁者勝，毫無僥倖成分。但太極是陰陽的功夫，是以弱擊強的功夫，講究陰陽驅動，陽來陰走，不對抗的「捨己從人」才是太極推手，處處爭先便有違太極的原則。

故要發勁時，必須要得機得勢時才發勁，能聽到「一點重」是謂「得機」，能聽到「兩點重」則謂「得勢」。能得機得勢則發勁就能乾脆爽快，不得機得勢發勁，則對方便會與你力抗鬥牛，萬一對方力大，未得機得勢便發勁，恐怕要付出反被對方接勁後反發勁的後果。

要避免落入被反發的窘境，故在發勁時，可用拔根打飛的手法，讓對方吃勁後飛起，就沒有被反發的危機，這就是「**意欲其上**」。

而要意欲其上，就必先斷其根，斷根之樹一推就倒，而有根之樹則愈推愈韌。故要推倒發勁對方之前，要先做斷其根的動作，才是正確的思維。

要怎樣先斷其根呢？就是用龍勁，龍勁往往與虎勁相配合，合稱「龍虎勁」，我們的站樁功法裡面，第二則便是「龍虎樁」把龍虎勁合在一起練，以後用時便不分龍虎，對手便難以拿捏。

用龍虎勁時也是如同龍虎樁的站法一樣，發勁時，勁法走U形路線，不直接按推對方接觸點，而是走U形路線，把自己的後腳當做一個支點，而把與對方的接觸點當是另一個支點，兩點之間，我們的勁走U形路線，故當我們的內勁推到對方支點之時，剛好呈現上揚之勢，再加上，用虎勁撲其根並斷其根，用龍勁走U形路線，兩者相加，就自然做出「意欲其上，必先其下」的要求了。

掤放弓勁、捋蓄弓勁

（可參閱影片04霸王卸甲、49抱虎歸山甩坐相隨）

所謂的「**掤放弓勁、捋蓄弓勁**」，便是指陰陽相濟、陰不離陽、陽不離陰的重要。以太極的說法，人體有五張弓，分別是雙手、雙腿與軀幹，而太極八勁裡面，掤勁是以發放為主的勁法，捋勁則是以拉縮為主的勁法。

在使用勁法時，要兩種勁法相輔相成，陰陽相隨，不可掤完後就出現空檔，也不可在捋完之後就出現被推出的危機，需要的是兩種勁法使用時，如同一張弓的兩種狀態，當拉弓時便是捋勁，當放弓時便是掤勁，故不管弓是張還是不張，都是可以發勁的狀態，這樣一來，就不容易被對方抓到發勁後的空檔。

舉例來說，若一發掤勁沒把對方給推倒，對方這時必定會反攻，或反掤或捋採，若自己在掤完之後，反而變成把另一種捋勁給蓄好，這時掤勁完，捋勁出，對方若是反掤過來，剛好與我們的捋勁相結合，剛好把對方給帶了下來，把他捋了出去。

而若對方是趁勢用捋時，剛好我們的捋勁也還在，可以在雙方都捋之下，消去對方的捋勁，不至於讓自己被捋出，也可以跟對手打個五五波平手。

同樣的，用捋勁時也是一樣，捋完之後，剛好也是掤勁蓄完之時，此時馬上可以用掤勁再發人，無須再蓄勁，兩勁完整銜接毫無空隙。這招在我的抱虎歸山三式裡面的坐虎式，便充分使用到。

抱虎歸山「坐虎式」便是用坐跨之勢要將對方給捋下來，若一時無法將對方捋下，也無需擔心，馬上可從捋式改為半靠半掤之式把對方給掤靠出去，若再不行，也無需擔心，這半靠半掤式剛好也是我「霸王卸甲」中的式子，半靠半掤式不成功時，也是捋勁蓄勁完成之勢，再用一次捋，把對方給捋下，而且這「霸王卸甲」式，還有一個口訣，那便是「擋得了一，擋不了二，擋得了二，擋不住我的加速度」。

霸王卸甲的好處便是愈到後面，速度愈快，故對方縱使再強，受到一波、二波的攻擊後，是絕對無法承受越來越快的連續一二波攻擊的。

這種掤完之後便是蓄捋，捋完之後便是蓄掤的掤捋相隨，便是「掤放弓勁、捋蓄弓勁」的真意。

意念手腕、採按相依

（可參閱影片15蟒勁、19採勁、25意念手腕採按相依）

「**意念手腕、採按相依**」是指當我們與對方搭手之時，需注意的聽勁手法與之後的變化手法。聽勁是愈前面愈聽得清楚，這就像為何兩軍作戰時，要不斷派出探子去刺探敵情一般，探子自然是去敵前去刺探軍情，甚至混進敵營裡面去刺探敵情，絕對不會在自己的大後方在刺探敵情的。

推手在搭手後，也是一樣，聽勁要愈前面聽得愈清楚，而我們與對方最前面相交的自然是手掌了，故聽勁是「手的活」，但變化則是要在手腕上，因為我們人類的手指過細，而且分散，若用手指來變化，很容易被來勁給折傷，故聽勁在手，但應對則要在手腕處會是比較適當的手法。能在前面解決，便先解決掉，不用拖到後面才用整勁去對決對手。

因為第一應對在腕，比較不具「三打一」的整勁之力，雖然也可拉到身體的勁來支援，但手腕發勁變化仍比較像是短勁。而短勁雖不一定力大，卻一定是靈活，這種力小多變之時，便是用「採按」兩式最為恰當。

採式是專門將對方平行力量扯下之式，也就是以圓破直走的招式，採式在手腕中變化，就如同蛇蟒纏身，手腕就是蟒口，負責纏住並扣住對方手臂，故要隨時把意志集中在手腕的靈活上，要能隨時纏住對方手臂，讓對方想發力時，把對方的直線力給扯下。但有時剛好我們的手腕沒纏到對方手臂，或者被對方手臂給脫逃了，那麼此時就要改用「按式」來對應。

按式是手掌坐腕平往前推，可用到手臂與軀幹的二合一勁，甚至可用到腿身手三合一整勁，按勁用得好，雙掌平按便可把對方給發飛出去，相較於採勁，按勁力量是較大的。故一旦採失勢後，按勁便要隨後跟上，就像兩軍作戰，前鋒失利時，後面的中軍要及時支援，不可讓對方得寸進尺。而按式在使用時，無需在乎一定要按到對方的手上，大可往對方身體上按，因為手靈活，身體卻變化少，故往對方身體按去，十按九對，但是若往對方的手上按去，則十按九空。

採按兩者搭配，一靈活一堅固，便如蛇龜相伴，蛇的靈活與龜的厚重兩者搭配，就能成為很強勢的先頭部隊。這便是「意念手腕、採按相依」之意。

手快腳穩、採挒相濟

（可參閱影片04霸王卸甲、26手快腳穩採挒相濟）

武語說：「天下武功無堅不破，唯快不破。」這不只應用在外家拳上，也同樣適用在內家拳上。或許，有人要質疑說：「王宗岳的太極拳論中不是曾說『耄耋之形，快何能為』，而且太極拳不是也慢慢的打嗎？怎麼太極拳也講究快呢？」

沒錯，王宗岳的太極拳論中是說過「耄耋之形，快何能為」，是指老人家不能跟年輕人一樣，整場打下來蹦蹦跳跳，但他意思是老人家不能整場打的蹦蹦跳跳，故要「蓄勢待發」，其方法則是其語後隨說的「立如秤準，活似車輪，偏沉則隨」，車輪的轉動能不快嗎？一著力就滑掉了，就是活似車輪。

正因不能整場蹦蹦跳跳，所以，要像向車輪一般蓄勢待發，一著力就滑掉的「偏沉則隨」。所以，讀懂王宗岳的太極拳論，才能真正瞭解真太極。

我們的手快腳穩，腳穩就如同車輪的軸心，車軸心一定是要固定不動的，這樣才能讓外面的車輪迅速轉動反應。而手快就是外面的車輪，一有著力感就應迅速反應，讓對方來力無法施力而滑掉，甚至要借用對方的來力，再加一把力讓它更快的滑出去，故要手快，不能慢慢的推，慢慢的推是在練習時的作法，那是練勁用的。

在雙方對抗時，則是要手愈快，腳愈穩的推，就如同活似車輪一般。

要怎麼「手愈快，腳愈穩」呢？就是要「採掤相濟」，把採掤兩式當作是一套功夫合起來用，採中有掤，掤中帶採，對方一推來，三分掤勁相迎，對方若是有抗，則由掤改採，把對方給採下來，對方若不抗，這就一路掤到底，讓對方失去中軸，也就是讓對方的腳不穩，而被推出。也可以只讓對方腳不穩想抗時，再採回來，讓對方反摔得更重，這就是「採中有掤，掤中有採」，也就是我們「霸王卸甲」的效果，原則上，自己的腳愈穩手則愈快，應用的效果便愈佳。故曰「**手快腳穩、採掤相濟**」。

第三章

目標敵身、閃轉騰挪　以身為盾、四象陰陽
霸王卸甲、前翻後仰　敷翻採捋、輪轉落按

以巧鬥力者，始乎陽，常卒乎陰，大至則多奇巧，以禮飲酒者，始乎治，常卒乎亂，大至則多奇樂。凡事亦然。始乎諒，常卒乎鄙，其戶始也簡，其將畢也必巨。

語出莊周《莊子——人間世篇》

莊子說：以技巧鬥力的人，剛開始都明鬥，後來就常使陰謀，太過分時就多詭計了；以禮飲酒的人，開始都守規矩，後來就常醉亂，太過分時就多放蕩狂樂了。任何事都是這樣，剛開始互相見諒，到最後常互相欺詐；事情一開始很簡單，到最後就變複雜了。

目前的推手也是如此，一開始往往雙方還有些禮讓，最後卻往往形成鬥牛、鬥力，要屏除這樣的現象，就要以聽勁為主、內勁為用、陰陽為體，有攻有守，不可被先入為主的觀念給拘泥住，讓對方想對你鬥牛、鬥力都做不到，這才算是善推！

****

目標敵身、閃轉騰挪

（可參閱影片07推手中的彈抖勁用法、27目標敵身閃轉騰挪）

推手、推手，很多人都被字面上給誤導了，以為是要在手上做功夫，目前大部分的推手套路，也集中在自己手上與對方手上做變化，掤捋擠按都是在對方手上，化解時也是在手上。

不過，真正的競爭型推手，會出現勝負效果的，往往不會是推在對方手上，而是在推在對方的身上。

因為若把人身比喻成一棵樹，腳就是根，身體就是樹幹，手臂頂多只能是樹枝、樹葉，要推倒一顆樹，哪能只推樹枝樹葉呢？自然是要推著樹幹，然後連根拔起，這才能把樹推倒。話說回來，推手若是只推及對方的手臂而不及身體的話，那麼就如同推樹只推樹枝而不推樹幹，效果是很差的。

所以，推手時應當屏棄只推對方手臂的觀念，而是要讓自己的手臂推及去接觸對方的身體，那麼才會有實質的效果。因為人的手臂關節處多，手指、手腕、手肘、肩膀都是關節，故不管推到手臂的哪裡，都容易轉化卸力讓攻擊力消失殆盡。

相較於手臂的靈活多變，身體就相對應變較小，縱使還有節節脊椎的變化，但是脊椎只佔身體的一小部分，大部分都是由固定的肋骨所構成，所以，身體能變化的地方較小。故推手時要以「目標敵身」為觀念，對方的手臂只是障眼法，是樹藤雜草而已，要直達目標直搗黃龍，推到對方身體，才能發揮勁力的最大效益。

相對的，我們以敵身為目標，對方自然也會以我們身體為推手的目標，我們若身體被對方給推到了，又該如何化解呢？關於這問題，有兩種方向的解法，一是「手塚區、紅燈區」區分的解法，另一個則是「閃轉騰挪」的解法。

「手塚區、紅燈區」是我所創的獨特區分法，是指身體上可被推與不可被推的地方，手塚區是身體可被對方推到的地方，可以吃力接勁的地方，而紅燈區則是指不能被對手推到的地方，一推就倒，一般而言，「手塚區、紅燈區」會因人而異，高手的手塚區可以愈練愈廣，甚至遍及全身，真正高手可以練出全身都可接勁發勁，所謂的「太極打人不用手，渾身是手手非手」便是此意，練到這裡也有點像少林寺功夫裡的金鐘罩、鐵布衫。而紅燈區則是練不出能接勁發勁的「罩門」區。

所以，當身體被對方推到時，若是推到手塚區，那麼就先恭喜你，縱使沒辦法第一時間發勁，起碼能接勁，瞬間抓住對方的來勁。這樣一來，此刻自己就比對手多了兩條手臂，對方等於廢掉自己兩臂跟你推手，這時就好好發揮自己兩手的功能，推及至對方的紅燈區，就容易把對方給推出去了。

因此，讓對方推到身體也未必一定是壞事，只要擴大了自己的手塚區就很容易能駕馭對方，而令對方毫無頭緒。但是若紅燈區被推到，或者，對方勁力甚強，自己的手塚區也接不住對方的來勁時，又該如何呢？

這時就要運用「**閃轉騰挪**」的技巧了，閃轉騰挪是用在極小空間的變化手法，太極的閃轉騰挪，則是身體運用纏絲勁的一種變化手法，縱使身體被推到也沒關係，只要閃轉掉對方的來勁，把它騰挪到身體另一強韌處即可。而且「閃轉騰挪」還能反守為攻，因為纏絲勁在身體裡面，是非常的強大，就像樹根盤根錯節在樹幹上一樣強韌，一騰挪後就結合核心肌群成為彈抖勁，往往能產生強大的爆發力，對方按實了你的身體後，功夫好的閃轉騰挪反而能讓對方跌出，就如同是發勁一般。

這纏絲勁的閃轉騰挪，是太極功法裡面，非常重要的一環，能練出此技，太極功夫就等於進入高手行列，往階及神明的方向前進了。

以身為盾、四象陰陽

（可參閱影片28以身為盾四象陰陽、45雙重出捌單重出捋實採虛按、56兩儀四象推手）

我們上一篇是講「目標敵身、閃轉騰挪」，自然對方也會以己身為目標，故要破解這樣的手法，就要有「以身為盾」的覺悟，以定步推手而言，兩人腳步固定不動，誰動步誰就輸。故想要不被對方碰到身體，根本是不可能的事情。所以，要覺悟到縱使被對方碰到身體，也要變成一種能贏對方的戰術。所以，也要把身體斷練成像盾牌一樣，能夠承受對方的推擠。

以身為盾的練法，無外乎是從根勁練到整體勁，讓全身渾然一勁，自然能把對方的推力引導至地上，然後借地之力化解來勁。不過，以身為盾也僅限於「手塚區」而已，超過手塚區便是紅燈區，自然還是罩門，還是接不住勁的，這時又該如何處理呢？

那就要用下面這句「**四象陰陽**」了，四象陰陽是先把身體化分成四大象限，每一象限大約都佔上身體四分之一的體積。在這四區裡面，上兩區大致上屬於紅燈區，下兩區則應該要屬於手塚區。當手塚區遇到推力時，首先是要能接勁，若能接勁後直接發勁，最好不過，若不能發勁，起碼練成能接勁，發勁由兩手來發也可以。

而上兩區的紅燈區若遇到推勁時，作法剛好與下兩區相反，要在被碰到後能夠及時「化勁」，也就是後縮，但這後縮僅限於左區或右區的其中一區，另一上區則要趁旁邊那區後縮時，反而要帶動手臂向前攻擊，形成與對方同步的反擊。

要練成這樣的要領，便在於要練好以脊椎為軸心，身體兩邊左退則右進，右退則左進，如同翹翹板的槓桿原理一般，這便是陰陽變化。

這樣一來，對方一推你左邊，你的右邊立刻反擊，一推你的右邊，你的左邊也可同步反擊他。當對方一推你落空之後，便是被引進落空，形成單重向前的失根狀態，而同步又被另一邊給反擊過來，而且這一邊通常是他的虛點，這一來一往之下，對手反而像是自己被自己給擊垮。

這便是「四象陰陽」的用法。

「四象陰陽」若能應用的巧妙，便有如進入神明之境。對方才一推你，自己便已跌出去，如同展現太極四兩撥千斤的神技一般，這也就「**陰陽勁**」的雛形。

霸王卸甲、前翻後仰

（可參閱影片04霸王卸甲、29霸王卸甲前翻後仰）

霸王卸甲算是我推手裡常用的一個招式，它是我研發出來的一種推手招式，通常是使用在與對方單搭手之時。目前的推手在雙方一開始時，有單搭手與雙搭手兩種形式。

這個霸王卸甲是專用在右手與對方右手單搭手之時。一開始便出手三分掤勁，然後以採手採住對方右手，之後便改掤為右捋，之後再改捋為掤，之後再改掤為左捋。這樣一個循環的「霸王卸甲」便算完成，一個循環完成若未能把對方捋下或發出，便進入第二循環，一直到對方失分為止。霸王卸甲一旦得手，便要得理不饒人，直到對方撐不住失分後，才會停止。由於個人單練式時，其動作很像西楚霸王在卸盔甲一般，故取名為「霸王卸甲」。

霸王卸甲、前翻後仰的意思是，一旦霸王卸甲做法得手後，對方撐得住第一擊，未必稱得住第二擊，而就算撐得住前面兩擊，也未必能撐住第三擊，縱使撐住了前三擊，也絕對撐不住後面愈來愈快的連續攻擊，故往往對方的下場便是「前翻後仰」。

敷翻採捋、輪轉落按

（可參閱影片03美人手vs壯漢、18牛勁、43擎引鬆放敷蓋對吞）

「**敷翻採捋、輪轉落按**」是我與別人推手時常用的手法，「敷」出自於李亦畬之敷字訣解，其文說：「敷，所謂一言以蔽之也。人有不習此技而獲聞此訣者，無心而白於余。始而不解，及詳味之，乃知敷者，包獲周匝，人不知我，我獨知人，氣雖尚在自己骨裡，而意恰在彼皮裏膜外之間，所謂氣未到而意已吞也。妙絕，妙絕。」

在我的推手裡，敷字訣的用法乃在於聽到彼勁之後，敷蓋於「勁頭」之上，被敷到的人，他的勁便不易發出，一發勁反而自己先被敷出去。

敷的用法不僅在於蓋，亦可用裹，便是敷裹後，敷裹之後也能把人帶出，敷字用的巧妙，神鬼難發力，一發力動則得咎，是一個很好的技法。

「翻」乃海底翻花式的簡稱，翻字訣的用法，恰巧與敷字相反，敷是把己勁敷蓋在對方勁頭之上，勁一來反敷出去，把對方敷倒。而翻則是把己勁埋伏在對方勁頭之下，勁頭一來便以捋帶的方式拔其根，讓其斷根，並呈現引進落空的狀態，這時便用翻字訣，順勢把對方翻倒於自己之任一側。

敷與翻的先前條件，都是要先能聽到對方勁之後，才能作的埋伏工作，敷翻也可以互補，有時一手敷一手翻，更能發揮奇襲效果。而採捋則是太極八勁中向內施力的手法，把它們結合進敷翻裡面使用，更可加強其威力。這便是敷翻採捋。

「**輪轉落按**」中的輪轉是我七獸勁裡面，牛勁的用法，牛勁以雙手向內輪轉一圈後發勁，這輪轉既可引進落空，亦可蓄勁，一舉兩得。

當對方抓住自己的手臂時，是「輪轉落按」最佳時機，一輪轉則對方被引進，我再向前一按，對方便失重被按出，故曰「落按」。若對方與我們保持距離，也同樣可用輪轉，我一輪轉，手掌由上至下，再由後至前，出現了兩個落空點，對方不易判斷正確的發力點，而我們便可在這一圈的空間之中，找出最讓對方迷網的點來發勁一按，這樣的按法往往能出奇致勝。

輪轉的好處是在無空間處，製造空間出來，無攻擊點處製造攻擊點出來，另一好處則是若把輪轉速度加快，對方一跟不上，更容易被引進落空，這時再發一勁，一吐勁就往往能把對方給打飛出去。

第四章

手指聽採、掌底按勁　單鞭擒手、兩儀盤手
短勁搶手、連發推手　大悲採扣、槍虎齊發

山木自寇也，膏火自煎也。桂可食，故伐之；漆可用，故割之。人皆知有用之用，而莫知無用之用也。無用之用，方為大用。

語出自莊周《莊子・人間世》

生長在山上的樹木，因為自然的需要而被砍伐，膏脂因為能照明而被燃燒，桂樹因為可以食用而被砍伐；漆樹能使用而被割皮。人們都知道有用的用處，而不知識無用的用處。

有用有為必然有害，無用無為才是福。

若有讀者要我在懂勁二本書簽名時，我通常除了簽名之外，還會在《懂勁─內家拳的瑰寶》一書當中，同時寫下「邁步如貓行，君意以為何如？」，而在《懂勁之後─內家勁的修煉》一書當中，寫下「不爭之勁，方乃大勁」。

不爭之勁，方乃大勁，就如同莊子的「無用之用，方為大用」一般，通常人的定勁都做不好，因為無法破除與

之爭鬥的本能，但不爭乃是定勁要做到的境界，唯有不爭，方能借地之力，運用地力與對方鬥，這才是大爭，若僅靠自身力量與對方針鋒相對則處處耗損，是無法練出不爭大勁的。

****

手指聽採、掌底按勁

「**手指聽採、掌底按勁**」是點出手指與手掌的工作性質不同。手指多關節且細小於手臂，肌肉也不如手臂發達，但靈敏性，敏捷度卻遠遠勝過手臂。而且鄭子太極有「美人手」之稱，既然是美人手，手指自然是纖纖如玉，雖不至於柔弱，卻也不可能像外家拳一樣，插鐵沙、打沙包等強化手指強度的鍛鍊。故太極拳的手指少用於當作破壞性的武器來使用。

但太極拳的手指也決非無用，而是用其靈巧的一面，那就是「聽勁」，用手指聽勁會比手臂來的快速與正確，因為手指在身體最外一圈，而且神經密布，所謂十指連心，正是說手指的感應能直達身體內部。故手指的功能應多用於聽而非多用於攻，手指善聽是太極拳的正確論述。

手指是聽勁的先頭部隊，聽勁之後，要攻還是要守，就交由手指後面的手掌去應付，兩者分工合作。但所謂的團結力量大，多個手指合起來也能有一定的力量產生，故除了聽勁之外，手指還兼具有採扣與捋的功能，採扣與捋都是併指使用，是手指團結的表現，加上，採捋並非與來勁直接相抗，而是圓滑與順勢操作，故更能得心應手。

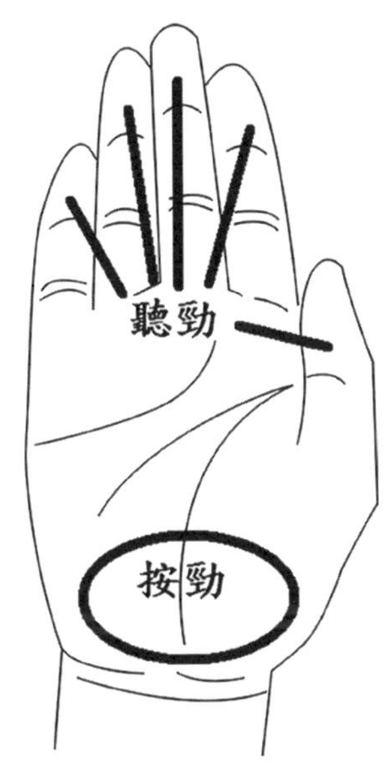

所以，手指在手上，就專門負責「聽與採」的功效。

當手指聽勁之後，若非使用採捋式，因應情勢變化而是使用擊按式回應的話，便要把這擊按式，交給手掌來處理，而手掌最適合擊按的地方，則莫屬於掌底，掌底直接連接前臂，是手掌上最堅固的地方，比拳頭的連接性還好，拳頭與前臂之間，還有一個手腕關節的地方，若打擊的方式不正確，往往還會扭傷自己的手腕。而掌底則直接連接前臂，手腕不會被撞擊力波及，故用掌擊人，並不會傷及到自己手腕。

唯一的問題是掌擊較拳頭短上一個手掌距離，是其先天缺失，但用掌可配合手指變化出採抓捋扣等手法，則是拳頭無法媲美的地方。掌與拳各有其優勢與缺點，都是需要練習與使用，不可偏頗一方，方能達到拳術最好的效益。

以推手規則而言，是不能使用拳頭打擊的，故在推手時，手掌自然代替了拳頭作為發勁的矛頭，而這矛頭的頂部，便是掌底。

若以槍勁為比喻，脫槍為拳，使掌便是使槍。槍的矛頭便是掌底，而手指與手掌則是槍頭上的紅櫻，掌底發勁，而手指與手掌則專門負責採抓捋扣去纏住對方，讓槍勁除了發勁之外，還多了回勾翻扣的力道，手掌與手指的一強一柔配合，便能讓用槍勁如同用戟一般，既可戳刺也可鉤拉對方。「手指聽採、掌底按勁」各司其職，兩者配合就是完美的演出。

單鞭擒手、兩儀盤手

（可參閱影片02黃逸武與學生之兩儀推手集、06兩儀推手實戰、15蟒勁、19採勁、22盤手八式、30單邊擒手兩儀盤手、56兩儀四象推手）

太極拳雖然分陳、楊、武、吳、孫五大支系，且各系皆有所長，招式與名稱也各自不同，但五大支系皆保留「單鞭」這一招式，可見單鞭這式對於太極拳有多麼重要。雖然單鞭這一式在各家中也略有所差異。不過，不外乎保有一邊一個吊手，一邊一個推掌的模樣。

推掌不稀奇，太極拳招式中除了採捋向內的招式之外，其他十之八九都含有推掌意涵在裡面，因為推掌表示發勁之意。故單鞭的重要便在於它的另一個招式「吊手」，吊手也稱採手、擒手、扣手……，其目的是要避開攻擊且讓攻擊轉向成對自己有利的手法。在中國螳螂拳中，尤其重視這採手，整個螳螂拳也都是圍繞著採手之後行動，正因為太重視採手了，如同螳螂出擊時，先用鐮刀手臂夾住對方再攻擊，故曰「螳螂拳」。

太極拳是不講究先出手的拳種，但要求後發先至，或者是來留去送，要讓對方出拳後留住，不讓他出拳後又跑走，就是要把它給採住，故以吊手為出發的單鞭，便這麼受到各家太極拳的重視。

如今太極拳少用於實戰，故單鞭的威力已經漸漸不受到重視。殊不知單鞭的吊手，是非常實用的招式，把其採、扣、擒的手法給練熟，對於太極拳聽勁時的敏感度有非常大的幫助，因為如同螳螂拳的鐮刀手一般，能一聽勁一迴避就把對方給扣下。之後，要摔、要發掌都是順其自然之事。

而若沒能把對方的來手給扣下，則一切又要從頭開始，勝負又成未定之事。故練採在練太極拳之中是極為重要的一件事，習者不可輕忽。

兩儀盤手是以兩手為太極的陰陽兩魚，兩魚互盤互繞，單人練習時，可分為八種盤法，故稱為「盤手八式」，盤手八式屬於蟒勁的練習法，因為頗為重要，故有單獨介紹的一章，在此我們僅略為介紹一下，若要細看，可自行至「盤手八式」一篇中，看其奧妙。

盤手八式是把定步推手裡面錯綜複雜的盤手方法，分解為八個基本式子來練習，這八式分別為「上盤、下盤、前盤、後盤，雙右盤、雙左盤、雙前盤、雙後盤」等八式。

這八式練熟之後，要混合變化則可練出蟒勁，可一手上盤，一手左盤，一手右盤一手下盤……等組合。熟練盤手八式之後，再與人推手時，便可以如同環繞圈扯對方一樣，聽勁與內勁會與時俱增，盤手無入而不自得，常練習便能體會到二代楊無敵「楊班侯」的亂環訣之妙處。

亂環訣

亂環術法最難通，上下隨合妙無窮。
陷敵深入亂環內，四兩千斤著法成。
手腳齊進橫豎找，掌中亂環落不空。
欲知環中法何在，發落點對即成功。

短勁搶手、連發推手

（可參閱影片31短勁搶手連發推手、55輪轉雙推）

與人推手時，長勁可以把人打飛騰空，煞是精彩，不過多數時候，因為對方也是行家，所以也會防著被長勁打飛，甚至會反借用你的來勁引進落空，自己反而被推出。故除非是兩者功力相差甚遠，或者，對方是外家功夫，否則被長勁的打飛局面，很難會出現在競爭型的推手中。

多數時候推手是見到對方動步或者被摔出去而已。不知情者往往以為推手比賽不好看，雙方在鬥牛。事實上，正因為雙方實力相當，鬥勁、鬥技都差不多之下，有時候也只能靠鬥力取勝，這怪不得推手選手。所以成語說內行看門道，外行看熱鬧。

推手比賽要讓對方失分，發長勁並不是一個可靠的打法，不是說發長勁不行，發長勁是非常好看的手法，發人如掛畫。只是長勁對於外家是好用，若對自家的比賽，反而發短勁較容易得分。

長勁與短勁的區分在於用的勁是三打一的勁，還是一打一的勁，三打一便是長勁，一打一便是短勁。長勁是結合腿身手三勁一貫，力道出去強大，但時時刻刻要統御三勁一致，在瞬息萬變的推手比賽裡，會是一件辛苦之事。但短勁只要五張弓裡面的「手弓」一彈即可，發勁速度與捋採反應都可以「手弓」瞬間完成，是比較能產生效果的用法。故在比賽時，若是與對手實力相當，應多採用短勁，而非長勁。

採用短勁，並非身腿兩勁就完全不用，剛好相反，身腿兩勁這時要負責成為有效的支架，維持住「勁架子」的完整性，好支撐住手勁的反作用力，就如同「借地之力」一般，手部發勁的瞬間，這時的身與腿二勁便要結合地面，與地面一致，就如同肩膀以下部分與地面結合，讓手部的反作用力可以借地之力，這樣手勁才會夠強大。

連發推手是以手發短勁的技巧之一，手部發短勁，快但不夠強，這時要彌補其缺失，就是要改從「大砲理論」成為「機關槍理論」，長勁是「大砲理論」一發就能轟炸掉對方。若只是手發短勁的話，就成不了大砲。

但手短勁可以連發，雙手也可以輪流發，把單手連發與雙手輪流發結合起來，就可以變成「機關槍理論」，若一發不能把對方打倒，那麼就單手多發兼左右開弓的輪發，對方在防不勝防之下，就很容易被我們以連發推手給推下來了。

大悲採扣、槍虎齊發

（可參閱影片32大悲採扣槍虎齊發、51剛勁大悲掌）

「**大悲採扣、槍虎齊發**」是指拳架裡面大悲掌第一式的用法，大悲掌總共三式，第一式為「念經」，第二式為「超渡」，第三式為「接引」。這邊「大悲採扣、槍虎齊發」是大悲掌第一式的用法秘訣，大悲掌第一式要用之前，其形為先低頭弓身半合掌，然後再推掌發勁。

低頭合掌有兩個目的，一是在合掌之時先守中，守住自己中線不讓對方進攻得逞，另外在合掌之時也是要採扣對方之來手，若採扣住對方來手，弓身剛好可以把對方的來手給採下來，若未採扣住對方的來手，弓身也有其作用，那就是蓄勁，弓身合掌就是最好的蓄勁，一弓身合掌便蓄了身腿手的三張弓的勁，是身體最長的勁。

而槍虎齊發，便是第一式的發勁動作，大悲掌第一式發勁時，兩手合於中線後，右手出手刀，左手出手掌，腿身手三勁整勁齊發，發的好者，一發可縱出二公尺餘長，如槍勁飆出，猛虎出閘一般，故曰「槍虎齊發」，其意便是槍勁、虎勁一起飆出，是一招非常豪邁的掌法。

這掌法也可應用在推手之上，不同於前一句的短勁用法，大悲掌是不折不扣的長勁，而且是整勁用法。用法的觸發條件便是雙手採扣到對方雙手之時，一旦在與對方推手時，一符合雙手採扣到對方雙手之條件，大悲掌馬上就可以用出來，若是打實的話，在活步推手，一進步更可直接把對方給打翻出場，若是在定步則可把對方雙腳打離所站之地，這一式「大悲掌念經」是很霸氣的拳法，因有弓身與合掌，且發勁時用掌，不取別人性命，故以「大悲掌」稱之。

第二式「超渡」則直取對方心窩，若雙手合十插中心窩，會要人命的，故曰「超渡」；而第三式「接引」則是抹眉，主要作用便是要用指尖掃瞎對方眼睛，讓對方瞎了便看不到東西了，以後生活便要靠人接引，也有接引至西方極樂世界之意，故曰「接引」。

後兩式比起第一式「念經」用法上要來的狠毒的多，三式都以佛家術語「念經」、「超渡」、「接引」取名，實則是霸道至極的拳路。本書便不多介紹後二式的練法了。

第五章

肘脫則掤、制肘則採　以腕護肘、以纏護腕
上下佔先、壓頭剷根　挽花採手、輪轉雙按

天下皆知美之為美，斯惡已，皆知善之為善，斯不善已，故有無相生，難易相成，長短相形，高下相傾，音聲相和，前後相隨；是以聖人處無為之事，行不言之教，萬物作焉而不辭。

語出老子《道德經第二章》

老子說：天下人都執著什麼是美，就不美了。天下人都執著什麼是善，就不善了。「有」和「無」兩者相伴而生；「前」和「後」兩者互為隨從，能用「無為」來處事，用「無言」來行教，萬物就不會離開生命之源的道而生長著。

太極拳也是如此，王宗岳的打手歌便曰：「沾黏連隨、不丟不頂。」這不丟不頂便是與老子的「前後相隨」相呼應，楊祿禪也曾說：「你要給你，咱打咱有。」而我教拳的名言也說過「能讓就讓一大片，不能讓分寸堅守」；這些都是符合道家陰陽相生的道理，唯有透視陰陽哲理，方知曉讓其實不是真讓，而是暫時先屈於陰暗處，當陽光

照到你時，你正好便是第一個受到照拂之人，而原先搶佔陽光之人，現在反而身陷暗黑之處。善用陰陽哲理，便會是一個無入而不自得的人。

肘脫則挪、制肘則採

（可參閱影片33肘脫則挪制肘則採）

在推手中，手掌最理想的位置，是放置在對方的雙肘的位置上，若能採扣住對方的任一手肘，贏面就大許多，因為手肘位於手臂中間，是連接手掌與身體的樞紐，這邊若被制住，則聽勁無法上傳，身體的內勁也無法傳輸至手掌，出勁很容易被對方截掉。

身體會被推到，還可以用內勁承接與反擊，不一定就是壞事，但手肘被截則前後力量無法傳達，絕對是很大的損失，故守好手肘是推手中第一重要之事。要守好自己的手肘，當手肘被擒時，有很多的方法可以解套，後面的要項中會仔細剖析。我們在這邊先來談談我們制住與未制住對方肘之作法。

所謂的制住肘，是指我們手掌移至對方手肘的位置時，便是制住對方手肘，一旦制住肘，便可以截勁，讓他的推勁在未達己身之時便以橫破直的方式截掉，更主動的方式則是直接採下，因為手肘連臂，通常一採往往能讓對方身體一沉向前撲，對手若想要不向前撲，則便要低身相抗，一抗便是頂，這時我們便可以改採為按，順其勢把對方推出，這便是制肘的好處，故「**制肘則採**」。

若對方手肘滑走，未能制肘，這時便要出挪勁，正所謂出手三分挪，挪勁可以保持自身安全，更可在對方手肘滑走時，推上一把，讓對方的失重跌出。所以當對方意識到自己手肘被抓，想脫肘之時，便要出反出挪勁，一來保護自己，二來送對方一程，這一送往往能讓對方自己跌出去。故曰「**肘脫則挪**」。

以腕護肘、以纏護腕

（可參閱影片15蟒勁、34以腕護肘以纏護腕、39臂如雙蟒採纏翻按02、42打蛇隨棍直搗黃龍、57定勁樁+虎龍熊蟒鶴羊牛七獸勁動樁）

上一文我們說了肘的重要，這一文我們便延續上文的觀念，來談談如何保護自己的手腕、手肘、手臂。

「七獸勁」是我們的動樁樁法，常站定勁樁加這七獸勁樁法，內勁便會大幅躍升的，七獸勁中有一勁為「蟒勁」，蟒勁的練法是盤手八式，練習時要當作自己的雙臂如同兩條蟒蛇，手掌就是蟒蛇口。蟒蛇在蛇類中以力量著稱，不同於毒蛇，蟒蛇捕獲獵物，不靠毒液，全靠身體的肌肉纏繞把獵物勒斃然後吞食，是蛇中的實力派角色。

「**以腕護肘、以纏護腕**」便是體現蟒蛇能耐的功夫，蟒蛇被攻擊時是擊頭則尾至，擊尾則首至，擊中間則首尾兼至。而當我們的手臂被抓時，要便如蟒蛇般的立刻用盤手八式施展「蟒蛇功」，若手肘被抓，則便要以手腕纏繞對方手臂，形同打蛇隨棍上之勢，反向去纏繞攻擊對方，不可只求解脫，而是要利用這次機會，反攻擊對方。

而當對方抓住我們的手腕時，這時無需驚慌，只要用蟒纏的方式，反纏對方的手臂即可。通常對方抓住自己的手腕時，只要手臂往他的拇指位置纏繞，都能解開。所以，當自己手腕被抓之時，要放鬆前臂，並立刻以手掌反纏對方手腕，百分之百能把對方給纏開。纏的好便是連消帶攻，我們還沒找去找對手，他自己便送上門來，手被抓如同我們採住對方手臂一般。

筆者常有同好來試勁，有幾次讓來的同好抓住我的手，我應用蟒勁反採對方，已經有好幾個同好，一瞬間他自己反而被摔了一個大跟斗，而且是抓的愈緊，摔的愈重。因為我是應用整勁採人，並非僅是一條手臂的力量，對方想不到整勁的威力如此之大，便立刻被纏絲勁給摔了個螺旋摔出。所以，當自己手臂被抓時，無需害怕，只要練熟了「蟒蛇功」便能立刻制敵。因為蟒蛇功是「以腕護肘、以纏護腕」。

上下佔先、壓頭剷根

（可參閱影片18牛勁、35上下佔先壓頭剷根）

「**上下佔先、壓頭剷根**」是七獸勁中「牛勁」的口訣，牛勁是模仿非洲野牛用它的頭角抵刺獅子所用的勁法，是借地之力往上抵的動作，力量非常巨大，野牛雖然是獅子的獵物，但也有獅子被野牛給抵死的例子。所以牛勁便是絕地逢生的一種勁法。

牛勁的用法是雙手在胸前由前往後，由下往上的繞一圈，發勁的爆發點在手往前的最高點處，繞一圈的目的是為了要引進落空，也可說是為自己製造攻擊空間。繞圈至最低點時便是借地之力之時，繞圈至最高點時則是發勁最強之時。這兩個點都是要掌握到的，所以說上下佔先。若未能掌握到這兩個點，則效果變差。

下點若是未掌控到，則無法借到地力，也就是失根；若上點未能佔到，則爆發力出不來。故要能上下佔先，才能有壓頭剷根，把對方打飛的力道給打出來。

挽花採手、輪轉雙按

（可參閱影片19採勁、31短勁搶手連發推手、55輪轉雙推）

我們在「單鞭擒手」中說明瞭各家的太極全都很重視單鞭採扣的效果，因為太極拳勁法除了發勁之外，便是採捋，發勁則是把人給發出去，採扣則是化勁。「發、化」本來就是太極拳的兩大核心項目，就如同陰陽太極魚一般。

單鞭擒手當然還不夠全部代表所有的採捋之形，光是採勁就是一門很獨立的扣法，採與捋的分別，「採」通常是用單手運作，截扣對方來勁，扣到對方時下扯時角度大，而「捋」則大致上用雙手合作模式，且有順勢帶出之意。單手採為單採，也可雙手採，稱為雙採。

採要變化多端，不可拘束於一形，要練至可以左採也可右採，通常以轉腕便出採扣手，要手如挽花一般，故稱「**挽花採手**」。想把採手的功力提升，是以二人對練形式為最佳，兩人對站著，雙方以單手互採，一來以增進手上聽勁的功力，二來也增進採勁的功力。

這裡的「**輪轉雙按**」與上面文中的輪轉落按有點差別，上面以牛勁攻擊，牛勁兩手同是一勁。而輪轉雙按則是以輪狀的按法，左右開弓，一掌按完一掌接續，一掌接一掌按去，不讓對方有喘息空間。

接續在挽花採手的後面，便是當我們一手採人之後，另一手便按去，按完之後便改為採，採到便往下扯，另一手又按去，如此左右循環不已，按完便採，採完另一手按去，「挽花採手、輪轉雙按」運作的若是順暢，不用幾下便可以循環之勢把對方摺倒，因為它是採與按兩勁合作的交互使用。

如此循環發勁，練久了就能體會「陰陽勁」的效果，陰陽勁是以身體中軸為中心，左右發勁佐以丹田彈抖勁，以破壞對方身體的中軸根基，達到拔根、斷根的效果，使用時陰勁更重於陽勁，使力於無形，故對方往往不知其所以然，一被牽扯住就猛然被發出。

第六章

熊經8字、築基卡位　牽制主力、遊打側擊
臂如雙蟒、採纏翻按　腕如蟒口、纏繞反咬

上善若水，水善利萬物而不爭，處眾人之所惡，故幾於道。居善地，心善淵、與善仁、言善信、正善治、事善能、動善時。夫唯不爭，故無尤。

語出老子《道德經第八章》

老子說：最上等的善就像水一樣，看似柔弱卻是無所不容，利益萬物，而不與它們爭鬥，因為水的不爭鬥，因此不會招來怨尤。

推手也是如此，最高等的推手，不是每次都瞬間把對方秒殺推出，這種極剛強的強力推手，總有衰敗，或者遇到強勁對手的一天。最高等的推手，是要像水一般柔且無所不在，讓對手摸不到、抓不到、推不著，不與對手爭鬥的「無」境界，能用「無」境界的推手，才是最強的推手。

****

熊經8字、築基卡位

（可參閱影片08熊經五部、36熊經8字築基卡位）

熊經不僅是練習陰陽、體會根勁的招式，還可以是打人的式子，故鄭子曰：「熊經練會，太極就會一半。」熊經最主要是在練陰陽的轉換，至於能練根勁，則是在我之前尚未聽聞，但也並非是我獨創之見。而是以往先賢前輩自有許多練根的功法、樁法，只是現代人生活在工商業社會，一輩子都穿著鞋子，大部分已經脫離農業生活，雙腳與地面接觸機會不多。漸漸地，反而把武術最基本的根勁給疏忽了，這才造成我之前所著作的《懂勁—內家拳的瑰寶》一書讓許多人忽然覺醒，重新審視根對內家武術的重要性。

「熊經8字、築基卡位」前面的「**熊經8字**」便是練陰陽轉換，陰陽轉換若練的靈活，別人碰不實你，一摸你就被你給卸了去，撲將過來，只會摔的更重，亦或者一摸就被你反發了出去，往後倒去。摸你如摸到一顆塗滿了油的大鐵球，要不被油滑了出去，要不就是被鐵球打飛出去。熊經8字對外是發或化，對自己則是「纏絲」，藉由熊經8字的繞法，也讓全身的筋韌像螺旋般的旋轉著，然後再放鬆，一旋一放之間，你的內勁便漸漸成形。

當全身筋韌纏緊時，力道便會往下螺旋走至腳底，到了腳底再也走不出去了，便在腳底形成「築基」之效，而這築基之效是非常堅固的，因為非常堅固，所以腳擺哪，只要你不抽腿，幾乎別人很難推得動你，這便是「卡位」，而一站定便是如磐石一般，故曰「**築基卡位**」。

所以這「熊經8字、築基卡位」，便是應用熊經能對外攻擊，對內纏絲築基的效果，在推手時製造對自己有利的獲勝條件。

牽制主力、遊打側擊

（可參閱影片37牽制主力遊打側擊）

推手活動雙方你來我往攻擊與防守的「主要武器」，都是雙方的手，你推我捋我是用手，我化你發你也是用手。所以，若能掌控對方的雙手，等於掌控了比賽的節奏，甚至是比賽的結果。然而對方的手好掌控嗎？當然難以掌控，既然是比賽，當然就是為了求勝，沒有人是為求敗去比賽的。所以，自然不會乖乖地把手交給你好掌控他。

若是去抓對方的手，可能會被掙脫，甚至會被反摔出去，但是放任對方的手，則自己的手可能會被抓，被對方採下，或者捋出、摔出。所以，手等於是雙方的作戰部隊，如何直接戰勝對方的手，是第一個直接的作法，若第一個作法不行，則我們便要實施第二個方法。

退而求其次，若是沒辦法掌控對方的手，那麼有什麼辦法，可以牽制對方的手，以達到「我順人背」的境界呢？在我們以內勁為本的推手訓練裡面，的確是想改良純粹以手技為主的推手方式，而改以內勁決勝負的推手方式。所研究出來的方式，便是「**以整勁牽制主力，以短勁遊打側擊**」。

以整勁牽制主力，以短勁遊打側擊的做法，首先是整勁中要有定勁，這定勁是讓對手不容易推倒的能力，我把

「定勁」稱之為不爭之勁，常常會在讀者拿書來簽名時，簽上一句話「不爭之勁，方乃大勁」，這定勁的境界，如同莊子的「無用之用，方為大用」，莊子曰：「人皆知有用之用，而莫知無用之用。」定勁的不爭，讓對方無處鬥爭，在數百位來向我試勁的朋友，不管上百公斤，還是身體纖瘦，我都會放手讓他們來推推看我的定勁，至今也無一位能真正推動我，這就是因為我善用定勁的不爭，而讓對方無處可施力之故。

關於定勁如何練就，請自行觀看懂勁系列前兩本書《懂勁》、《懂勁之後》二書，這邊就不再多著墨。

有了定勁加持後的整勁，功力大增，這時就可以引誘對方的手推到自己身上的手塚區，由手塚區來發動定勁來接勁並隨時準備反打回去。

這時第三人來看，似乎是對方推著我，我比較吃虧；殊不知，對方是有苦難言，因為他推著我推不動也就罷了，若此刻一放手，勢必會被我的內勁給追擊，內勁可透過身體或者手臂來追擊，絕對可與他的放手同步，甚至，他只需稍微力小一點，便會被反擊。

這情況就像一個人正扛著一粒塗滿油的大鐵球一樣，一不小心鬆懈了，鐵球就立刻砸了下來，把自己砸傷。所以，對方一旦推到我們的手塚區之後，往往就是進也不得，退也不能。讓對手「進不得，退不能」，便是牽制主力了。

而若只是牽制主力，等對方力竭才來攻擊的話，則未免太傷自己元氣，故一旦牽制主力成功，讓對方進退不得後，便要立刻採取行動，結束這回合比試。用的方法便是遊打側擊。牽制主力的好處是在一時之間，我們比對手多了一雙手，因為他的手已經搭在你身上動彈不得，我們兩手卻仍可活動。這時就是發揮雙手戰力的最佳時機。要以遊打側擊的方式，反推或者採捋對方。這時不要再加入他正規軍作戰的戰場裡面，不要與他的力量相對到，而是要用遊打側擊方式攻擊其側面、邊邊等區域，讓他的主力部隊無法顧及，最後便可導致他的全軍覆沒。

這便是牽制主力、遊打側擊的手法。

臂如雙蟒、採纏翻按

（可參閱影片15蟒勁、38臂如雙蟒採纏翻按01、39臂如雙蟒採纏翻按02、40臂如雙蟒採纏翻按03、41臂如雙蟒採纏翻按04）

「臂如雙蟒、採纏翻按」是蟒勁推手的基本架構，蟒勁推手是運用雙臂如蟒蛇纏繞獵物一般。把對手的雙手當作是獵物，一有機會便是纏繞對方雙手，原則上，可以一手控制對方一手，也可以兩手控制對方一手，重點在於「纏」字訣，纏法要好，要練成可以從任何一個角度去纏住對方手臂，而且要以纏化攻，以纏代攻，纏就是化，纏就是攻。

擅長發勁的人遇到蟒勁推手，本質上就是吃虧些的，因為發勁要有實質的施力點才好發勁。而善纏者善化，是完全不給對方有實質施力點的，一有接觸點就是纏繞對方，把對方的直線力徑先給封掉，讓對方出不了勁，也讓對方抓不到施力點，自然讓擅長發勁者吃虧。

而善化者對於蟒勁推手也撿不到便宜，因為蟒勁他也不給你有採實的機會，善化者一定要先採到對方，才能有後面的捋帶動作，但蟒勁推手因為雙臂如蟒蛇柔軟且力強，故在推手時是要纏繞對方，而不同於採捋等動作，所以，善化者對付蟒勁推手也是不容易的事情。

雙臂要如雙蟒一般靈活刁鑽，是有其訓練方法的，其訓練目地是要讓手臂練的柔且力強，手臂不可過於堅硬，要柔且強便可，如美人手一般，在這邊我們可以稱之為「蛇蠍美人」。不但手臂要柔且韌，在手掌處則要有靈活的聽勁技巧，其技巧便是「採纏翻按」四字。

「**採纏翻按**」手法是單手觸敵時的四種貼身變化，依照手掌部位與對方接觸的區域，分程「採、纏、翻、按」

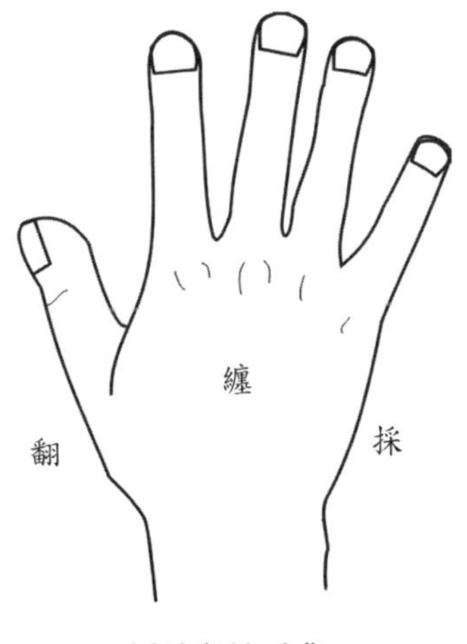

採纏翻按手背

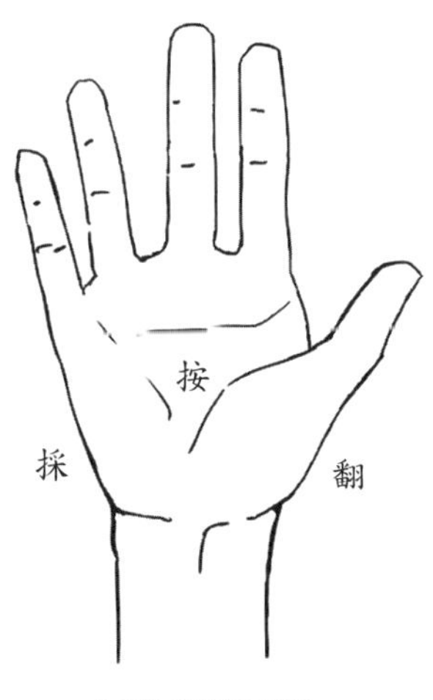

採纏翻按手掌

四個動作做反應。「採纏翻按」是指手掌四邊觸碰到東西時的應對模式。我們把手掌伸出，手掌朝下，這時就有外緣、內緣，上邊與下邊這四個邊，這四個邊剛好對應上面「採纏翻按」這四個字。

當手掌外緣碰觸到對方手臂任何一點時，便要作出「扣掌採」的動作，一碰到就採，無需思考，要練到完全直覺性操作，這是「**採**」。

而當手掌上邊手背位置碰觸到東西時，便要用纏字訣，只要手背一碰到對方，便立刻出纏，用外纏、內纏，左纏、右纏等纏法，因為手背是無法抓物的，故此位置一碰到對方手臂任何地方時，便要立刻翻掌立刻開始纏，這才能化危機為轉機，這是「**纏**」。

當手掌的內緣碰到對方手時，便要手掌向上翻，因為若這個位置碰到對方手臂，表示自己的中心線已經被對方給入侵了，這時最好的方法便是立刻翻掌朝內或者朝上，把對手的手臂給扣住，讓他不能在前進。這翻掌除了扣住對方之外，也可以變成撥掉對方手臂的一種作法，就端看當時情況的變化，這便是「**翻**」

而當手掌內碰到東西時，便立刻要作出「按」的動作出來，手掌內有東西手，就是手掌已經掌握住東西了，等於是對方自動送上門來，當然就是出「按」，按是按出、推出之意。是以手掌把對方按推出去的手法。單手就是單按，雙手就是雙按。故當手掌內突然有對方手臂出現，便立刻按下去，把對方直接按出，按法是配其他採纏翻三個動作之後，是準收尾的動作，這是「**按**」。

臂如雙蟒搭配手掌的採纏翻按，便能把蟒勁推手發揮到很犀利的程度。「採纏翻按」的四字訣，在講手動手篇第六章「兩儀、蟒勁之問」已先有揭露，讀者若想再細心研究其四字訣，可翻回到該篇參閱。

腕如蟒口、纏繞反咬

（可參閱影片19採勁）

「腕如蟒口、纏繞反咬」仍是蟒勁研究的要點，蟒勁之勁藏於手臂的纏絲勁之中，也可以說蟒勁是手臂顯於外的纏絲勁，纏絲勁從腳底開始，到身體軀幹都藏於體內，若以純掤勁與按勁而言，至手掌都藏於體內，不用外顯。但若採勁與捋勁則外顯於手臂的旋轉之中，其中又以採勁的外顯為最清楚，而蟒勁就是表現纏絲勁於手臂上的外顯之功。

既然蟒勁是手臂外顯纏絲勁，那麼手腕便如同蟒口，用來固定對方。我們可以觀察到蟒蛇捕捉獵物時，制伏獵物時都是以蟒身纏繞讓獵物窒息，再予以吞食。而其抓獲獵物的手段，則是以埋伏之姿等待，以蟒口突襲抓獲，這才交給蟒身去纏繞制伏獵物。故既然雙臂如蟒，自然蟒口就是我們的手腕，這邊請記住，蟒口不是虎口，而是手腕的位置，若以虎口當蟒口，則容易折傷拇指，拇指獨立於其他四指，雖然可靈活抓取，卻也過於單薄，一般東西尚可支撐，對於推手時對方的手臂則容易被對方手臂折傷，故不建議以虎口當蟒口。而是改以螳螂手的採法當蟒口，也就是手腕小魚際掌心肉的位置手掌向外扣，以中指、無名指、尾指合併為扣抓施力的手法，手腕便具有強大的採握力，不會被對方手臂給折傷。

既然我們會採扣對方的手臂，對方自然也會採扣我們的手臂，若自己的手臂被對方給先採扣了去，這時也無需驚慌，只需反採扣就可以了。

對方採住我們的手臂，看似自己贏面較小，不過，這樣也是有好處的，那就是對方的手臂不會再亂跑了。而且對我們而言，少了一個靈活的手臂，這時只要以蟒勁纏繞反採它即可，只要手臂夠鬆，一定能用纏繞法反採回來，起碼能打個五五波。這時便變成鬥內勁了，鬥內勁是練內勁太極者的強項，所以，對我們而言，互纏、反纏是家常便飯，把對手引誘至自己的強項去，正好可以讓自己功力好好發揮。

「**腕如蟒口、纏繞反咬**」的練法，便是當手掌上的小魚際位置觸碰到對方手臂時，便外採外扣，一旦得手後，手臂便跟著纏繞上去，這時手腕持續向上採扣，如同打蛇隨棍上之態。

在這時，通常對方要嘛被我們手臂纏住，要嘛他掙脫卻露出中線位置出來，若纏住對方手臂則可把對方給拽下。若讓對方脫離，中線位置便出現，我們則直取中線，便從腕如蟒口、纏繞反咬，改招為打蛇隨棍上，對方手臂是棍，我們的手臂則是蛇，直取他的中門位置。

第七章

打蛇隨棍、直搗黃龍　大悲合掌、尖如棉針
擎引鬆放、敷蓋對吞　右手制中、左手制肘

夫道，有情有信，無為無形；可傳而不可受，可得而不可見；自本自根，未有天地，自古以固存；神鬼神帝，生天生地；在太極之上而不為高，在六極之下而不為深，先天地生而不為久，長於上古而不為老。

語出莊周《莊子——大宗師篇》

以上是莊子對於道的解釋，與老子對道解釋：「道可道，非常道，名可名，非常名。無名，天地之始。」程度上幾乎相同，兩者皆揭示道的神秘卻普遍存在性，道是全宇宙共同的真理。

這種真理自然也存在於我們的太極拳當中，我們本篇當中的「打蛇隨棍上」、「敷蓋對吞」都同樣的運用了這樣的「道」理，捨棄與對方爭強，反而可以製造出可發揮的更大空間。

以棍打蛇，原本是棍強蛇弱，不過一旦蛇隨棍而上，反而變成棍弱蛇強，並且即將傷害到持棍之人，這便是「無為無形」之功。當我們與人推手時，千萬記得別當成棍，而是要當成蛇。

****

打蛇隨棍、直搗黃龍

（可參閱影片22盤手八式、41臂如雙蟒採纏翻按04、42打蛇隨棍直搗黃龍）

我們在上一章「腕如蟒口、纏繞反咬」中，曾略微提到了打蛇隨棍上的用法，我們在打蛇隨棍、直搗黃龍這篇，便更仔細來解釋打蛇隨棍上的用法。

「**打蛇隨棍、直搗黃龍**」是打蛇隨棍上的縮寫，這一章仍是屬於蟒勁的用法，蟒勁在表現上以「退讓不爭」、「你強我弱」、「處處迂迴」為主，看似示弱，卻能處處佔盡先機，練習法以「盤手八式」為代表。練順了「盤手八式」之後，不管對方硬推軟推都有破解的招式可應對。

盤手八式的作用是以「不爭」來讓對手與我們盤手，要在盤手之時，讓對方出現「滯」的現象，這就要做到他要我便不要，他要我便不要就能讓對方跟不上我們的節奏，進而在行動上產生滯礙，對方行動若窒礙，便是拳經中所謂的「我順人背」，我靈活彼窒礙，自然是對方容易被我們所攻擊，而他的攻擊也容易被我們化解。

在運用盤手八式時，一旦對手窒礙，則變成我是蛇而對方是棍，對方出棍而我則蛇隨棍上，蛇隨棍上的目的，便是要直取黃龍。直取黃龍的意思是我們的手臂掠過他的手臂，而直接推到他的身體。他手沒防住我們的手，讓我們的手推到他的身體，就如同被人侵門踏戶一般，要落敗的機會自然大增。

所以在應用盤手八式時，要讓自己的八式容易轉換，不可招式變老，要讓對手摸不著頭緒，八式轉換要如同水中金魚一般靈活多變，自己手法多變，對手自然屈居下風，窮於應付。

大悲合掌、尖如棉針

（可參閱影片44上臂被挾母雞振翅、51剛勁大悲掌）

「大悲合掌、尖如棉針」是指大悲掌的第二式「超渡」,「超渡」的動作為合掌前插，也是低頭蓄勁，利用身體三合一的整勁，把對方心窩當成唯一目標，合掌便是對著對方的心窩處，以整勁之力插入。

一般而言，這招算是平實中藏著強大殺機的招式，於近身救命時使用。但推手只是比試，彼此並無仇恨，也不是拼命，自然無需用到殺傷力大的招式。

但推手原本就是為了真實格鬥所做的訓練，若完全無爭鬥勝負之意，乾脆就不用推手，大家坐下來喝茶算了。故縱使推手也要表現能贏就要贏的氣勢，而不是和氣生財的臉孔。

只是在推手用這招「超渡」時，需改良作法，要在觸碰到對方身體之前便要改指為掌，改插指為推掌，這樣就不會讓對方受傷，只會把對方給推出去。

「**大悲合掌、尖如棉針**」的用法是當自己雙手被對方鉗制住之時所運用的手法，若對方力大，用雙手鉗制自己的雙手之後，若難以掙脫，便可雙手合掌，人體合掌之力會大於外拉之力五倍之多，就像鱷魚咬合力會大於張口力的五倍之多一樣。所以，制伏鱷魚常用的手法便是抓住牠的雙顎，然後只需用膠帶綑綁，牠就張不開口，咬不了人了，因為張力太小，開不了口。

合掌之力對於外拉之力也是如此，人體合掌時能運用的肌肉強大，但鉗制外拉人時能運用的肌肉力便少很多。故合掌看似柔和卻隱然是符合人體工學的解套法。

合掌之後，指尖朝著對方心窩迅速插入，是趁對方外拉力被我們合掌力破壞的空檔期趁隙而入。在推手時，在此時插指便改為推掌，因為合掌之後，我們取得中線位置，對方手力是在中線之外，再加上「合掌插指」是整勁之力，中線加上整勁等於是強強聯手，故只要能掌推到對方身體，通常都能把對方給推出，這也是大悲掌看似溫和卻埋藏殺機的一貫風格。

擎引鬆放、敷蓋對吞

（可參閱影片43擎引鬆放敷蓋對吞）

擎引鬆放出自武氏太極李亦畬的撒放秘訣，其文曰：「擎起彼身借彼力、引到身前勁始蓄、鬆開我勁勿使屈、放時腰腳認端的。」若是簡文則只剩下「擎引鬆放」四字，這四字是固定順序，不可改變的。

前面兩字擎引，可以說成引進落空，擎起彼身借彼力便是引進對方之力進來，引到身前勁始蓄，是說剛引進時手要鬆沉，讓對方的身體前屈到了兩人身體中間之後，這才開始蓄勁。

而鬆放則是發勁的要訣，鬆開我勁勿使屈，是說讓勁連成一串，節節貫通，勿使屈，是說別讓勁給偏走了，要連結的好。放時腰腳認端的，放時是指放勁之時，腰腳認端的，則是指發勁以腰腳為主體而不是以手為主體，這才會有勁道。

而**敷蓋對吞**是武氏太極第一創始人武禹襄所先提出，二代傳人李亦畬也同樣認可，並且繼續發揚光大。敷蓋對吞也是我們推手中常用的手法，這是四種對應對方來勁的手法，可以說成接勁四字訣，「敷蓋對吞」四個字便是接勁四字訣。

其中又以「**敷**」字訣在推手中最為好用，我稱之為「敷勁」，「敷勁」要如同濕毛巾一般，敷在對方的「勁頭」之上，不與對方之勁頭對抗，對抗便是「對」，也就是接勁。

「敷」只能在瞬間時發生，一發生「對—接勁」之後，便要馬上改「對」為「敷」，把我們自己的勁頭敷在對方的勁頭之上，一旦敷在對方勁頭之上後，他一出力我們也跟著出力，但我們的勁頭會貼著對方的勁頭上方，這兩股力量是沒碰在一起的，雙方呈現一上一下相互帶動，他推到你的手塚區，而你則推到他的紅燈區，就如同地震板塊的互相侵軋一般，由於對方來勁我也去勁，在我固彼垮的情況之下，對方的身體就會被我們給推翻了出去，這便是敷字訣的奧妙。

「**對**」字訣便是接勁的第一感手法，也就是讓來勁對到地勁，讓自己身體成為兩者的導體。這種對接的方式看似神奇，其實，在許多球類運動中都常常見到。

在職業棒球裡，一個好投手往往能把球的球速飆到100英哩/時，這樣的球速，若打擊者打到棒球，就如同感覺打到保齡球一樣的重。這還是對打者而言，對於蹲在本壘後面的補手而言，卻要一顆都不能漏接，得全部接在手套裡面，不管投手是投快速球、變化球、蝴蝶球、伸卡球、滑球等等，不管球路怎麼詭異、球威怎麼厲害，通通都得要全部接住，承受力之巨大可想而知。但我們卻發現幾乎所有的捕手都能做得到這樣的接球能力。

這是因為他們都學會「對接」的能力，能在接球的瞬間，把球威藉由身體傳導至地上，讓地面的地力去承接，讓自己的身體只是傳導力量的工具而已。其中的關鍵便是捕手的半蹲姿，這種蹲姿與我們的「勁架子」原理相同，故能很順暢的傳導力量出去。所以，除非是投手投了一個大壞球，否則我們是不會看到在棒球比賽裡，捕手是站著來接球的。

而「**蓋**」字訣便是與敷字訣前面作法相同，不過敷是反發回去讓對手翻出，而蓋字訣則是順著對手來勁，蓋在其上並改變其走勢，由朝前變成朝下，把來勁給蓋下去之意，便是捋與採的更高階手法。

至於「**吞**」字訣，則是高級接勁的手法，不管對方怎樣來勁，都把來勁給接入我身，再透過我身把來勁導入地面，也就是借地之力，讓來勁消失無蹤。

不同於單純的借地之力手法，吞字訣是將任何來勁都吞入，就如同把來勁都包起來，讓來勁無法遁逃，所以，能運用吞字訣的人，本身要先有渾厚的內勁，才能吞得下對方的來勁，若自己內勁不渾厚，就只能單一的借地之力讓對方推自己的瞬間，是推到地面而已，對方一改變「勁路」，便容易岔掉，無法借地之力。

若內勁渾厚，便能讓對方來勁無法岔開，每要岔開便會被拉回再對準地力，讓對方只能乖乖的推著無效的勁力，這便是「吞」字訣。

右手制中、左手制肘

在推手活動中，最靈活多變的，莫屬於手部，故這活動叫做「推手」。手部如同偵查部隊與前鋒部隊，而身體就如同軍隊的大本營，負責供應手部支撐與配合，而雙腳就如同補給部隊提供強力的支援。故只要能掌控對方手與身體的要塞位置，往往就能掌控局面的勝負關鍵。

身體的要塞位置便是在中線，因為推手講就陰陽，左重則左虛，右重則右杳，是不變的原則，你推他左邊他就左化右打了，你推他右邊他就右化左打了。唯獨身體中線位置陰陽轉換就不是那麼容易，故要掌握對方身體，就要搶中線位置，故曰「**右手制中**」。

而手臂的要塞位置則是在肘，肘在手臂中間，負責傳導力量與樞紐，手掌、手臂要攻要守，要發要化都要經過手肘這邊位置的配合，才能發揮功效。

故要掌控對方的手臂，首先便要掌控對方的手肘，對方的手肘一旦被我們給掌控住，則對方力量進退不得，他的力量一來便可從手肘中截去，他要縮手便可從手肘中反推再送他一把，讓他後摔，故只要掌控手肘神仙也難逃，故曰「**左手制肘**」。

一般人習慣性用右手，右手比左手靈活，故在兩人面對面推手時，要用我們比較不靈活的左手去控制對方較靈活的右手手肘，而用我們較靈活的右手去掌控對方身體難變換陰陽的中線，只要把這兩處要塞位置顧得好，對方功力再好，也要吃上大虧，故曰「右手制中、左手制肘」。

第八章

過前用化、過後用發　高身用掤、低身用敷
前臂被握、鬆臂上肘　上臂被挾、母雞振翅

天地雖大，其化均也；萬物雖多，其始一也；人卒雖眾，其主君也。君原天德而成於天。故曰：玄古之君天下，無為也，天德而已矣。以道觀言而天下之君正；以道觀分而君之義明；以道觀能而天下之官治；以道泛觀而萬物之應備。

語出莊周《莊子・天地篇》

莊子說：天地萬物變化萬千，但皆始於一，民眾雖多卻也一個君主而已，而君主所要作的事，便是無為，循著「天地之道」遵行即可。

太極拳推手日新月異，已非當年楊祿禪時期的推手，現在的推手講究技巧、力道、速度，在中外風行，各派武術相繼投入研究之下，大家功力日新月異。但怎麼變化，仍不脫太極最基礎的陰陽變化，太極之道便是「陰陽」二字，能順應陰陽變化則能不丟不頂，順陰陽變化者，對方永遠沒轍，而你卻可以處處佔先。既使在「陽處」不如人，卻能在「陰處」佔上最大的便宜。

****

過前用化、過後用發

這兩句話很淺白，也就是聽勁是聽對方重心的前後位置，重心過於前面的則用化法，過於後面便是用發法。

一般而言，推手時「中定」是最好的攻擊與防守的位置，身體持中不前不後，對方一來勁就可以前後左右的中軸偏移走化。但是若定步推手，與人面對面推時，就無法時時刻刻讓身體重心處於「中定」位置之中，若要發勁通常會重心前移，這樣才能應用到後腳的根勁力，而若要化勁則通常身體重心要往後移，這樣才能製造空間走化並捋帶出對方。

相對的，對手的情況也是一樣。若他重心前移，再來便會以發勁為主攻手法，當他重心偏後時，則表示他將會以捋化的方式對付。

故當對手重心被我們感知有前後移動之時，便要立刻跟著改變戰略，若他重心前移便要讓他的發勁落空，甚至加一把勁把他給捋出去，這時的對應便要以走化、採捋為主；當他重心偏後時而這時反而要不怯戰，用發勁方式多去攻擊他，讓他退無可退。

不過，雖不怯戰卻也別硬戰、傻戰。要虛實並用，有佯攻有真攻，對手便會一路處於挨打的份上，失敗的機率自然會高出很多。

這便是「**過前用化、過後用發**」之意。

高身用挪、低身用敷

前面一篇講的對手身體重心前後時的應對，「高身用挪、低身用敷」這篇則是來說對手重心高低時的應對。

這邊的高低，不是對手身高的高低，而是對手重心的高低。若屏除選手個人的功力高低而僅論重心，通常重心低者不易被推出，但本身也不易發勁，屬於防守形的姿勢。而重心高者則較容易被推出，但本身也較容易發勁，屬於攻擊形的姿勢。

至於擅用哪種姿勢，得需因對手人而調整，兩種方式都得要訓練，讓自己熟悉。這樣才能在感知對方用哪種姿勢後，我們則能夠用尅制他的姿勢去破他，所以，重心高低感都是必須熟悉的。

若對方是用高重心的模式，那麼他就一定攻擊型的對手，會搶攻，應付這種對手。

首先要先接住他的第一勁，第一勁可用前面「敷蓋對吞」中講過的對接勁法，接勁於地。然後發挪勁於其勁頭之下，讓對手瞬間成為頭重腳輕、引進落空的狀態，就可以把他給推出去。若是要用捋法則要先截其勁，讓他的勁還沒完全推滿到我們身體之前，便要捋出去，這樣才能將對手給捋出去。

而若對手是採取低重心的姿勢，則他是重防守型的對手，這時不可攻其重心，容易被他「對接勁」，要用「敷」字訣，把己勁敷在對手的勁頭之上，以聽勁來決勝負。通常對手重心低，我們若去推他容易被他採捋去，容易被摔出去，且他也不容易被我們捋出去。另外，也需小心他起身時的發勁模式，剛好是借地之力的發勁法，容易把我們給推出去。

低重心雖有這麼多的好處，卻也有缺點，那就是沒辦法在第一時間發勁，因為下盤過低，還不是處於整勁的狀態，所以，第一時間若是發勁，也只是發上半身的短勁，是無力的。

因此，對付低重心的人，便是用敷字訣，在第一時間便把他的勁頭給敷住，當他要發勁時，則以敷字訣反發在他的勁頭上方，便容易造成他的勁力出不來，反被我們推開的局面。

從「過前用化、過後用發　高身用掤、低身用敷」這四句當中，我們知道在推手中沒有絕對完美的勁法；只有用對的勁法，沒有一成不變的勁法，每一種姿勢都有其優劣勢，只要知道如何去破的方法，並且時常練習，讓自己的反應速度提高，沒有推不倒的對手。

前臂被握、鬆臂上肘

我們在前面文中說過，雙臂如蟒，故手臂要如蟒蛇一樣有力而且滑溜。若我們的前臂被對方採住、握住了，該如何處理呢？

很簡單，就是鬆掉前臂的力量，以手肘上攻即可。肘在人體攻擊力道中，僅次於膝撞，排名第二強。

膝與肘之所以攻擊力這麼強大，便是來自於它們的連接點位置，手肘是由二頭肌連接至胸肌、背部肌，而膝則是由大腿肌連接至核心肌群，「二頭肌、胸肌、背部肌、大腿肌、核心肌群」都是人體肌肉、肌腱最發達的地方，所以，被膝與肘直接打到會比被拳頭、腳掌打到，受力更加嚴重。

而所謂的「上肘」用在推手之中，並非一定要用肘擊，而是當前臂被抓之時，可以把肘視為手掌，用肘貼著對方身體按去，就如同使用手掌按一樣。也就是說，在推手之時，當自己前臂被抓之時，除了以纏法解套外，直接鬆臂上肘，以肘代替手掌去按對方，除了有出其不意的效果外，還有人體第二強大的力量可使用，可以說是非常直接方便的解套法。

上臂被挾、母雞振翅

（可參閱影片44上臂被挾母雞振翅）

上文講的是前臂被抓住時的應對法，若對手抓的更深，直接抓到了我們手臂的上臂時，又該如何解套呢？

前臂被握應對是鬆臂上肘，以肘攻擊，若上臂被挾則以「母雞振翅」法解套，若對手越過了我們的手肘，直接制住了我們手肘，也制住了上臂時，我們除了直接借地接勁，不讓他推出之外，若要解套則要用「母雞振翅」法。

「**母雞振翅**」法是我在推手中研究出來的解套模式，這方法可以小博大，力大者若抓住你的雙上臂，幾乎會讓你無法動彈，此時，便可用此法解套。

前文我們說過，手肘連接二頭肌在連接胸肌與背部肌，若二頭肌背對手抓住時，只要善用胸肌與背部肌加上肩頸三頭肌組合的開合運動，照樣可以解套，也就是運用兩臂如母雞振翅一般上下擺動，就能擺脫雙臂被挾的威脅。因為胸肌、背部肌、肩頸三頭肌組合運動，力量強

母雞振翅，雙臂一拍二拍，然後出手反擊，一氣呵成！

大，鳥禽類就是靠這種組合，把身體托起飛翔於天空，甚至飛翔數千公里，可見這邊的肌肉強大，是難以抵禦的。對手就是人高馬大也無法把你給抓個牢牢，用母雞振翅式一定能掙脫開來的。

而且這母雞振翅還有個好處，就是對手兩手已經全用在抓住你的手臂，而你只是兩臂一振便能把他震開，這瞬間他是沒有手可以抵禦你的，而你是空出兩手可以攻擊他，所以母雞振翅的用法是一舉兩得。

以自己兩臂一振二振，當對方手鬆之後，我們的手臂便可往對方身體按去，這時便可把對方給按出去。

第九章

遇强則强、遇弱則弱 遇陽則陰、遇陰則陽 守中百變、神明之境 紅燈防觸、手塚歡迎

天地之間，其猶橐籥乎！虛而不屈、動而愈出，多言數窮，不如守中。

——老子《道德經第五章》

老子說：天地之間，就好像個大風箱，虛空而沒有盡頭，鼓動它就愈來愈有勁，話多了只會招來困窘，倒不如默默守著中道而行。

老子是道家的始祖，太極也是道家的產物，太極拳講究陰陽，一舉手皆有陰陽，而陰陽纏繞的中心點仍是中道。故推手的極致，便是守中，一個守中就包含陰陽。若能守中不讓對方碰到，別人打到你的地方就是偏掉了，一偏掉就掉入陰陽纏繞的境界，就有被化、被發的可能性，唯一能不被化發者，就只有守中，所以說能守中就能百變。

****

遇強則強、遇弱則弱　遇陽則陰、遇陰則陽

這「四要」前面兩句與金庸小說的獨孤九劍用法一

樣，都是遇強則強、遇弱則弱；而後兩句遇陽則陰、遇陰則陽若只看其文義，似乎又與前二句之文義相反。故這「四要」要一起講，比較能瞭解其中含意。

推手活動不是蠻力對抗的運動，若是蠻力運動，大家就比賽舉重好了，誰舉最重，誰就是冠軍。

推手是聽勁與用勁的對抗運動，故遇到強手之時，自然自己也會要跟著變強，才能與其匹敵。

譬如說，對方發勁很強，則我們的接勁也要跟著變強，否則，接都接不住勁，也就別談什麼反擊發勁等等。所以遇強則強的意思是，用法不變，仍是出手三分掤，來勁截接化，擎引鬆放，敷蓋對吞……等，但是對方強力攻擊，我們便是強力防守，換做我們攻擊之時，自然也是強力攻擊，否則，就會如蚊子叮牛角一般，不痛不癢，發勁對了也發人不出去，就沒意義了。

而遇弱則弱，則是聽勁好的表現，如果遇弱仍強好不好？答案是：不好。若遇弱仍強，有時太過強，反而會讓自己被引進落空去，被對方給趁勢採捋了過去。

有時候，對方示弱並不是表示對方就一定是弱，而是鬆柔，鬆柔並不等於弱，因為太極推手講究四兩撥千斤，一搭手若摸不到對方的力量，這時若以為強攻即可勝出，則很可能會吃大虧。故要遇弱則弱，對方若鬆柔也同樣以鬆柔之姿應對，但記得仍要在氣勢上壓住對方，也就是要軟中透堅，要紮根於地，這樣才能讓對手無法在瞬間突襲時，有可趁之機。

故「**遇強則強、遇弱則弱**」是必須完全遵守的應對手法，好的推手者不能只有一種打法。必須即時打量對手訂做一套正確模式，專門對付他，才是上策。

遇陽則陰、遇陰則陽

（請參閱影片31短勁搶手連發推手、55輪轉雙推）

「**遇陽則陰、遇陰則陽**」就是太極拳的基本精神，不過，在鬥爭激烈的推手活動中，要從容不迫的實行遇陽則陰、遇陰則陽的精神，還不是一般精神力所能達成的。對手一推來，若能化掉，自然能「遇陽則陰，陽推陰走」這沒有問題。而有問題就是在於對手也是同樣是練家子，懂得太極拳或許不比自己少，所以，對手一推來通常陽中帶陰，不會全然只是純陽的力推而已，所以，難就難在這陰中有陽，陽中有陰的推法。

對手一推來，怎知他不是用「擎引鬆放」的擎字訣，是要來引近落空的假推呢？若怕假推而不應付，不化不接，則對手假推變成真推，蠶食鯨吞佔據了自己要地，反而一舉把我們給推翻出去，豈不是白輸的可惜。

所以，為了要能徹底執行太極拳的遇陽則陰、遇陰則陽精神，對於對手的推來，我們便要想辦法讓他露出馬腳出來。甚至，讓他把假戲給真做了，我們再從容應付。方法就是，他攻來之時，我們先認定是陽，既然是陽，那麼他身體另一邊便一定是陰。若是他右手推來，那麼他左邊一定是陰。左手推來，那麼右邊便是陰。

既然出現對手出現陰陽，那麼我們便接陽擊陰、避實擊虛，攻擊他的另外一邊，以陽攻擊他的虛部位，好讓他自食惡果。若是他是虛陽，則接勁的一邊，便會立刻陰陽轉換，成為實陽，這時雙方便彼此的攻防易位了。原本是他先攻的，在他一接勁時，便變成他先守了。而我們這時取得先攻機會，便因應他的改變，我們也由陰變陽，左右互換，總要在他主力部隊還未即時來防守時，左右互攻他的虛處

若是他的虛部位不守，則更簡單處理，便長驅直入，一馬平川直接對著他的虛點按出，這兩種手法交互使用，便能收到「遇陽則陰、遇陰則陽」打法的優勢。

守中百變、神明之境

（請參閱影片15蟒勁、19採勁、50十字封手橫擋側擊）

在我們的勁法中，基本首重根勁，沒有根勁就沒有借地之力，拳法若無根，技巧再好也都是虛妄，根不好的人遇到根好的人，百技也無法使用出來，這便是老子《道德經》說的「多言數窮」，所以我們有「一勁破百技」的說法。有了根勁之外，再來就是講究「整勁」，要整體一勁，整勁是結合了人體上中下三盤之單一勁，結合成一體的大勁，就像海納百川而成汪洋一樣。

整勁是以根勁為發源地，一路從根到手來，以纏絲勁法集結整合各部位短勁，螺旋式納入身體各部位的單一勁至主勁之當中，最終發之於手，則成為一體整勁。

而這整勁的擊發點，又以中線為最適當，因為身體中線位置有脊椎，脊椎在人體站立時是人體最主要支架，它架構了肌肉，肌肉也強化了它。所以，中線架構最為強壯，整勁由此發出，等於統合了身體之力，發勁最為有力，我們稱之為「中線勁」。

中線勁發勁最為有力，相對地，身體中線若吃到對方的發勁，也等於最核心位置受到衝擊。如同做戰時的臨時指揮所，遭受到對方的攻擊是一樣的意思。再加上，身體重要器官全都集中在中線位置，所以，一旦身體中線位置受到衝擊，是很容讓身體器官受傷的。

所以，在雙方推手活動中，最重要的觀念便是「守中」，只要能守住自己中線，其他邊邊角角受到推按拉扯，都只是皮毛攻擊，都可以有方法化解，都無妨我們立穩腳跟。但是若中線位置被對方結實的推到，便必須以自身「功力」應戰，就如同軍隊之中，以禁衛軍最為強悍，但是，若用到禁衛軍時，通常都是面臨最危險的領袖保衛戰，禁衛軍若打輸了便全軍覆沒。

所以，中線若受到攻擊，除了只能及時「借地之力」把對方力量導至地上，硬接還擊之外，幾乎沒有其他方法可用，因此，守中重要性，不言可喻。

而且守中之後，我們發勁的出發點便成為中線勁，前面說過，中線勁是最具有架構力的勁法，不但可發的快，而且可發的大。所以，守中之後，不但可守也可攻，是攻守兼具的勁法，所以，也符合老子《道德經》裡說的「不如守中」。

至於守中要怎麼守，通常會以蟒勁、螳螂手、十字封手等手法來守，蟒勁以纏法破壞對方的直線力，讓對方的準頭打偏，螳螂手則以截與採，分別破壞對方的勁頭與勁尾，讓他的來勁，進不了線位置。而是十字封手則用在我們中線被對方給突破闖入時，自己手在對方手的外面時所使用的手法，形狀看似與對方手成十字交叉，以「橫破直帶纏」的方式封住對方的手，讓他的手勁雖然突入中線，卻也被我們給架散掉了。

守中之後要害對手抓不到，應用的手法便能百變，運用順暢者，中線軸還能移動自如，中線軸能移動則技法更上一層樓，甚至可做到，故意讓對方以為推到你的中線，卻不知反落入陷阱中，手法便能瀟灑，態度更佳從容，這時的推手就如進入「**神明之境**」一般，是我獨知人而人不知我，發化隨心的境界。

紅燈防觸、手塚歡迎

（請參閱影片27目標敵身閃轉騰挪、28以身為盾四象陰陽、56兩儀四象推手）

在推手之前，我會讓學習推手者先找出自己身體上的紅燈區與手塚區，紅燈區與手塚區的分別便是，身體被別人碰按到很容易倒的區域就叫「紅燈區」，而被碰按到不容易倒，能夠借地之力的區域則叫做「手塚區」。

這兩個區域會隨著自己根勁功力的深淺而產生消長變化，根勁極好者，對手全身都可以練成手塚區，就猶如少林功夫的鐵布衫、金鐘罩。相對地，練出了全身手塚區之後，對手碰到時，則對手猶如雞蛋碰石頭，對手此時全身反而都成了「紅燈區」。

若是雙方功力相當，紅燈區與手塚區的區域，就會很明顯顯示出來。通常越愈靠近兩腳根與腹部核心肌群的區域，愈會是手塚區的強區，而離兩腳根愈遠的區域，則愈會是紅燈區的區域。所以，一般人的紅燈區位置通常都會在脖子以下肩膀至胸部的位置，而手塚區位置則會是從雙腳一直延伸到丹田腹部核心肌群周遭。

紅燈區與手塚區中間的區隔，則視功力高低而定，功力好的人，紅燈區會剩下一小部分肩膀位置，功力差的，連丹田、雙腿被推到也會倒，則全身都是紅燈區，身體被別人一碰到都會被推出去，就只能求以境外化解危機的捋採功夫為主了，而不能做任何的接勁，吃虧較大，這就是功力的差別。

熟悉自己的紅燈區與手塚區之後，與人推手時，便可留心自己的紅燈區別被對手觸碰到，若被觸碰到時，則要迅速走化掉，不讓對方來勁給吃進來。相反地，自己的手塚區反而要歡迎對手打入，這就猶如請君入甕一般，對手一推到我們的手塚區，若推不動我們時，等於是他的手瞬間沒有作用了，一隻手推到手塚區便少一隻手，兩手推到便是雙手俱失，這時候我們便可以在沒他手臂干擾之下，反找他的紅燈區，把他給按出去。

或許，有人會問手塚區似乎就在身體中線位置，「紅燈區、手塚區」的做法似乎與上一則「守中百變」相違背，到底哪個才是正確的？答案是：都正確。

我們在前一篇「守中百變」中曾提到，若中線位置被對方結實的推到，除了只能及時借地之力，把對方力量導至地上之外，幾乎無其他方法可法化解。手塚區的設計就是在接勁瞬間善用借地之力，並且把借地之力結合腰腿兩勁，成為一種接勁手法，借地之力結合腰腿兩勁便是最強的禁衛軍部隊。

這就如同兩軍做戰時，我軍故意佯敗退逃至陷阱區，讓對方追兵趕來，我們再以禁衛軍（中線勁）牽制其行動，並以外面野戰軍（雙手）直攻其首腦區域是一樣的意思。手塚區只要作好借地之力的功夫，是絕對可支撐住對手來犯的壓力。

所以，「手塚紅燈區」所衍生的推手手法是，在雙方推手時，我們還常常在與對方膠著時，故意把對手的手拉來讓他按住自己的核心肌群處，然後我們鬆手再順勢往上按，按到對方的雙肩，這時雙方潛意識會用力互推，我堅彼軟之下，對方便會如倒栽蔥翻車一般，身體往後翻了出去，這便是對手他的紅燈區被推，而又推到別人手塚區時的雙重效應。所以，我們說「紅燈防觸、手塚歡迎」便是此意。

第十章

雙根如藤、左支右應　翻浪加身、用否隨意
雙重出掤、單重出捋　打實用雙、擊虛用單

江海所以能為百谷王者，以其善下之，故能為百谷王。是以欲上民必以言下之，欲先民必以身後之。是以聖人處上而民不重，處前而民不害。是以天下樂推而不厭，以其不爭，故天下莫能與之爭。

語出老子《道德經第六十六篇》

海之所以能成為百川眾谷之王，因為它善處卑下，統治天下的人想要居於人民之上，必得以謙卑取得人民的信賴；必得自己退到後面去！唯有處在上面人民不覺重，站在前頭人民不覺害！這樣一來，天下人都樂意推戴他，而不會厭棄他；因為聖人不與人爭，天下便沒有人能與他爭。

好個以其不爭，故天下莫能與之爭，我們的定勁也講究「不爭」，因為不爭之勁，方乃大勁。其實不爭更是大爭，因為我不與爭對方要的那點，那麼其它的點便都浮現在眼前，任我拿取；誰說不爭就是輸了，不爭只是不要對方的那一分，卻拿走其它九十九分。

****

雙根如藤、左支右應

（請參閱影片39臂如雙蟒採纏翻按02、40臂如雙蟒採纏翻按03、41臂如雙蟒採纏翻按04）

與人推手時，要作到「雙根如藤 雙臂如蟒」。雙根如藤是要我們的雙根如同活藤條一般的紮根於地，雙根如藤後，身體既有根性讓人推不動，又富有彈性，可以應付對方的捋或推，我們身體都能藉由根性立即作出反應抗衡，是讓自己立於不敗之地的功夫，這也就是「定勁」。可以兩腳的根勁支撐對手的上下左右攻擊，也能支援自己如雙蟒的手臂。

雙臂如蟒是與對方搭手之後，要讓自己的手臂應用就如兩條活蟒蛇一般靈動，既柔軟又有韌性與強度，而且極富「聽勁」，輕輕巧巧的聽到對方的丟或頂時，立刻作出反應，動作既靈巧又兇猛。

一旦被我們的蟒臂給纏住之後，則對手的直線力便施力不得，也進退不得，進而被我們蠶食鯨吞的方式攻入陣營之中，然後發勁推出或者被我們的採勁給捋出。

臂如雙蟒在我們自身實施時的感受，則是感受到纏繞力的纏絲勁大於直線攻擊力，不以直線力當作第一波的攻擊力道，而是把直線力隱藏於纏絲勁之中，以纏繞力去破壞對方的直接攻擊，並以「採纏翻按」的手法纏進對手的重要陣地之中，攻敵之不可不救，最後便是攻敵之不可救。可說是雙臂的「纏絲勁」運用。纏絲勁加上定勁，就等於是強強聯手，是最好的組合。

翻浪加身、用否隨意

現在的汽車愈做愈精緻，走小引擎但卻是大馬力路線，而小引擎之所以會有大馬力，則是拜渦輪增加（turbo）效果之賜。比起傳統的引擎，有渦輪增加的引擎大致上可以再增加30～40%馬力出來。因為渦輪增加是把原本應該要從排氣管直接排出的熱氣，再度導回引擎內部，利用已經升溫的熱量及流量，渦輪增壓提升內燃機的馬力輸出。

在推手活動裡，也有渦輪增加（turbo）的方法，那便是「翻浪」式，「翻浪」式是在雙腳不移動的狀態之下，先以自身身體的力量藉由雙腿往腳底地面上踩下去，並得到地面回饋的反作用力（借地之力）後，再藉由借地之力往地面上再踩下去，形成週而復始的循環，這作用就如同渦輪引擎排出熱氣再導入加強引擎馬力一般。

其動作就類似跆拳道對打時雙方選手在做的小步定點跳躍，兩者功能接近，只差在「翻浪式」不抬動腳掌，腳仍貼地，只以身體有節奏性的上下彈抖而已。

在這「翻浪式」之下，身體是渾身充滿上上下下動能的，且可隨時爆發，與人搭手互推之時若是用翻浪，便如已經熱好的車隨時待爆發出。因為翻浪已經等於先熱車一般，已先具備動能，故可立刻進入狀況。而不是像目前的推手，雙方氣定神閒的互相摸著對方手臂聽勁。

用翻浪式要比對方快上一兩拍時間。這一兩拍的時間對於高手而言，就等於是制勝的關鍵，若與實力相當的對手僵持住之時，用上「翻浪式」往往便可以高動能勝出。但若與不是太強的對手搭手時，則無須如此耗神，故曰：「**翻浪加身、用否隨意。**」

雙重出挒、單重出捋、打實用雙、擊虛用單

（可參閱影片45雙重出挒單重出捋實採虛按、55輪轉雙推）

這四句話是呼應王宗岳《太極拳經論》中所說：「立如枰準，活似車輪。偏沉則隨，雙重則滯。每見數年純功，不能運化者，率皆自為人制，雙重之病未悟耳。欲避此病，須知陰陽。黏既是走，走既是黏。陰不離陽，陽不離陰，陰陽相濟，方為懂勁。」

王宗岳在此是指太極拳架上面的身形變化需要有陰陽，不要有雙重之病。而我們把雙重的觀念延伸至推手時，便不止自己不能有雙重之病，還希望透過與對手搭手的各種變化後，讓對手由懂陰陽反而變成不懂陰陽的雙重之病，讓對手不能運化自如。

在王宗岳的太極拳論裡，著墨的雙重之病在於腳與身形。不過，由於推手活動，尤其是定步推手活動中，雙方腳掌都不能離地，身形的變化範圍相對減少許多，這時再想從聽勁中聽出對方是否雙腳雙重，或者身形是否「滯」的難度便升高了。

不過，無需多慮，一葉仍可知秋，定步推手時不需聽勁聽太多訊息，只消把注意力集中在對方雙手上即可，左右手即代表其左右勁的變化，因為《太極拳經論》曰：「其根在腳，發於腿，主宰於腰，行於手指，由腳而腿而腰，總須完整一氣。」既然發勁時會完整一氣，所以，聽勁便可只需聽對手會發勁的兩手勁變化，聽到兩手勁等於聽到對方雙根勁的變化，故只需專注聽其手勁變化，便能知其身形的變化。

搭手聽對方勁時，便可聽出四種變化出來，一雙重、二雙輕、三左重右輕、四左輕右重。這四種變化都可以有對應的方法，熟練這四種應對後，觸手驚彈確實是可以辦到的。

一雙重，若聽到對方是雙重則用按勁、掤勁盡出搶攻，若對方根勁不如己，便能把對方打出。

二雙輕，若聽到對方是雙輕則我們要用單重佯攻，因為對方雙輕時，便是要以走化為主的打法，此時若貿然掤勁進攻，恐怕會落入對方引進落空的陷阱上，故要以單重佯攻，更好的策略便是用左右佯攻，蠶食鯨吞的方式制住對方的上空領域，讓對方退無可退之後，逼出他的雙重或者單重出來。一有重出來後，若雙重則出掤勁發他出去，單重則將他捋勁，把他給採下來。

三左重右輕，四左輕右重，三與四是孿生兄弟，能解決三就能解決四。若是聽出對方左右一方有單重時，則用「**打實用雙，擊虛用單**」的方法。也就是「採實擊虛」的陰陽勁做法。

與對方來個搭手後的勁法大交換，這時只要我們打的脆，讓對方反應不及。對方原本的進攻便會瞬間被瓦解，而且對方自身的虛點還會被我們擊中，勁法一來一往之間，此消彼長之下，對方便會被我們陰陽兩勁合用摔出而不自知其所以然。

以上便是「**雙重出掤、單重出捋　打實用雙、擊虛用單**」之理。

第十一章

陽推陰吞、以實擊虛　纏手防抱、以抱制抱
短遇長手、不用心急　長遇短精、偏門搶攻

用兵有言曰：吾不敢為主，而為客；吾不敢進寸而退尺，是謂行無行，攘無臂，執無兵，扔無敵。禍莫大於輕敵，輕敵幾喪吾寶；故抗兵相加，哀者勝矣！

語出老子《道德經第六十九篇》

老子說：自古用兵有訓言，不主動挑戰，只是被動應戰；寧可後退一尺，不逞強前進一寸，這是行動而無行動相，出手無出手相，執握武器而無武器相，往前進攻而無敵人相。戰爭的大害莫過於輕敵，一旦輕敵將會喪失我們最可貴的東西；因此，兩軍對峙打仗，哀憫天下蒼生者方能勝利。

老子的「不敢為主而為客，方能行無行，攘無臂」充分表現了道家不主戰卻不畏戰的精神，這精神用在推手上更是實用，兩人推手看似先出手者佔得先機，殊不知一出手必有敗處，過強的一推往往被對方給捋去，過弱的一推，則會被對方咬住反擊；所以，先出手者往往敗象先露，容易被對方逮到機會；若沒把握一出手便制住對手，還是先聽勁後變化要來的較佳些。

****

陽推陰吞、以實擊虛

（請參閱影片45雙重出掤單重出捋實採虛按）

「陽推陰吞、以實擊虛」可接續「以陰借實、以陽擊虛」，成為「陽推陰吞、以實擊虛、以陰借實、以陽擊虛」完整四句。此四句是延續上段「雙重出掤、單重出捋、打實用雙、擊虛用單」的說法，在這邊是從「避實擊虛」發展到「接實擊虛」。避實擊虛是一般太極拳的說法，是指避開或者走化對方推你的力道，並且去攻擊對方的虛點，也可以說不攻擊對方的強項，轉而攻擊對方的弱項。但是，在推手應用上，光只是「避實擊虛」是不夠的，甚至，有時候會適得其反。

因為這「避實」在很多時候是避不掉的，若都避得掉，別人也不會推你了，所以，別心存僥倖，一定會遇到避不掉的時候。當避不掉又要硬避之時，就容易會被對方給趁勝追擊，拳理上說發勁要「得機得勢」，若對方用實力一推，我們避開，則我們便在此刻便失去有利位置，「勢」便失去了。對方進佔優勢位置，便是得勢。這樣一來，雙方的條件便會變成我失機失勢，對方得機得勢，對方此時還不發勁更待何時？所以，避實是要有條件才能避的，若沒有條件避開，則不能避。尤其是在定步推手裡面，雙方不能動步，或者活步推手被逼到線邊之時，此時都是沒有避開條件的。

這時候便是要接勁，而且要用「敷蓋對吞」的吞字訣來接，把對手的陽勁給接住，以「對接勁」的方式把勁導引到地面上去，並且，以借地之力虎視眈眈的準備反撲，讓對方不敢離手，這便是吞。吞了對方來勁之後，也等於「以陰借實」借了他的實力，轉化成自己的「陽」，這個「陽」就可以去擊打對方的「虛」，通常對方一出實之後，另一邊則他的虛點，這時以「陰陽勁」反擊他的虛點，往往令對方措手不及。

因為有實就有虛，他既然出手，這邊就是實，另一邊便是他的虛點，以陰力借了他的實力一推，剛好是用陽力的實力去攻擊對方虛點的好時候。

對手攻左則我打右，對手攻右則我打左，對手攻上我打拔根，對手攻下則我定勁之後，以數字訣反發出去，只要對手一攻擊，接住之後同一時間反擊虛點，都會有很好的陰陽相濟的效果。

纏手防抱、以抱制抱

（請參閱影片02黃逸武與學生之兩儀推手集、15蟒勁、39臂如雙蟒採纏翻按02、40臂如雙蟒採纏翻按03、41臂如雙蟒採纏翻按04、49抱虎歸山甩坐相隨）

推手屬於太極拳的對練運動，也可說成是對抗運動。透過彼此的推手往往就能分出兩人的高低。但是，推手不僅限於太極拳，許多的中國武術拳種照樣有推手項目，只是名稱不同，作用則大同小異。

正因為各加各派都有類似的推手的對練法，所以，彼此若互相切磋，在固定的規則之下，仍可能產生各式各樣的火花出來，推手運動於是在這幾年蓬勃發展起來。推手原則上，只有兩種得勝模式，一是「發」另一則是「化」。發就是運用各種方法把人往後推倒，而化則是應用各種招式把人往前帶倒，以定步推手而言，兩者都是要讓對手動步或者倒地而得分，以活步推手而言，則是要把對手推出場外或者倒地而得分。

在發的方面我們講了許多，這邊要來講講化的部分，化最常用的招式便是「捋」與「採」，捋是將人帶出，採則是將人拉下，兩者有些接近，卻仍有些分別。通常捋式多為兩手並用，採式則是單手較多。

捋式裡面最常為人們所使用的招式便為「抱虎歸山」式，抱虎歸山是兩手抓住對方一手，然後以環抱姿勢把對方給拽出去。這式具有二打一（兩手對付一手）的特性，所以，很吃香，也算是一種摔法，不過由於是面對面的，所以，也能存在於推手活動裡面。常練此式，功夫低者也能勝功夫高者。至於其預防法則是要用「纏」法，要讓自己的手不落入對方的環抱裡，便是要一有徵兆時，便以纏法脫離危險。

若一手被對手環抱住之後，仍有解法，一是插臂，因為對手是兩手打一手，所以，只要我們用另一手插入對方環抱手之中，以肘頂開對方前臂，自然就能解脫，因為肘力大於臂力，所以，只要插臂成功，幾乎都能剋住對方的抱法。

另一解法則是「**以抱制抱**」，因為對方是兩手打一手，故他已經沒手可以再管你另一手，所以，一旦被對方抱虎歸山抱住，也插臂不入時，這時便可以另一隻手以似揮繩方式從外圍揮去抱他身體，我把它稱之為「鞭手」，這時他抱你的是小圈，你抱他的則是大圈，大圈能吃下小圈，所以，一揮手臂往往便能把對方給反抱出去，是另一種解法。兩種解法都很適合去破解「抱虎歸山」式，都值得會推手的人去學習的招式。

短遇長手、不用心急

「短遇長，不用急」這是使用兵器的口訣，是說當短兵器遇到長兵器時，千萬不要主動攻擊，而要伺機而動。因為短兵器比對方短，若主動先攻擊先挨上去，則對方長兵器一伸就比你更快刺到。但不表示短兵器遇長兵器就會輸，因為一寸短一寸險，短就一定比對方長還要靈活，所以，要等對方兵器先近我們身之後，再以「截」的方式，讓對方的長兵器沒辦法發揮功效，而讓自己的短兵器如魚得水。

如詠春常用兵器——八斬刀，刀長不到一般刀劍的一半，不過，兩手各握一把，而且有護手與刀勾。用此刀時講究來什麼斬什麼，不以斬殺對方身體為主，而是對方進來什麼便斬什麼，刀一來便把對方來刀斬開，若手來便去斬對方來手，運用兩刀猶如兩手揮拳一般靈活，充分表現了短刀長的優勢。

相同道理，若推手時遇到比你還高的人，若又是手長腳長者，則與他推手時，就不能採取先攻，而要採取後攻策略，一定要以走化，或者先接再攻，或者先截再攻為主軸。這樣對手縱使有身高優勢，但是我們卻有借地之力優勢，一來便接勁於地，待對方身體靠近後，再去按發，這時對方勁力已曲，而我們勁卻暢通，優劣互換，變成我們有利，自然勝率較大。也同樣與武氏太極李亦畬的撒放秘訣前三句：「擎起彼身借彼力、引到身前勁始蓄、鬆開我勁勿使屈。」符合，所以，只要是正確的道理，縱使過了一百五十年，也仍還是相通的。

長遇短精、偏門搶攻

（可參閱影片04霸王卸甲、31短勁搶手連發推手）

上一篇講「短遇長，不用急」專門以短攻長，截長補短，這一篇我們則來與上一篇打擂臺，講講若長遇短又該如何？

長遇短，是指長手長腳遇到短小精幹的人時又該如何？長遇短原則上是佔了先天的優勢，兩人一伸手，我們構得到他，他構不得到我們，自然是他吃虧。不過，對方可以利用上一篇的策略，以逸待勞，以守代攻，先以接勁化勁等方法，等我們先攻時他後化，或者等我們身體靠近到他適合發勁的長度時再來發勁，充分發揮短小精幹的優勢。

但長遇短在先天上，仍具有先觸及對方的優勢，兩人若直線比按，我們可以按實他的身體，他卻只能按虛，力道無法完全傳達到我們身體。所以，長遇短有先攻的優勢，若對方也搶攻，則我們只要跟著他的節奏，跟他同步進攻，完全無需比他快，就可以做到後發先至的優勢，則他的搶攻便完全無意義。

而若遇到懂得上一篇道理的人時，又該如何？毋需驚，長遇短仍有先攻優勢，若對方知道以守代攻，則我們便要以偏門搶攻為主，就是每次攻擊，要從對方想像不到的地點，或者方式去進行。若是對方的紅燈區未守好便攻擊紅燈區，若紅燈區守好，則先攻擊其手塚區，以便讓他露出紅燈區，再一舉拿下紅燈區，或者，用「霸王卸甲」式攻擊對方，一掤二捋三掤四採，後面加速度連續攻擊，前前後後不定的攻擊讓對手防不勝防，總是難以防守到滴水不漏，一有縫隙就是他敗亡的時刻到了。

亦可用佯攻法來出招應付，雙手一伸比對方長，左右開攻，左按右掤，但可以前幾招都是佯攻，讓他的防守連續撲了個空，當對方左支右絀忙於防守之時，便是我們發時勁把他按出之時。

長遇短，具有先攻優勢，只要將先攻優勢給予活潑化，並且極大化，並配合虛實佯攻，就能持續讓長遇短的優勢持續發揮。只要保持優勢，讓對手防不勝防，勝利最終還是屬於具有優勢的一方。不是有一句軍事上的老話嗎「攻擊就是最佳的防守」，當長遇短時，最佳策略就是不斷地以具有創意性的攻擊，讓對手防不勝防。這便是「**長遇短精、偏門搶攻**」之意。

第十二章

柔勁遇剛、上鬆圓活　剛勁遇柔、左右開弓
脫槍為拳、化盾為接　矛盾推手、採實按虛

人之生也柔弱，其死也堅強。萬物草木之生也柔脆，其死也枯槁。故堅強者死之徒，柔弱者生之徒。是以兵強則不勝，木強則兵，強大處下，柔弱處上。

語出老子《道德經第七十六篇》

老子說：人活著時身體柔軟，死後身體反而堅硬。草木萬物活著時也是柔軟，而死後卻是枯槁僵硬。由此看來，堅持己見，個性剛強的人往往屬於「死亡之徒」，柔和溫潤的人才是「生存之徒」。

因此，依賴強大軍力，逞強好戰，是難以取勝；樹木高大強壯則必遭砍伐，強大者反而居於下風劣勢，柔弱者卻可以處在上風優勢。

我們練內勁也並非一律求強，也分剛勁、柔勁，用剛勁鍛鍊身體，用柔勁頤養壽命，並且專克剛勁，故鄭子曰「借地之力、吞天之氣，壽人以柔」能練出剛勁並無法成為一等高手，方需練出柔勁，才能成為一等高手，要能剛柔並濟，陰陽融合於無形，方能成為一等一的高手。

****

柔勁遇剛、上鬆圓活

（請參閱影片03美人手vs壯漢）

前面兩篇是講「短遇長、長遇短」的推手策略，而這一篇與下一篇則來說柔遇到剛、剛遇到柔時的對應方法。

太極拳講究陰陽相濟，極陽則剛，極陰則柔，剛柔兩勁代表兩種不同的推手領域，剛勁通常走發為主，柔勁則通常走化為主。

但因為都屬於太極之勁，所以，通常剛勁之中仍含有柔勁成分，柔勁之中也帶有剛勁血統，兩者是相生相濟，在太極的世界裡是不會剛柔單獨存在的。

一般人練太極拳，練了一段時間推手之後，漸漸便會走出自己屬性的方向，喜發者漸漸會上走剛勁的路線，剛勁發人勝負較快，不拖泥帶水，走向楊氏太極楊澄甫的路線。而喜化者則漸漸會愛走化不愛發勁，老靠發勁取勝耗費力氣大，失去太極四兩撥千斤優雅從容的態度，愛化者，便會走向吳氏太極吳鑑泉的路線去。兩者都是太極宗師，無高低之分，只有剛柔屬性的差異。

兩種屬性之人若在推手時相遇，勁法各有優缺，需要有些應變才能克敵致勝。

若柔勁遇剛勁該如何？太極拳與其他拳種最大之不同處，就是它有以柔克剛的本質，這以柔克剛本質充斥在太極拳所有項目當中，從功法的柔練，拳架套路的和緩，一直到推手套路的不丟不頂，都是講究以柔克剛。所以，也可以說，太極原本就是以柔為主體。

故以柔遇剛，在太極世界裡是一點也不稀奇之事，若是柔遇柔，那才麻煩大，兩人還得比誰比較柔，比較鬆、比較沉等等。柔若遇剛，其做法便是上鬆圓活，這邊的上鬆是指身體上盤、中盤而言，若能鬆下盤，只剩下腳掌生根吸地，其他地方都鬆，則是高手境界。一般而言，只須比對方鬆的低就行了。

這邊所謂的鬆還得要加上「圓活」，圓活也就是不畏懼對方的強攻，能以圓走化且須靈活，伺機等待對方重心偏出他的中線之後，則便可伺機加把勁用小發勁、捋抓採扣等手法將其推出。

柔若遇剛總是要先守後攻，且態度舒適安泰，讓對方打不入自己的重心，自己則要像一顆抹了油的大鐵球一般，對方推來就被油鐵球給滑走，並趁機撞上他一把，順勢把對方拖拉推擠的給扯下來。上身鬆沉圓活唯一要注意的是腳底要有根，不能像浮萍一般，風一吹就飄走，而是要像有韌性的大樹一般，風吹葉動、枝動、幹動，但根不動；風一收，樹便恢復原狀，甚至反彈回來，這便是「**柔勁遇剛、上鬆圓活**」之意。

剛勁遇柔、左右開弓

（請參考影片51剛勁大悲掌、55輪轉雙推）

上一篇是講柔勁遇剛，柔對剛本來就是太極拳的本質，也是太極拳不同於其他拳種的殊勝之處。但太極拳的核心是陰陽，極柔之後則至剛，柔中仍帶有剛勁，若全偏向一味的柔，那就無法與人較量了。所以，太極還是需要有剛強的部分。

太極的剛勁通常表現在發勁上面，發勁要發的好，首先要整、要渾厚，其次要脆、要俐落。發勁能發出整勁才能運用全身之力，才能以三打一，把全身整勁發之於手，出手的勁才會大於對方甚多。其次發勁要脆，發勁要乾脆俐落，不拖泥帶水，一有機會便發，發完便無，要全憑直覺，不能有讓腦袋思考的時間。否則，機會稍縱即逝，原本可以射中靶心的，一猶豫即變成只能射中邊邊，得個六十分及格而已。

剛勁若是遇上柔勁，則剛勁不可如外家拳的剛勁一般，直打直撞，要剛中帶柔，拳風不可像刀鋒一樣鋒利，而是要像無鋒之劍一般，觸之不至於傷人，卻可將人一掃而出。

剛遇柔除了不可純剛之外，仍需注意一點，便是不可一味直攻，要知道太極的柔，本來就是用來對付外家剛拳。所以，若拳風走的如外家拳一般剛強的話，必定會輸給對方的柔勁。所以，剛遇柔時，也要同時兼具有柔性，不可一味直線攻擊，而是要「左右開弓」，也就是不可只攻擊一處，要多開幾處戰場，讓對手左支右絀，疲於奔命應付；再加上，打的脆、發的整，當對手柔勁疲於應付之後，便會出現力竭之勢，當對手力竭時，便是我們得勝之時。

剛勁遇柔勁，要防範其捋與採，切莫落入圈套，故要左右開攻，雖是主動攻擊，但不限只攻一處。這就是「**剛勁遇柔、左右開弓**」之意。

脫槍為拳、化盾為接

（可參閱影片17羊勁、46左盾右矛右重左推）

上面八字這便是「矛盾推手」的基本用法，算是我在推手研究方面的獨特見解，以往並未見過前人有如此說法，我稱此為「矛盾推手」法。

何謂「**矛盾推手**」，就是把目前兩人空手推手的狀態，昇華至「持械」的狀態，所謂的持械，並非真的持械，而是用想像的方式，把自己想像成拿著兵器的狀態。

為何要如此？因為若想讓推手者能迅速進入戰鬥模式中，若還停留在以往套路推手裡面，一招來一招去的變化中，是很難進入狀況的。而且兩手空空很容易讓自己喪失警覺性，往往不知如何下手。但若是把自己想像成拿著兵器，將與對手廝殺的話，便很容易進入狀況，也容易應付對手進攻的各種手法。

在我的規劃中，依照每個人剛柔特性的不同，目前可以規劃數種兵器組合。因為推手是兩手並用，所以，在兵器規劃上，皆以一手一兵器為主，以下便是規劃的持械組合：

一、矛盾。　二、雙鞭。　三、雙槍。　四、盾鞭。五、槍鞭。

一、矛盾

一手持矛一手持盾，是典型的戰場鬥戰組合，古今中外無論是中國戰國時代，還是歐洲十字軍時代，許多偉大的戰士都是使用這樣的兵器組合，因為這樣的組合最能發揮攻守兼備的作戰模式，能防衛也能攻擊，可讓自己受傷最少，並且可求得最大傷害。所以，這樣的組合被古今許多偉大的戰士所青睞。

當然矛盾的材質形狀古今中外多有不同，但操作上面都是同一性質，就是「一攻一守」，有守有攻才能使自己受到傷害最少，並且能適當攻擊對方。

在推手應用上，筆者最推薦這樣的組合，故把脫槍為拳，化盾為接這樣的推手，稱之為「矛盾推手」。矛盾推手就是想像自己是持著矛盾與對方周旋戰鬥，通常左手持盾，右手持矛，左擋右刺，而且盾也非僅用於抵擋而已，更可以把整個盾推出去，把對手推倒的「盾擊」，這樣的作戰模式，也常見於戰場。亦或者用盾擋住對方的攻擊，以借地之力把對方的攻擊力化解於無形，就如同棒球比賽中，捕手半蹲姿勢，把投手投來強球穩穩接在手套裡，這時候的手套就是盾。

「矛盾推手」在推手時，要手中無兵器，心中有兵器，故曰「**脫槍為拳、化盾為接**」。槍刺盾擋，有攻有守，攻防兼具才是好的矛盾推手。

二、雙鞭

由於每個人的特質不同，所以，並非每個人都適合持矛盾，若以走化為主的人，便要想像自己是拿著雙鞭，對手一推來，就是鞭子一纏，左鞭右鞭的纏繞對方，有機會就纏，然後用鞭子把對方給扯下馬來。

這有點像是莽勁的盤手用法，不同的是，蟒勁還有打蛇隨棍上的推法，雙鞭則只採不推。

三、雙槍

若是以發勁為主的人，攻擊便是最好的防守，所以要想像自己是拿著雙短槍，槍頭有紅櫻，可擾亂視線與纏住對方，槍頭靈動如蛇，尋著縫隙便是一槍紮入，對手推來，便是一槍對刺，亦或者格擋一槍，另一槍刺出毫不猶豫，槍法就是按法，按法要靈活如同槍刺一般難防，以主動攻擊為主。

四、盾鞭

以走化為主的人，若是覺得持雙鞭太柔，也可以想像成自己是一手持盾一手持鞭。也就是原持矛盾，這時化矛為鞭，一手阻擋對方攻擊，另一手則如拿著繩套，一有機會便出手套住對方，套住一把便把對方給扯下馬來。

五、槍鞭

最後一種組合，便是一手持槍一手持鞭，不同於上面四種組合都以固定方式一手拿什麼，另一手拿什麼的模式，好讓自己能攻防有序。但最後一種組合「槍鞭」，則是雙手隨時要互換，雖也是一手持鞭一手持槍。但槍鞭組合要順應對手的進攻來變化左右手所持兵器，不能固定哪手拿槍，另一手拿鞭。

其應用方式是聽勁，對方哪一邊來勁，那一邊便是持鞭，另一邊則持槍，這叫做彼剛我柔，持鞭手順勢採扣其來勁，便是以柔克剛。而此時另一手則持槍，把對方的槍給纏住後，另一手便用槍把對方給頂翻出去。

由於左右不同勁，一剛一柔，對手受到左右不同強弱攻擊，但卻同一方向性，像是有兩股勁襲來，一股是直接打的剛勁，另一股則是繞了個半圓的陰勁，兩股勁卻同時襲來，令人防不勝防。亦可如陰陽魚游於兩儀之中一般，一剛推一柔捋，一來一往之下，對手往往也無所抵抗的被順勢給帶了出來。能把「槍鞭推手」發揮到極致者，便是悟到太極陰陽變化的樂趣，此時若再佐以「陰陽勁」的力道，更能讓自己的推手層面，更上一層樓。

矛盾推手、採實按虛

（可參閱影片45雙重出掤單重出捋實採虛按）

上一篇我們講到了「矛盾推手」，接下來，我們便來說明「矛盾推手」使用的大原則在哪裡。

「矛盾推手」是要推手者想像自己左手持盾右手持矛，以矛盾兩種武器來與對方爭鬥，這是脫槍為拳的做法，善使槍者縱使手中無槍，與人爭鬥時，也同樣會不知不覺的應用槍法原理，該撩、該撥、該刺、該紮時都不含糊的以自己的雙拳肉掌充當兵器，用起來便是一套拳法，不用另學無關的拳法。

矛盾推手也是如此，想像自己持著矛盾與對方推手，左手持盾右手持矛，對手推來盾擋矛刺，對手閃避，則左盾推擊、右矛尋隙攻擊。

因為左邊持盾，所以，練習時要以接勁為主，如盾擋一般，而由於右手持矛，故要練習右手猶如靈蛇出動，按掤要靈活就如同專找縫隙紮槍一般。

其大原則就是「採實按虛」，就是把「避實擊虛」提升至「不避」，改以「接勁」來處理。若對手實力太大且太快，就接勁於地，若對手實力不大，便把其實手採下，採之同時，右矛同時出動，便是刺向其虛手，或者尋隙按對方空虛之處，一來一往之下，兩手之功效加乘，就很容易把對手移位推出，這便是「**矛盾推手、採實按虛**」之意。

第十三章

左盾右矛、右重左推　左重右刺、右重閃打
敵方壁守、化矛為戟　掌虛肘實、捨力用勁

夫有干越之劍者，柙而藏之，不敢用也，寶之至也。精神四達並流，無所不極，上際於天，下蟠於地，化育萬物，不可為象，其名為同帝。純素之道，唯神是守。守而勿失，與神為一，一之精通，合於天倫。

語出莊周《莊子・刻意篇》

莊子說：吳越地方出產寶劍，只敢用匣子秘藏起來，不敢輕意使用，因為是至寶。人的精神可以四通八達，無所不在，上接近上蒼，下遍及大地，化育萬物，卻又不可能捕捉到它的蹤跡，它的名字就叫做同於天帝。

純粹素樸的道，就是持守精神，持守精神而不失真，便是與神合一，兩者渾合為一，就如干越寶劍，就是合乎自然之道。

我們推手也是要把陰陽守好，守好陰陽而不失中，就如「干越寶劍」一般，迎敵殺陣無往不利，這便是虛實互用的功效。

****

左盾右矛、右重左推、左重右刺、右重閃打

（可參閱影片17羊勁、46左盾右矛右重左推）

上一篇章中我們講了矛盾推手的原則，這一篇我們繼續上一篇章來研究矛盾推手的操作，矛盾推手是「左手持盾右手持矛」這規定原則上是不變，也就是說不建議中途換手。

若推手時因應對手變化，而讓自己一下子左手持盾、右手持矛，一下子左手持矛、右手持盾，變來變去很容易讓自己分神，進而表現異常。就像網球選手打網球之時，一定是固定一手持球拍，慣用右手者就是右手持拍，慣用左手者就是左手持拍，最多只是兩手同時持拍和擊，縱使球在另一邊，也是用反拍回擊，絕對不會突然換手持拍打擊的。

雖然推手不像網球，本來自己手上就沒有兵器，所以改變誰也不知道，不過，相反的，正因為手上沒兵器，所以同樣，不變也沒有人知道。

之所以建議推手者不要變，最大原因就是在於習慣性，人家說習慣成自然，又說江山易改本性難移。因為每個人都有慣性，右手習慣拿筷子，左手習慣捧碗，若突然因為桌上菜餚換位置，而改成左手拿筷子，右手捧碗，相信一定會非常的彆扭與不順。

同樣的道理，若已經練慣了「**左盾右矛**」，突然改成「左矛右盾」，相信一定也會非常的彆扭與不順，再加

上，左手持盾，並非就不能攻擊，持盾也有持盾的「推盾」攻擊法，而右手持矛，也非就一定不能防守，同樣持矛也有持矛的防守法，所以，矛盾不用互換，把矛盾的攻擊與防守練順，這才是更實際的操練。

接下來，我們便來說說持盾的攻擊法，依照我們「採實按虛」的原則，若對方右重則我們是要按左邊，偏偏左邊是持盾要如何按呢？

我們會以「右重左推」之法處理，注意其中的「左推」，這邊的「推」字，並非指與推手的推法相同，而是把想像用左手直接把持盾給推出去的「推盾」，就如同持盾擋槍擋刀一般，直接把盾推出去。

這一推盾看似無害，其實，因為手中無盾，故推到對方手上或者身上時，便如同把對方身體當作盾一樣使用，對方身體便如同盾一般被推震了一下。這一震便把對手重心給推偏了，這時若右邊仍重，便直接採下，右邊若變輕，則右矛順勢刺向對方虛處，就能把對方給按開了去。這便是「**右重左推、左重右刺**」的做法。

另外，還有「**右重閃打**」一句，這句是指推手時與對手對峙之時，對方一直以左重手阻擋我們進攻。對方左手重之時，我們雖可以左盾持續推盾震其右輕邊，以便鬆懈其防禦，亦可以右手對付其左重手。

一般人而言，右手靈活於左手，兩人對峙推手之時，若雙搭手，我們的右手搭其左手，所以，我們的右邊會較其左邊靈活，若對手一直以左重手阻擋干擾，則我們可以用「閃打」模式，這邊的打當然也是按法，否則便違反推手規則，也可以稱之為「**閃按**」。

所謂的閃按，就是閃過其左手，這閃法可以纏腕方式，也可以打掉對手臂方式進行，就是利用己身右邊靈活的優勢，以閃躲其左手方式，按入對方身體，若一直閃移不開，也可以左盾持續震其右邊，讓對手分心，趁機閃打入對手身體。

通常的操作模式，是以左邊的左盾正向連續推盾震其右邊，讓對手重心偏移或者分心之時，再以右矛以弧形按處對方。在「一正一弧」的攻擊之下，少有人能連續抵抗成功的，因為接勁是單向性的，若接了正向來勁，突然又有一到弧形來勁按來，通常身體會反應不過來，「一正一弧」的攻擊是很難用借地之力來防守的。這便是「**右重閃打**」之意。

敵方壁守、化矛為戟

（請參閱影片04霸王卸甲、29霸王卸甲前翻後仰）

這一篇仍持續「矛盾堆手」手法的演繹，若使用矛盾推手，一直遇到對方力抗，無法攻下山頭之時，該如何？沒關係！可以改良手中武器，讓自己更精進。戰國時代之時，軍隊最常使用的武器，一是矛，二便是戈。

矛是一根長棍上，矛頭搭配著一支小刀。後來的槍是它的改良版，專以刺戳為主。矛也是以刺戳為主，不過槍只有槍頭處一點尖，耍起來會比矛靈活多變，這是矛與槍的演化。

另一武器則為戈，戈者同「割」，同樣是一根長棍，但戈頭綁著一個橫著刀口朝內的刀板。戈的樣子有些奇怪，其形狀就像是「L」字倒過來一樣，乍看之下這戈對外無刀鋒，似乎傷不了對手，其實卻是暗藏利害，是當時廣為流行的兵器。能廣為流行，自有其道理，甚至出現「同室倒戈」的成語，為什麼不是同室倒矛、倒槍呢？自有其意義。

前面我們說過，「戈」者同「割」，把戈想像成長柄的鐮刀後，就不難理解其用法了，也就知道在同室之內倒戈之後果，一拉戈便結果了對方性命，所以成語用倒戈，不用倒矛，因為倒戈後便是扯後腿，暗藏極大凶險。

戰國時代，人民戰時為戰士，閒時則多為務農，農民者多用鐮刀與鋤頭，鐮刀與鋤頭剛好就是與戈的用法相同，就是伸過去把東西拉回來，若用鐮刀一拉，草就斷了，若用鋤頭一拉土就鬆了，若用戈搭著人身一拉，對方輕則摔下見血，重著身首異處。故戈在當時最適合對付車戰與馬戰的戰士，只要把戈往對方身上一搭，然後一拉，對方就被你拉下馬、拉下車來，或身首異處了，所以，戈在當時是非常實用的兵器。

戈之所以流行，另一個原因就是當時很多戰士是農民，農民用慣了鐮刀與鋤頭，等於鍛鍊了自己的手臂二頭肌、腹肌、身體背肌、側邊肌等拉扯會用到的肌肉，用戈時就如同用鐮刀與鋤頭一般，非常上手，不像用矛的刺戳，還需另外訓練，所以，戈在當時才會成為慣用的武器。

而「戟」則是後來結合矛槍與戈的複合型兵器，既可如槍一般刺殺對方，兵器一出去還可以拉回割傷對手，又如戈一般的用法，是後來的發展出來的複合型兵器。

我們推手之時若遇到對方堅守的好，每次都能阻擋我們的矛盾攻擊，這時，就可以考慮來換換武器，就是把矛換成戟，也就是既然推你不出，每當我一推之時，則改用採回之法，如同戈割扯人一般，若採回不了，則再按出，則又變成矛刺，矛戈來回互用，這便是戟的用法，在招式上如同我們的「霸王卸甲」式，出掤返捋，來回拉扯，總會讓對手折服的。

所以，若遇到難纏的對手，則化矛為戟，多一些方向的改變，還是能把對手給制服住的。這便是「**敵方壁守、化矛為戟**」之意。

把矛加上了戈之後，就改良成了進化的「戟」，戟是個既可攻又可守的兵器，其動作就如同我們的「霸王卸甲」式。

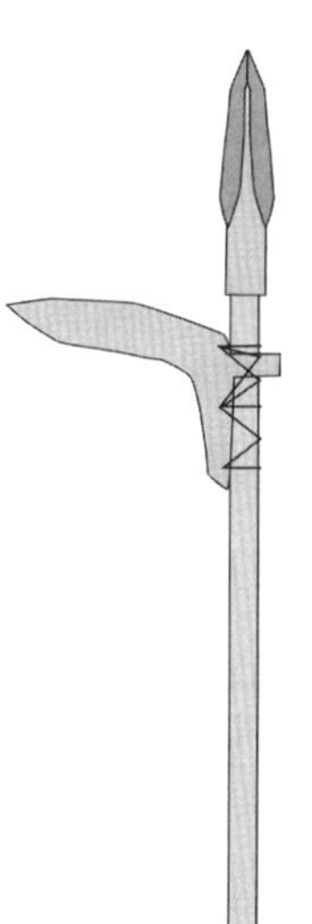

掌虛肘實、捨力用勁

（請參閱影片02黄逸武與學生之兩儀推手集、03美人手vs壯漢、15蟒勁）

「掌虛肘實、捨力用勁」是莽勁推手的用力規範，也應該是一般推手時的規範，與人推手時，最忌諱自己的重手被對方聽勁聽到，若與外家拳一般掌重的話，很容易被對手給聽到全身的勁法，進而先預防了進攻時的節奏，這便是「彼不動，己不動，彼微動，己先動」之意。彼微動就是對方手掌力道先加重之後開始，所以，只要掌握對方手掌的力道，就能知道對方是否要發動攻擊了。

故與人搭手時，最忌諱手掌用力，鄭子太極的「美人手」就是要人把手掌放輕，不要給對方有聽勁的機會。

其實，何止是手掌，應當整個前臂都應該放鬆。因為我們搭手時，是前臂與對手相搭，所以，只手掌鬆是不夠的，還要把整個前臂都給放鬆。但是，放鬆並不是放軟，要如蟒蛇身一般，既滑溜又有勁，這樣才是會讓對手頭疼的搭手法。

不過，放鬆也不能整個手臂都放鬆，若整個手臂都放鬆，那麼真正要使力之時，力源的基準點便落於肩上，從肩至手掌，距離太長，不但使用起來力基太弱，傳導距離也太長。是不力於發勁的效果。所謂的整勁包括「腿、身、手」三個部位合一，也就是拳經裡面所說的「其根在腳，發於腿、主宰於腰、形於手指，由腳而腿而腰，總須完整一氣！」若手臂過於柔軟，則勁源無法直達手掌，是發揮不了整勁效果的。

既不能前臂用力，又不能整臂放鬆，那麼該如何用力呢？正確的方法是取中，取手臂中間點之肘為力源，力量應集中在此，才是發勁與聽勁最佳的搭手法。

肘至掌中間只有一個肘關節活動而已，肘關節一固定，身體的力量便可以直接傳達至手掌，而且肘擊是除了膝擊之外，是人體最強的打擊部位，被肘擊打到會比被拳頭打力道到還大。

所以，把力源放在手肘上是最好的搭手法，一有狀況，手肘立刻供應力量至手掌，推手時前臂放鬆，則對手聽不到我們的勁，但我們要放勁，則立刻可從手肘出勁至手掌，或者直接從手掌發勁都是非常具有效率的做法。

手肘蓄勁是不錯的做法，不過，天下沒有完美的技法，蓄勁於肘，若手肘被抓，則整個身體力源便被控制。所以，當蓄勁於肘時，需時刻注意不要讓自己的手肘被對手抓住，手肘若被抓住，則要立刻以單手甚至雙手的纏法來擺脫對手的糾纏。

請記住，當手肘被抓時當務之急是先解套，而不是先發勁，這點先後順序一定要遵守。否則，若是手肘被抓就發勁，往往自己就會被對手給捋掉了。這便是搭手時「**掌虛肘實、捨力用勁**」之意。

第十四章

不搭之聽、白鶴亮翅　一來二迎、來留去送
抱虎歸山、甩坐相隨　固根卸虎、左支右解

上士聞道，勤而行之；中士聞道，若存若亡；下士聞道，大笑之，不笑不足以為道。

故建言有之，明道若昧，進道若退，夷道若纇，上德若谷，大白若辱，廣德若不足，建德若偷，質真若渝，大方無隅，大器晚成，大音希聲，大象無形，道隱無名。夫唯道善貸且成。

語出老子《道德經・第四十一章》

老子說：上士之人聽聞大道，勤勉而行、戮力不懈；中士聽聞大道，半信半疑、時存時亡；下士聽聞大道，訕然大笑。要是不笑就不叫大道呀！自古以來光明之道像是暗昧；前進之道像是後退；平坦之道像是崎嶇；高尚之德卑如山谷；大功彰著像是受辱；廣博之德像是不足；剛健之德像是偷惰；質樸真實像是空虛；真正方正廣大，便無四方稜角；宏偉大器自然晚成；大道之音無聲可聞；大道之象，無形可見；大道隱微，無可辨識；因為大道就只善於助長萬物、成就萬物！

若能真正讀通老子這一章者，太極拳的功力勢必突飛

猛進，太極拳又叫作吃虧拳、改錯拳，唯有不斷地吃虧、改錯方能接近其核心。正所謂「真傳一頁紙，假傳萬卷書」。其實太極的道理很簡單，都是習者把它弄得太迷離，以至於偏離真理愈來愈遠。往往得道者把真理跟習者講，上資者還能勤勉而行，下資者卻訕然大笑。

至於太極真理是什麼？就是「陰陽」二字而已，能處處做到陰陽，舉手投足之間皆有陰陽，方是接近太極核心唯一不變的道路。希望讀者都能當個「上士者」。

****

不搭之聽、白鶴亮翅

（可參閱影片15蟒勁、16鶴勁、47不搭之聽白鶴亮翅）

推手的基本要求是，雙方先搭手之後，雙方再依照推手規則進行比賽。搭手還分有雙搭手與單搭手兩種，無論如何都不離開雙方手臂接觸之後再開始推手的要求。其目的是要讓雙方能從搭手之中聽到對方的勁向，也就是聽勁。

不過，在推手的過程當中，並不會再要求兩人的手一定還要貼在一起，對手可以改去貼我們的身體、手臂，或規則允許的任何地方，以「掤、捋、擠、按、採、挒、肘、靠」等八式去進行推手。所以說，推手運動本身並非一定要搭著手才能進行，因為八式裡面，很多招式也是與搭手無關。

在本篇裡面，來介紹一式太極拳較冷僻的招式，那就是「白鶴亮翅」，白鶴亮翅這一式幾乎存在任何國術招式當中，算是眾所皆知之式。或許各家用法略有不同，卻都被各家所廣泛採用，可見白鶴亮翅這式的效果優越。甚至，在日本空手道裡面也常見其蹤跡出現。而把白鶴亮翅式發揮的淋漓盡致者，大概屬於中國南方的鶴拳系統。

白鶴亮翅招式是仿白鶴由內向外展翅的動作，這動作剛好符合人體內勁從根走至丹田發至雙臂時的姿勢，練法有單展翅，也有雙展翅，都是能很有效的把內勁往外發放的動作。

被白鶴亮翅觸者幾乎都會被撥開，因為白鶴亮翅其方向性是旋轉性的，所以很容易對付直線來勁的掌或拳，甚至是腿，因為不會與對方的來勁相撞擊，而且能帶開對方的直線力。這與蟒勁有點雷同，不過蟒勁走緩與穩的路線，白鶴亮翅則走快速拍擊路線，這是兩者不同之處。

所以，「**不搭之聽、白鶴亮翅**」的用法，便是在推手時，若一直感覺自己在搭手後吃虧，或佔不到便宜，便可用此絕招。用法便是聽到一開始之後，便迅速手臂脫離與對方搭手的糾葛，雙臂垂下準備亮翅動作。

當對方失去與你搭手聽勁之後，雙方等於都是在站原地沒有連擊，若對方單臂或雙臂按來，不管按何處，自己便用上雙臂的展翅動作，這展翅動作目的便是要用內勁撥開對方攻擊。若沒撥到則雙掌反扣回來，是另一招回馬槍。而若撥到對方之手臂，因為是整勁，定能震開對方雙臂，這時手臂便順勢按出對方身體。若沒撥到則反扣雙掌，變成「雙採」，可把對方身形直接扣下。當然若單一撥到，也可以變成一採一按。

若對方也不先攻擊，那也無妨，只需對準對方雙前臂雙掌處，對他展翅，若對方無應，則當雙掌靠近對方身體時，直接改撥為按，便可把對方按出。

若對方回應我們的展翅，則便可撥到對方手掌手臂，因為展翅的動作迅速，對方是無法抓到我們的手臂的，所以，對方若是伸手回應我們的展翅，多半會被我們震開，手臂被震開，則我們便趁虛而入，手掌觸其身後，便把對方給按出去。

善白鶴亮翅一式者，便能以柔克剛、以小制大。以往台灣鶴拳名人──陳明崙，便以鶴拳征服日本空手道武術界，被日本空手道界封為榮譽十段，可見其鶴拳柔勁威力，連空手道的剛猛也能折服。白鶴亮翅能有不搭手便聽勁發勁的威力，練熟可增加推手不少功力，也能在危急時救上自己，是十分好用的招式。

一來二迎、來留去送

（可參閱影片48一來二迎來留去送、49抱虎歸山甩坐相隨）

與人推手時，並非力小勁小就會輸給力大勁大者，若是果真如此，也不用比試了，大家就比舉重就行了，誰舉的重，誰就獲勝。

推手時的勁力大小，雖然佔有主要成分，但更重要的，還是看你怎麼去運用統合這些勁力，誰能把自己的勁力用的巧妙，比誰的勁力大小，更是來的重要一些。否則，就不會有「四兩撥千斤」的話出來了。

「**一來二迎、來留去送**」就是以勁小對勁大的策略模式，這邊的一來二迎，是指別人用一分力來之時，我們用兩分力去迎接他，但這也僅限於對方最多出五分力的範圍，對方出五分，我們就得出十分力來應付。超過五分之後，又該如何呢？

該如何呢？用漠視法！先來說一來二迎的另一層意思，那就是，用兩隻手對付對方一隻手，尤其是在定步推手時，對方的前手通常會是右手，因此，右手更是我們鎖定的目標。

因為一般人除了左撇子之外，右手比較靈活且有力。在定步推手中，右腳通常在前面，所以，右手也在前面，右手它是既有力又靈活且又在前鋒的位置上。所以，若是對手比我們有力有勁的情況下，就應該先鎖定對方的右手當成主要攻擊目標，用兩手採抱捋捽等手法來鎖定對方右手，因為我們是用兩手合勁，所以，勁力不止兩手之力，還包括了身勁與腿勁，自然會勝過對方一隻手臂力。

而當我們鎖定對方右手之後，對方定會以左手救援，這時就要發揮其前手的優勢，只要讓對方的前手不跑到後面去，後手要搆到前手位置，總是有些差距，再加上手臂連身，若能抱虎歸山與其變化式來鎖定對方身體的話，還可以造成阻擋另一手的效果，對方往往抵抗都來不及，也無法發揮前手的強大功能了。所以，漠視法就是漠視其另一手的存在，專心對付其的前手即可。

至於鎖定前手之後，要怎麼處理呢？便是用「來留去送」法，他一手來我們便以二手去迎接，把對方手給留下，可以把他留到底，讓對手整個向前跌，也可以把它留住，然後，往旁捋去、採去，讓他往側跌出。若是對手硬抽手，則無需與他力抗，順其勢往後抽手時，再送他一把，把他往後推出，便可讓對方跌出。這便是「一來二迎、來留去送」的打法。

抱虎歸山、甩坐相隨

（可參閱影片05黃逸武與學生之抱虎歸山式、49抱虎歸山甩坐相隨）

我們前一段講到以小對大的方法是「一來二迎」，也講到最好的策略就是鎖定前手，漠視後手，然而最好的一來二迎法便是抱虎歸山。

本篇我們便來講抱虎歸山式，抱虎歸山式源自於「熊經」的動作，勁力也是使用熊經的纏絲勁，再加上手法。手法方面是以一手採握，一手抱捋為主，一上一下合勁於對方前臂與後臂，等於牢牢抱死了對方的手臂。

當我們兩手抱穩了對方手臂（通常是前面手臂）後，可以有三種變化，所以標題曰「抱虎歸山、甩坐相隨」，基本式是把對方由下往上抱提轉身，讓對方往我們右方摔出。若對方蹲低力抗，則我們便可使用其他變形手法攻擊，一為「甩虎」，甩虎是把採住對方的手腕往側甩之後，再以抱住對方後臂的手同方向旋轉勾出對方身體，這招式很巧妙，是把對方從前後對抗的方向，突然改以左右旋轉的方向，因為對方蹲低力抗之時，左右處最空虛，所以，只要改用甩虎法，通常都能收到不錯的效果。

另一招式則為「坐虎」，也就是當對方蹲低力抗我們的抱虎歸山要右摔之時，他的勢子是低架子的，這時，若是力抗雙方就鬥力，所以，我們也可以不跟他力抗，而是仍抱著他的右手，以如坐姿之勢，抱著他的右手往自己後方坐下，利用自身身體的重量，壓迫對方變形前傾，此時由於對方身體空間已經沒有了，所以，一旦使出坐虎式對方式必也會被我們拔根往其倒，勁小者此時便會動步，勁大者仍能與我們坐虎力抗。

坐虎的威力並僅非以身體重量壓迫對方前傾而已，真正的威力則是「側靠」。

因為我們抱住對方手臂往後一坐之時，我們身體變會側一邊，對方也會側一邊的前傾，若對方不倒，則此時兩人姿勢是他往前浮，前胸貼著我們的右手臂右側，這個角度正好是使用側靠的良機，再加上，我們身體蹲低，算是剛好已經蓄好腿勁與核心丹田勁，再加上，對方的根已經上浮，這時以側靠發放出靠勁，便能把對方給側靠出去。以上兩式再加上傳統的抱虎歸山式，這便是「**抱虎歸山、甩坐相隨**」的用法。

至於，抱虎歸山有沒有解法？天下沒有完美的技法，有技法自然也是有破法。破抱虎歸山法的招式有二，一為「插臂頂肘」法，另一為「鞭手法」，這兩法都是要用另一手，通常是左手來解。

「**插臂頂肘**」法是當自己右手被對方兩手抱住之時，若他的兩手之間還有空間，便以自己的左手插入其間，再以左手手肘向對方手臂內側頂出，手肘的力量僅次於膝蓋，再加上，對手手臂內側原本就會往外彎，被肘一頂自然更往外彎，對方身體便往後倒去，抱虎歸山式也就被破了。

若對方雙手之間無縫隙可插臂時，則此時便要改用「**鞭手法**」，「鞭手法」是以左手似鞭子一般的由外往內甩去，如同把左手當成鞭子甩向對方，這手法如同散打裡面的「鞭腿」，定步推手由於兩腳不能動步，這時便改以手當腿，以鞭手對著對方身體由左向右甩去，因為對方兩手對付自己一手，所以無暇顧及我們的左手，所以，鞭手一甩，往往便能把對方連人帶馬摔翻於地，鞭手是從對方完全無防禦的角度去攻擊對方，如同散打的鞭腿，效果通常都非常顯著。

固根卸虎、左支右解

（可參閱影片12龍勁、13虎勁、14熊勁、15蟒勁、16鶴勁、17羊勁、18牛勁）

我們這個太極門派，最重視太極第一勁「掤勁」，把掤勁當作是太極拳內勁的入門勁法，除非先學會掤勁，否則，是不可以再學其他勁法的。因為掤勁沒學會，再學其他勁法，就算學會了也是半桶水。掤勁學全了，其他勁法信手拈來沒兩下子就學會了，沒什麼難處。因為掤勁是從根到發勁一氣呵成，太極拳經曰：「其根在腳，發於腿，主宰於腰，行於手指，由腳而腿而腰，總須完整一氣。」正是說明掤勁的用法與走勢。

掤勁一旦學會了，根勁也跟著學會了，之後的其他勁法，也都離不開根勁的運用。所以，掤勁算是打基礎最重要的勁法。掤勁最好的練法，個人還是推薦在《懂勁》中所揭露的掤樹法，在此便不再贅述。

掤勁由於走剛猛路線，所以，也稱之為虎勁，在我的七獸勁法（虎龍熊蟒鶴羊牛）裡面，排行第一，是最重要的勁法。虎勁練上身之後，不知不覺便如影隨形，因為好用，與人推手時，不管用什麼招式，不自覺都會摻有虎勁成分。有了虎勁的推手，檔次便可提升一級，不知不覺的便比一般人內勁來的強韌許多。

虎勁雖然也不是天下無敵的勁法，因為虎勁如虎撲，推人之時如餓虎撲羊一般，但若能在其發動的瞬間，調動其目標點，仍能必開虎勁的直線攻擊力。也就是聽勁若是夠好，也同樣能輕鬆的捋掉、採去虎勁的準頭，進而把他給拽下來。

故經驗老道者，虎勁不輕易出手，出手必是攻其不備，讓對手防不勝防，若是遇到這樣的推手者，則捋與採是行不通的，勢必要改用更有效率的方法。

更有效率的方法，便是「固根卸虎、左支右解」，若被虎勁撲到，已經來不及採捋之時，最好的方法就是「固根」，固根是如同颱風天快到時，公園有許多根基不穩的樹木，便有公園管理處人員會在它的四周插上幾根木頭，並且環綁在樹幹上，這樣一來，樹便多了周遭的許多支架支撐它，颱風再吹它時，便不容易被吹倒。我們的固根作法也類似於此。

當虎撲而來，若是不採不捋，則身形不要變化太多，這時只需往下鬆沉即可，只要一鬆沉，原來的虎撲目標點便是往上飄，無法再完正的推及到自己的重心處，鬆的功夫若愈好對方便撲的愈空，功夫好的人甚至可以讓對方如打在棉花之上，這便是**固根卸虎**了。

光是固根卸虎還不夠，還需繼續進行其他招式，縱使讓對方打在棉花上，若沒有後續動作，棉花遲早會被打實而按到自己的重心處。所以要趁固根卸虎之後，趕緊進行反擊動作。反擊方法有數種，可以數字訣反發對方，若對手虎勁太強，硬用數字訣有點牽強，可先用「左支右解」之術，把對手來勁分解掉。

左支右解顧名思義便是把對方的來的整勁，給分解掉。其分解法便是以纏勁左右纏入對方的中線，把對方原本完整一撲的虎勁給分解成上下左右等方向的力道，讓對方實力瓦解，對方整進一瓦解之後，便可採實按虛，把對方給拽下來了。這就如同，猛虎攻擊蟒蛇，一撲未果，反而被蟒蛇纏上，進而被蟒蛇給纏死勒斃一般。

虎勁雖猛，若過於貪用，同樣也會被破解，所以，以往老師傅常交待「招式不要用老」便是此意。

第十五章

尋隙轉身、循環秒殺　十字封手、橫擋側擊
有式無招、見招拆招　陰陽為體、萬變為用

滾滾長江東逝水，浪花淘盡英雄；
是非成敗轉頭空，
青山依舊在，幾度夕陽紅。
白髮漁樵江渚上，慣看秋月春風；
一壺濁酒喜相逢。
古今多少事，都付笑談中。

節摘自明・楊慎《臨江仙》

此詞寫英雄氣、淡泊志、離別意、重逢喜、濁酒心，韻味摻雜而有序，字字非珠璣而勝珠璣，字字非寫情而情義充沛，令人回味無窮。

就如同楊慎的臨江仙一般，天下英雄最後總被浪花淘盡，不管你的拳藝再怎麼階及神明；時光再過，恐怕也將成一抹浪花，世人還有幾人會記得你的拳藝，終究無法因太極而成神。

但人生在世，活的精彩比活的長壽更重要，能接觸太極，進而能以推手練勁，我心足矣！而能將自己所見傳給同好，甚至把練勁之法傳於後世，則我心滿矣！

尋隙轉身、循環秒殺

（可參閱影片31短勁搶手連發推手）

推手時，因人因事而改變攻擊的方向性是非常重要的事情，若一直以向前發勁為主，不僅過於剛猛，體力消耗也過於鉅大，但若一直以走化，採捋為主要攻擊方式，也是過於被動，被動者常要應付意料之外的攻擊，都不是善推手者應該有的作為。

善推手者應該順勢變化，時時改變攻擊的方向性，有發有化，因人制宜，善推手者應該「尋隙轉身」，尋隙是找到縫隙，防守攻擊再縝密的人，也有疏忽之時，實力再強的攻擊手，也不可能一口氣攻擊到底，當他換氣之時，就是縫隙出現之時，這是便要「轉身」，轉身不是一百八十度的大轉身，而是微調式的轉身，如同駕車微調方向盤就能順應彎彎曲曲的道路一樣。

推手的轉身，角度無需過大，只要改一些方向，就能有完全不同的效果。武氏太極的「數字訣」，鄭子太極的「美人手」都是在交手的瞬間，不與對手面對面的衝擊，而稍改方向打偏，便讓對手吃閉門羹，這也算是轉身的做法。

「**尋隙轉身**」是在與對手推手爭鬥時，當對手縫隙出現後，我們的攻擊角度便改變，這樣可讓對手無法太安逸的等著原先預估的接招法，而要讓他疲於奔命，他一奔命，縫隙就會更大，最後就會左支右絀，難搞定之人，也會變成容易解決。

這手法有點像網球、羽毛球的策略，長抽之後，突然來個放短球，之後，再改以抽對角線，就是要讓對手疲於奔命，再強的對手也會因為疲乏而失誤。

在定步推手中，這轉身也可以是真的轉身，也就是原本正面對著對手趁對手喘口氣時，轉個側身，改以側面對著對手，側面是對方最難推倒的姿勢，側身之後，原本直線攻擊，便也可以改以弧線攻擊，或者發勁改為走化，讓對手不能用同一套到底。

另一種轉身，則是左右循環秒殺，若是按勁，並非一定要兩手齊力按出，可一手快，一手慢按出，也可一手八分力，一手五分力按出。更絕的是，更可左右手輪流按出，不讓對手預防得了。這樣的按法，這邊有個我專用的術語，叫做「循環秒殺」。

循環便是左右手輪流按，而秒殺則是每一秒按一次，更可以每半秒按一次。但絕對不要超過一秒鐘，因為若是超過一秒鐘，便容易被對方給聽勁給聽清楚，反而會被抓到節奏，所以叫做「**循環秒殺**」。

尋隙轉身、循環秒殺是很有用的招式，它不以強大力量攻擊，改以循環式的秒殺攻擊，把大砲理論改為機關槍理論，把太極發人，一發一丈遠，改為左右攻擊讓對方動步，是效法詠春拳的做法，因為推手並非太極拳的專利，許多拳種都有推手，在眾拳種激盪之下，推手方式日新月異也不是新奇之事。

十字封手、橫擋側擊

（可參閱影片50十字封手橫擋側擊）

我們在前幾篇中都曾經談到「守中」的重要性，守中不但不易受到對方致命性的攻擊，也可以發出又最快且整的中線勁，故曰「守中百變、神明之境」。

守中的重要性，不僅我們在說，詠春拳也是同樣重視中線的防守攻擊，詠春的黐手攻防，幾乎都是雙方在搶彼此中線的有利位置。所以，練習推手久了的人，就算不告訴他中線的重要性，在他的練習與實戰之中，勢必也能體會出守中的重要。

兩人面對面推手攻防，若能一手切入兩人的中線，優勝的機會便超過五成，若能兩手都穩守中線位置，則優勝機會高達八成。相反的，一搭手後，中線位置便被對方奪去並守穩，則這一回合自己可能有八成機會將以失敗作收。所以，為了打破這樣的結局，我們若被對方奪去中線之後，就必須強制做些緊急應變措施來消弭敗因，這個應變便是「**十字封手**」。

「十字封手、橫擋側擊」是專門應付自己雙手位置被排除在中線之外的手法。武術中的基本攻防原則是「直來橫破」，一槍紮過來，躲過槍頭，往橫的方向一撥，就能把對手的槍給打落或撩開；一拳打來，躲過拳頭，往對方手臂上一格擋，就能把對方攻擊給架開。甚至，可以把對方攻擊身形給撥偏，而會出現反攻的契機。

十字封手便是從此原則出發，並佐以蟒勁的運用而成。當我們兩手被對方兩手排除在彼此中線之外時，就需施以非常手段反敗為勝。那便是「直來橫破」加蟒勁的「十字封手」法。

十字封手專用在自己雙手在外之時，其形狀便如與對方手臂交叉呈現「十字」形，若自己手在外側，而對方從中線推到自己時，無需過分緊張；只需對其手臂中間，以交叉十字狀以纏法插入其中即可，這一手就如打蛇隨棍上一般，瞬間從敗勢變成優勢。

若是硬擋硬格只會讓對方手臂跑掉，所以，要以纏法滑入其手臂之內側，滑入之後，便已破壞其攻勢，進而掌握自己手臂側邊對著對方的優勢，此時可以繼續發揮纏法，一纏再纏，就如蛇隨棍上，直搗黃龍一般，直攻對方要塞。

也可以改變打法，由原先的纏法，改為橫出的打法，當自己手臂進入對方中線領空之後，便以滑手臂的形態，直接沿著對方的手臂內側直滑上其身，當碰到其身體時，便是發勁之時。一手便可如此，練習後兩手亦可同時十字封手，同時滑入發勁，這是打蛇隨棍上的精髓。

與高手推手，最忌諱手硬，誰手硬，誰就是棍，誰手軟誰就是蛇，手硬者若一擊無法對方推倒，之後便是手軟吃手硬者，可反發、捋與採。

十字封手使用之時，是隨時讓自己手臂與對方手臂呈現十字交叉狀，然後以上下之姿滑入其中線，再以纏法或側擊法反攻，縱使自己力小，只要靈活應用此法，高頭大馬者同樣也奈你不得。莊子之「庖丁解牛，遊刃有餘」正是可以詮釋此招式的奧妙。

有式無招、見招拆招　陰陽為體、萬變為用

（可參閱影片54聽勁推手——盲推）

推手百廿要在這四句裡畫下句點，「推手百廿要」每句都以四字為基準，用四個字是為了好記易學，真的要懂其內涵，還是要看其內容的解釋，方能清楚。前面的一百一十六要句，除了有幾句要前後相互呼應之外，其餘每句都可以獨立自成一格，有些要句看起來，甚至與其他要句互相對立，但仍不互相矛盾，主要是因為，要對應的狀況不同，所以，要有不同的對應做法。

真正推手比賽在較量時，每回合幾乎都以數秒鐘結束，節奏非常的緊湊，精神張力也非常的大。要在短短數秒鐘之內，把上述的一百一十六要項融會貫通進比賽之中，幾乎不太可能；事實上，也無需如此。

通常對付一位對手，管用的招式就那二、三招，上場就用那兩三招便可以獲勝，無需太過花俏，無需要遍所有功夫才過癮，只要在比賽時間之內，最後積分比對手多便算是贏了。

太極拳的美來自於舒緩的拳架，但舒緩的拳架只適合練功，不適合兩人隨意推手，若把推手硬套上套路來練習，恐讓學習者產生僵化反應，殊不知兩人推手千變萬化，每次遇到的對手狀況都不同，有人身長，有人身短，

有人健壯，有人筋軟，可能自己善長的招術，對某人非常管用，但也可能在下一場時，自己善長的招術一點也使不上力來。所以，如老子所說：「天下皆知美之為美，斯惡已。皆知善之為善，斯不善已。」原本好用的套招，若硬是要套在其他人身上，可能就變成敗筆的招式了。

但攻法與解法，總不會脫離這一百一十六要項太遠，不要心浮氣躁，遇到自己擅長招式不管用之時，心中迴盪上述的一百一十六要，總能找到破解之道，這便是學招式的好處。這便是叫做「有式無招，見招拆招」，學的時候，要有定式，用的時候要無定招，絕對不可心想專用某一招去對付對方某的一招的想法，而是要隨機應變，攻防隨心，這樣才會無入而不自得。

最終極的推手心理，是心中僅存「陰陽」不見對手。若你心中僅存陰陽，與對手推手時，幾乎是看不到對手的，因為你一直在處於聽勁狀態，那時候心中是清明的，眼睛視力幾乎等於零，對手的容貌長相，會完全沒有印象，縱使是與你非常貼近的手貼手，身靠身的對立站著的人，賽後也很難記得對手長什麼樣子。

若心中僅存「陰陽」，推手時練習中的招式會自然而然的湧現出來，自己會用什麼招式，也會完全沒有印象。推完之後，若是大勝，甚至，會完全不記得自己用了什麼招式。不過，若是推輸了時，記憶卻是會異常鮮明，久久不忘，比賽之後會有進步者往往是比賽輸了的人，而非贏了的人。

所以，推手是非常好的一種運動，比賽中，其實是自己與自己在競賽，對手僅僅只是這件事的人形看板而已。

重點在於，自己遇到問題時該如何破解？若破解不了，以後還是會有千頭萬緒在腦海中迴盪，終究會找出破解之道。

最終萬招變化，就僅是陰陽變化而已，如老子《道德經》第二十五章曰：「人法地，地法天，天法道，道法自然。」自然也就是陰陽變化而已，推手也就是陰陽變化而已，掌握好了時時刻刻的陰陽變化，達到「重陰不重陽」的境界時，就能時時踩在浪頭之上。並非自己多行，而是浪頭自己會來找到你，自然就也如進入神明之境一般，這便是最末二要句「陰陽為體、萬變為用」之意。

講手動口篇

第一章
懂勁二書、熊經、根勁、內勁、拳架、身型之問

「講手動口」篇為筆者與眾多武術同好的書信往來，讀者來信所言之事五花八門，有深有淺，很多來信都饒富趣味，用語、筆法也是南腔北調，頗有太極一家親的味道。

相信本篇中很多的問題，也應是讀者心中想問的問題。所以，筆者便把其中一部分較具代表性的來信，去除人名、特徵後，收錄於本書之中。

正所謂他山之石可以攻錯，讀者看過《懂勁——內家拳的瑰寶》、《懂勁之後——內家勁的修煉》二書之後，也許正想提筆來信發問，但看過本篇之後，或許也就得到解答，不須再提筆來問，這樣便可省下讀者的寶貴時間。以下便是其內容。

問：

尊敬的黃逸武老師：

您好，非常榮幸的看到您寫的一本太極拳書《內家拳的瑰寶——懂勁》，看了這本書我受到很大的震撼，一是您堅持18年練功，終於進入太極殿堂，得到太極真功，對您來說是可喜可賀。二是您高尚的不藏私的武德，把得

功的過程和經驗和盤托出，這對於太極愛好者來說是一個天大的福址。我也內心無比的激動，感覺我和太極真功是緣分沒有斷。我還有練出太極真功的希望。

知道您時間寶貴，我向您求教兩個問題：

一是熊經的練法怎練，有沒有可以參照的書，因沈老師說練好熊經等於太極功練出一半功夫，您也是在練熊經3週後得的功，所以想知道熊經的練法。

二是您創編的22式太極拳架，書中說的用法多，但是這個架子怎練，比如手怎出，腿怎走，腰怎動，就是這個架子怎完整的打下來，沒有說的詳細。不知是不是有視頻或是碟片可供參考。

另您是否考慮到大陸進行短期的太極拳培訓，比如用1週時間教練熊經和22式太極拳架等。

問：

尊敬的黃逸武老師：

您好！一次偶然，我遇到了您寫的書《內家拳的瑰寶——懂勁》，隨手翻閱時，也不過同讀其他武術書籍一樣，看看而已。然而，當我讀了幾頁之後，我不禁有些驚喜，我找了一個座位坐下，從頭認真讀了起來。

黃老師的敘述直白易懂，完全不像以前看的那些武術書，在最關鍵的點上，總是朦朧晦澀，蒙著一層神秘的面紗。我想，可能每一個男人的內心都藏著一個武術夢，只是無緣得入其門罷了。

黃老師的這本書又讓我年少時的夢再次發芽，我又重拾信心，我也要找到我的根勁。只是毫無武術根基的我，能不能達成自己的心願，內心也充滿惶恐。

老師的22式太極拳不知可有視頻，如能照視頻學習，則於身體前進、後退；式與式的轉換、連續之間能少些困惑。學生已過不惑之年，深感歲月匆匆，只因內心對武術的熱愛，才貿然提此一問？我深知老師時間寶貴，還望黃老師莫怪學生唐突。

正所謂千里有緣一線牽，能與老師通信，也是學生的造化，在此我恭祝黃老師新春快樂。

問：

尊敬的黃老師您好：

拜讀了您的《懂勁——內家拳的瑰寶》，很受發。對於文中所指熊經為何？

問：

黃老師 您好，我是一名太極拳愛好者，今日有幸拜讀您的大作《內家拳的瑰寶——懂勁》之後，有恍然大悟之感，書中您關於太極拳的真知灼見，字字珠璣，讀後痛快淋漓，如撥雲見日，讓我對太極拳的認識更進了一大步。感謝老師如此胸襟和見識，把自己的寶貴見解傳播於大眾。

學生當下有一疑惑請老師點撥：老師提到您的根勁初始來自於熊經，包括後來的懂用、懂練更是紥根於根勁的生，所謂熊經開勁，不知老師所說的熊經是五禽戲中的熊形嗎？還是太極拳基礎練習中的一種特殊鍛鍊方法？學生誠心求教於老師，還請老師明示，傳學生以明確練法，如能獲老師垂青，則乃我之大幸，大緣！

問：

你好拜謝黃老師

老師你很無私公佈了內家勁，我想問一下，關於熊經大陸的五禽戲熊戲，只有熊煥、熊運，這是你說的熊經嗎？

多的客氣話就不說了　非常謝謝你的無私。

讀者來信之中，以問熊經的次數最多，以上問題大致上都是圍繞著何謂「熊經」，以及如何練，筆者便在此做統一的回答。

答：

熊經就是熊的經典動作，是取自東漢華陀所創之五禽戲（虎步、鹿鳴（鹿捷）、熊經、猿舒、鳥伸）其中的一段。熊經是不是八極拳所謂的熊煥、熊運，或者還是其他拳種的熊形，既然連名字都不同，想必意涵應該也是有所不同。

我在《懂勁——內家拳的瑰寶》一書之中已說過，華陀所創之五禽戲早已失傳，後人的五禽戲，是各人各家所體會發展出來，所以，各家形態不同，有的要連在一起練，也有分開單獨練的，各家各派有所差別，要表現的意涵也會不同。

華陀所創的五禽戲早已失傳，目前所流行的五禽戲有個別單練的，也有五種編成套路練習的。而我所說的熊經，則是鄭子太極拳裡面所教導的單練式，若是要體驗練太極內勁的話，以練熊經來找勁求鬆，是比較容易上手的，我家鄭師祖曾言：「熊經練會了，太極就會一半。」可見他對熊經之看重。而拳語裡也說：「入門引路須口授，功夫無息法自休。」所以，有關教拳、學拳，最好都必須要面對面，老師對著學生手把手的教，這才能會學的真確，更何況這是功法，更需要面對面的學。熊經通常我都要花上一堂課，約二鐘頭時間才能把基礎的熊經給教完。但學會熊經之後，還需學生自己在家天天練習，大約三到四週時間，方能初窺其奧妙之處。

問：

老師：您好！拜讀大作，收穫匪淺！沒有根勁誠如無根之木，與人搭手，輕輕鬆鬆地被對方推離原位。推對方，對方要化開，要屹立不動，穩如泰山。

確實如你所言，不能放鬆，是因不敢放鬆，不敢放鬆，是由於腳底無根。我練習楊式太極拳十年，確實得到了好處，感到身體敏捷，精力充沛，但也確實不能應用。與人搭手，不由自主的緊張，身體就成了一條棍。因此對您的「根勁」體驗感覺非常的嚮往。您的著作對太極的技擊原理講得非常透徹，實乃名師也！非常希望得到老師的教誨，從而練得根勁。

老師的著作雖然講了練習途徑，但是我不夠聰慧，未能領悟。請老師再詳細地講解一下練習步驟和具體方法。

熊經是如何練習的？腳的踩蹬搓揉與腳掌的離地順序是否存在對應關係？纏絲勁是如何從腳底傳到腿上的？原地下蹲和起立的時候如何體會根勁呢？你的二十二式太極

拳，從一個式子一張圖片，很難看出根勁的生和傳導。能否連續幾張？能否出版視頻講解根勁的練習方法，將國術發揚光大！

答：

關於熊經要如何練，在《懂勁之後——內家勁的修煉》一書當中，已經有確切的說明與視頻，照著練大致上錯不了。

至於纏絲勁要如何傳導致腿上，則要拜腳底的「踩蹬搓揉」之功，纏絲勁的產生是藉由熊經左右運動身體後，便會有作用力傳導至腳底，而藉由腳掌的「踩蹬搓揉」之功，便可以把力道不抵消的傳入地面，然後便可以借地產生之反作用力，這時力量會以反方向螺旋狀竄上身體，這便是纏絲勁了。

至於原地下蹲和起立的時候如何體會根勁呢？則在於纏絲勁的反覆使用，纏絲勁竄上身體之後若不從手掌發出則可蓄入身體內部，這時身體的各部位筋韌，就會像是扭緊的橡皮筋一樣，有著一股「絞勁」，絞勁蓄在身體內部，反轉至腳掌，則你要起身蹲下都可利用這股力量，它的走勢是螺旋狀的，在身體裡面螺旋著上下走動，不同於一般人的肌腱收縮式直上直下起身蹲下。

一般的起身蹲下只用到腿的少部分肌肉收縮身展，而螺旋狀的上下起蹲，則是用到大部分的肌肉，故楊祿禪曾在北京教拳時說：「斯勁不可限量矣！」便是此意。意思是纏絲勁可以鍛鍊出大部分的腿肌腱的整合勁，而不限於單一部分的腿力而已。

問：

黃老師，您好！我是一個太極拳愛好者，從小就非常崇拜嚮往國術太極拳的神奇與偉大，但苦於沒有明師指點，一直沒能一窺太極拳之奧秘。多年前在公園跟隨一老師學過24式簡化太極拳，那老師說他教的太極拳也能悟出內勁，但後來練了一段時間後感覺不是他說的那樣，就沒有繼續練習簡化太極拳了。

多年來我一直在書店尋找有關太極拳懂勁方面的書籍，但書店裏關於懂勁的書籍是少之又少，即使偶爾找到若干本，書中要嘛說的很深奧常人難以理解，要嘛就是含糊不清，東拉西扯亂寫一通與太極內勁風馬牛不相及的一些內容！直到我看了黃老師編著的（懂勁——內家拳的瑰寶）後，才耳目一新，感覺其中的內容才是真正直接與懂勁有關的，當時真的是欣喜若狂終於找到一本真正懂勁的書了！書中黃老師您闡述了自己是從沈于順老師傳授的熊經中悟出了太極根勁，可是您在書中沒有具體說明熊經的練習方法！

於是我從網上搜索了一個關於鄭子太極拳基本功熊經的練習方法進行練習，練習後手掌的感應很明顯，腳掌沒有多大感應，所以不知那熊經的練習方法對不對，因此，在此冒昧的向黃老師請教熊經的正確練習方法，以及您練習熊經感悟出根勁時的一些具體感悟，在此拜謝！

又問：

您好黃逸武老師：

我自從10年前於大學期間學到鄭子太極後，便對太極內勁有著非常強烈的好奇心與憧憬，有幸拜讀老師的兩本懂勁書巨作，真的欣喜非常，因為我無師自通10年來，嘗試了各種練法，找遍各種資料，訪談各界武術界朋友，就是無人能代領我通往內勁的路上，看到沈老師對您說的：終於把你帶到正確的路上了。眼淚差點流了下來，因此我也很渴望走在正確的路上，終於有前輩願意針對「勁」專門分享與指導，內心狂喜不止。

然而雖拜讀老師兩書，也自練熊經1，2個月，雖然雙手的氣感（脹、麻）日漸增強，但仍無法理解根勁，也對踩蹬磋柔四字有著疑惑，

因此期望能拜見老師，希望能受老師面對面指點迷津，我住台中龍井一帶，能否詢問老師連絡方式（line也可以），以及是否可前往哪個寶地尋求老師的指點呢？使是外地，我也會想辦法前往，誠心誠意想走打開太極的大門，還願老師不吝協助

答：

您好：

你的信我已收到讀到，大展出版社那邊也來了2封催促，所以，現在趕緊回你信。感覺你很像我當時初遇高手時的震撼，現在的你最主要是在自學、自練。這點與我不同，自學自練容易走岔路，有時候一個簡單的東西，卻轉不出來，一耽擱就3年5年的。

我算是比你好運，雖然與老師相隔半個地球，不過，老師常常從加拿大回來臺北，所以，我還能常與老師見面，故還可以邊請教邊練拳，邊練拳邊改拳，這樣就比較

不容易走岔路！

通常我會建議想跟我學的人，來跟我見過面，因為用網路書面聯絡是毫無意義的，一來我不知道你懂了沒有，二來，我不知道你做到沒有？這兩個沒有，常常就令兩方都在原地打轉，連一個起碼的熊經動作也教不會！最遠來找過我的，有從大陸北京來的！也有從美國、馬來西亞、新加坡、歐洲等地來問功夫的，在台灣，還有一個學生是從南部高雄北上台北來跟我學功夫的！

所以，若你求學殷切，也應該撥個時間來訪我，若是你早三年來信，或許我還能在台中教你，那時的我大多時間在台中，現在我已經完全在臺北市居住，幾乎再沒回去台中。現在我週三、週四有課教拳，不過，你若要來找我，可以跟我約其他時間，只要約好即可！

一般而言，我在臺北市士林區這附近教拳，週三、週四都有課，你若交通方便，若你能在週四早上9～11點來，那最好不過，那班課比較高階，比較彈性，人員可以改期。不過也可以其他時間，如1～5的下午時間（週三除外），或者，假日時間也可以！只要約好即可。

再問：

貴老師您好：

這麼快就能收到您的來信，感到欣喜非常，看完您的信，很認同您給予我的建議，也的確是我內心覺得正確的方式，畢竟我已經空轉10年，身邊盡是練不出內勁而否定內勁存在、把勁純粹用人體物理架構解釋、只懂得空練拳架、或認為內勁要在拳架熟透了才開始教，甚至是誤把練氣視同練勁的武術界人士，而上述這些朋友，無一是開勁者，然而就我數年來對內勁的認知，這應是非常基本的東西，不應該或跟拳架熟不熟練有所衝突，否則就如老師書上說的，根勁出來時，根勁就會是姿勢有沒有做對的最好檢視標準。

我這輩子僅在10年前遇過真正的開勁者，一是大學時的指導教練，二是太極拳社團的學長。我這輩子唯一體驗過的兩次發勁也各別來自於這兩位，可惜畢業後便再無機會找到對的老師指導，才會空轉至今，同時所幸自身體驗過真正的內勁，所以一直以來都無法被前述武術界朋友說服，我印象很深刻的是被矮我一顆頭的瘦小學長用擠勁發出3公尺外，瞬間雙腳離地彈起，但被發點卻完全無感的感覺。

因為我知道那種感覺與他們說口中認為的勁是完全不同的，但我也只能就文獻說的一口好勁，無法自己證得此道來分享給他們，同時也深知自己一定有誤解之處，才會苦練不出，直至今日，也恐慌當時被發的感覺將慢慢淡忘，深怕此生與勁無緣，不希望空入寶山，故無論如何也要前去拜見您，期盼能再次體驗勁道，同時也希望找到自己究竟缺了什麼、卡在哪裡。

我已經得知有您這樣專門指導勁學的老師，已無意再去拜訪其他教學目標不明確的老師，雖然本身求學心切，也理所當然該請假去拜訪您，但無奈近幾個月是案子的負責人，平常日實在走不開，暫時只能跟您約假日，但惟恐帶給您不便。時間當然配合老師，若您方便，本週末我就能前去拜訪，並視情況看是否在臺北住宿一晚，以求得到您更多的指導。

時間、地點老師方便即可，就選在老師教拳之處，考量到交通不熟的問題，可能時間選在上午 10 點後比較不會有意外，若老師不方便，後續再想辦法跟老師約時間，最後仍感謝老師的回信，讓走回正途的心願有了一絲曙光。

答：

加入我的LINE好友之後，以後大家連絡就會比較方便！歡迎過來試勁。

後記：後來這位先生果然抽空來臺北試勁，因為遠從台中來，也讓他試個過癮，他一試就彷彿想起十年前被他學長勁發出時的感覺，整個人是飄出去的，不是被大力給打出去的。後來，陸續試了定勁、捋勁、採勁……，還幾次被翻了大跟斗。試完後，大呼驚奇，便想直接繳完報名費，再找時間慢慢來上課。不過，當時雙方在時間上兜不攏，最後僅只在LINE上面連絡，最終還是沒學成，誠屬可惜。

這讓筆者有個體悟，就是學拳其實是要趁勢而為的，若一口氣鬆懈下來，往往又被拉回原先的生活慣性，而無法自知。

問：…….太極拳架有陳、楊、武、吳、孫、少堡……從二十四……一零八，練哪種比較好？

問：這麼快就收到您的回信，非常開心。您真有前輩的風範和宗師的氣度，如此提攜後進。非常想向您見面請教，奈何我地處偏陋（在大陸的內蒙古烏蘭察布市），很難前去拜見。我有一本 薛顛著的《象形拳法真詮》，裡面有熊形，我按照習練，待有根勁的感覺，再練習您的二十二式，您看可以嗎？五禽戲，只練熊形就可以嗎？

答：

原來您是大陸蒙古人，哈……，很高興我的書能夠傳到這麼遠去，也難得你遠在蒙古還能習練太極拳，真是難得，那邊應該是天開地闊，一直是我嚮往的地方。

因為你是用繁體字寫給我的，我把你誤認為台灣人了。不過，有朋自遠方來，不亦樂乎。你從蒙古寫信來，更加珍貴。

說實在的，我自出道以來，碰過大大小小的拳友，交手的人沒上百，也有七八十人，有重達一百多公斤，也有做粗活的，就還沒有人能把我推出去半步，而我還沒有推不動別人的，打飛對方更是常事。

憑的是什麼，憑的就是根勁、陰陽相濟、鬆身、與聽勁、接勁的功夫，別以為我是個壯漢，我不過179公分70公斤，屬標準高瘦身材而已，在太極推手裡是屬於最不吃香的身材。

以上的功夫都是太極的功夫，我前一封說過五禽戲已經失傳，熊經也是後人揣摩出來的，當然只有單練熊經還是很不足的，還須配合很多的柔身動作輔助，以免拉傷筋絡。熊經是開勁很好的動作，不過，需仔細體悟腳底的採蹬搓揉後，方能悟出根勁之妙。

你遠在蒙古，我們幾乎沒有機會見面，我也無法當面教授正確的體悟感覺。不過叮嚀你，需記住的重點是別把力扭在膝蓋上，若發現膝蓋疼應馬上停止練習，因為已經練錯了，別再繼續下去。

正確的感覺是腳底吸住，僅靠腳底的踩蹬搓揉就能扭轉身體，像熊一樣的左右搖擺身體。不過，根勁有了之後，還需練整勁，這樣才能依序傳導，而且加乘效果，最後才能發人如掛畫。

至於你說的王延年的《楊家秘傳太極拳》，我沒看過，台灣的武術書不少，但也是少眾市場，目前網路發達，實體書能夠陳列的地方卻越少，越來越難買到好書。好在已經窺得懂勁之妙，再看別人的書，大致上只是用來佐證自己的體悟而已，與體會對方寫書的境界而已，有沒有看過已經沒有多大關係。

期勉你多多練拳，我的二十二式，到目前的三十七式拳架，是我精挑細選的拳路，混合了三內家的精華（太極的鬆沉、形意的勁道、八卦的手法）都是可以練出根勁的招式，你可以摘錄其一、二，單獨練習也沒關係，每式都可以練出根勁。希望你哪天會突然告訴我，你可以打人如掛畫了，一碰別人就飛出去，那我肯定會高興的要死。

讀者回信答：

非常感激您黃老師，我們素昧平生，但您卻像教授子姪弟子般對我諄諄教誨，您的話我定奉若圭臬，牢記心中。我們這裡少人練拳，會五禽戲的估計更少，我自己照書練，估計不得其法。我就只練您的二十二式，您用了十八年悟道，我就踏實的練習吧。

最近，我練習二十四式，膝蓋確實很疼，我還以為是缺少鍛鍊的原因呢，幸虧有您提醒我。您真是位好人，太極拳正是因為有您這樣的人，才會發揚光大，惠及眾生。您著書立說，無私分享個人修煉體悟，更是功德無量。

另：我用繁體字是為便於和您交流，有疏誤之處，請您見諒。

問：

請教老師一個問題：練熊經時重心落在何處？是落在腳跟、湧泉還是整隻腳板？五趾是抓地還是放鬆？湧泉鑽地時五趾是放鬆還是抓地？請不吝賜教，不勝感激！

答：

關於熊經的重心，應落於何處，原則上，既不是湧泉、也非腳跟、腳尖，而是不定，最常應用到的是左右兩邊8字位移，重心是隨時在轉動的，因為拳論上曾說「急來則急應，緩來則緩隨」因為外力來時急緩都不定，我們應對之時自然也是急緩重心都在變化。而身為基礎中的基礎動作——熊經，自然也必須符合此精神，雖然重心不定，卻也並非完全沒有原則可循。在教授熊經時，有幾項要求，通常會有幾個大綱原則，供君參考：

在熊經課程中我會要求學員在做熊經時，要做到七項要求，這七項分別是「鬆身、頂頭懸、含胸拔背、沉肩墜肘、落跨、膝微彎、盤根勁」，這七項要求也是「勁架子」的七項要求，故熊經練好了也等於有了勁架子了。而在做熊經時，應體會到以下的六項感覺，其分別如下：

1. 8字位移。

2. 踩蹬搓揉。

3. 繃緊單腳腳筋。

4. 纏絲轉換。

5. 腳皮與腳盤骨的骨肉分離。

6. 腳底的盤根錯節。

以上六點若能都體會到，熊經對於太極的功用，大致也發揮出來了，其中以「腳底的盤根錯節」最為重要所以，我在第二本書《懂勁之後——內家勁的修煉》中有一篇有關腳底的描述，君可能自行參考，會更加清楚熊經的意涵。

問：

老師在書中說：「盤根錯節乃在腳皮之間，更正確的說法是盤根錯節在腳掌骨至腳掌皮之間，就在這上下1公分距離之間，藉由單腳或雙腳的踩蹬搓揉產生了腳掌筋韌的『盤根錯節』效果。」

末學心中猛想起自個左腳板正常，而右腳板是扁平足，那豈不是會影響根勁？另外末學的膝蓋是O型腿是否也會影響根勁？

答：

扁平足對於走長路與跑步，是不適應的，因為少了足弓彎曲的彈性作用，會直接刺激到腳掌，所以不適合長走。但是對於練太極而言，扁平足反而是得天獨厚的資產，我就認識一位扁平足，還是個世界盃推手冠軍，可見扁平足對於練太極是沒有影響的。君大可放心。

至於O型腿，不管是先天後天的，影響也不大，反而若是練出了勁，還可以改良你的腿力，原則上，只要能兩腳站立，都是可以練太極、練內勁，都能練出根勁出來的。

在台灣我就碰到一個例子，有位年紀較大的前輩，內勁練的很好，後來他跟我說，他得過小兒麻痺症，一般人得了小兒麻痺症起碼要用枴杖支撐，但他卻可以不用扶持的用兩腳自然站立，僅走路時微微的有些跛而已，可見當他的肌肉萎縮之後，鍛鍊出筋韌代替肌肉收縮，一樣可以像正常人一般站立與行走，這便是內勁強大之處，君千萬別自我設限，身體是自己的，要靠自己鍛鍊起來，別人成功的例子，都是我們的好榜樣。

第二章

年紀、五禽戲、纏絲、體感之問

問：

對於國術，小弟沒有任何基礎，年齡也四十多了，還可以學內家勁嗎？

答：

「內勁」，它與肌力不同，肌力是肌肉的收縮與伸展所發出的力量，內勁則是鍛鍊全身肌肉兩端之肌腱所產生的力量，肌力會隨著年紀而衰退，但內勁卻可以隨著鍛鍊肌腱而增長不衰，而且以到老不相棄，越練越純熟、越練越深奧。原則上，只要能雙腳站立行走，就可以學習我的內家勁，所以，幾乎是人人可以學習，並不需要有武術底子。

學到內勁之後，若有中外武術底子的人，便可以把內勁加入自身的武術當中，威力豈止倍增，簡直脫胎換骨。若沒有練武術，或不需要之人，練出內勁則可強身健體，延年益壽，體力充沛，尤其當年紀漸長之後，肌肉必定漸行萎縮，更需要用內勁來補強自身體能，以維持自己一定的健康生活，粗活細活，上山下海不會是難事，故這內家勁可說是未來人人必學的好東西。

讓「內勁成為自己的好幫手」，是我推廣人們學習內家勁的目標。

問：

小弟是您的讀者，自從拜讀您的《懂勁——內家拳的瑰寶》後，小弟同樣也想將內勁練上身，但尚未有找到自己的路。先生習練太極拳長達20年之久，長期浸潤方達化境，對於普通人來說，能在一兩年之內練出根勁與內力嗎？

答：

「勁」通常都是在人身上的，只要是有肌肉的地方，就會有 勁，因為勁就是潛藏在肌肉兩端之肌腱位置。只差在有沒有鍛鍊與整合而已，勁就是肌腱鍛鍊所產生的「能量」，這能量與肌肉鍛鍊出來的力是不同的。

所以，在時間上，只是看練的人有沒有摸到正確勁的練法與整合而已。

也可以說，我是前面十年空拳，再摸索8年，真正懂得練法、整合，也是近幾年的事情。故，跟我學的人，在我正確引導之下，不出四個月，效果就會顯著出來，通常跟我學拳的人，初期時腳沒根，一打整個人便會飛起來，四個月後之後，要打飛他已經是不可能，甚至還能與我相抗衡，這算是回答你的第一個問題了。

問二：

過分強調根勁會不會出現偏差或導入歧途呢？

答：

你這問題問的很好，與人搭手時千變萬化，各種狀況都有，自然不能過分強調根勁，但是在鍛鍊時，若一直沒練出根勁，就像高樓沒有地基，再好的外觀，再強壯的結構，也不堪微風輕吹，風一吹便倒。

故根勁鍛鍊是在初期建立基礎時最好的模式，到了熟悉之後，就要變成「湧泉有根，腰有主」的整勁階段，是以腰為纛，腰為發勁的命源，由身體中盤發動，上盤與下盤配合運作，上盤打人接勁、下盤築基借地力，這樣一來，便能有千變萬化的技巧，但初期一定是要練出根勁，方能胸有成竹，才有所本。

問：

34式根勁太極拳中的各式動作與它們的原來動作似乎都有差別，包括熊經，在大陸出版的《五禽戲》書中的動作不大一樣，對吧？

答：

太極原本就是重意不重形，故能一枝散五葉，我的第二本書的三十四式是式式求練到根勁、內勁，對太極傳統拳架上就有些取捨，並非絕對歸於哪家、哪派之太極。至於五禽戲原本就是各家各派不同，不過，熊經是還忠於沈于順老師所教導的模式，十年都未曾有一些變化。

問一：

本人習練陳氏新架一路四、五年，平時不懂根勁，拜讀了你的書後，再練習感覺腳底跟裝了彈簧一樣，一用力跟踏進海綿裏一樣，身體也往上彈。另外，如果右邊用力的話，感覺右邊的胳膊很沉重。以前打拳感覺累，現在打完了感覺特別輕快，越打越輕鬆，這些符合根勁的原理嗎？你的讀者。

問二：

黃老師您好，請教一下，這兩天我在走熊經　熊經中腳底八字轉換1.2.3.4點上感覺到的地面的反彈，是根呢？還是內勁的源泉？

答：

問一、問二問題相同，故合併其答案，照兩者的描述，應該都屬於是初步的纏絲勁感覺，也可以說是初期的「借地之力」。

看你的形容，大概知道你的感受，能越打越輕鬆，絕對是對的方向，內家拳不是外家拳，內家拳講究的是內部的鍛鍊，外部的肌肉、速度、爆發力鍛鍊是外家拳，故內家拳越打越輕鬆是正確的方向。楊家的太極拳，便是以鬆柔為本，故能鬆柔絕對是對的事情。

另外，腳底跟裝了彈簧一樣感覺，這便是借到地力的表現，因為地力的反作用力讓你有腳底跟裝了彈簧的感覺，但這只是初步階段而已，還不能確實掌握「借地之力」的妙處，因為腳跟被彈簧彈了出去，便失根了，所以，還是要加強至盤根錯節的地步。

若是持續練到盤根錯節的借到地力，便是根勁中一種接勁的表現「定勁」，你練的陳氏太極，便是以纏絲勁聞名，這纏絲勁便有點盤根錯節向上走的味道，期望你繼續練出纏絲勁。

問：

小弟是您的讀者，自從拜讀您的《懂勁——內家拳的瑰寶》後，練起熊經開始對於腳掌的踩蹬搓揉稍微有感，想請教您於書中提到每晚都練習7、80遍的熊經，一遍是指左右來回一趟嗎？

目前剛開始練熊經，之前有學過熊經，也是繞8字，但都是搭配雲手再練，後來還是覺得動到手力而非以身領手，看書後才開始練純的熊經。這兩天都是穿鞋子練，直到剛剛跟您寫完mail後，才赤腳在木地板上練習，結果感覺腳掌像是被干擾波電療一樣，一直刺激腳底板，感覺非常明顯，希望是好兆頭。

答：

走一個8字形算是練一遍，觀念正確，動作正確，通常一個月左右，就能很明顯感受根勁上身的威力。至於要不要脫鞋練熊經，我的建議是初期最好是「要」，練熟了之後，就不太需要了。就像樹苗剛抽芽，總要細心呵護，這時環境很重要，所以，通常會放在育苗室培育，等慢慢茁壯之後，便可移出育苗室種在土地上，這時根已經夠多夠強壯了，可以迅速長根發芽。

練根勁也是一樣，初期脫鞋赤腳能感受腳底踩蹬搓揉的感覺，等到根勁練出來了，這時再穿上鞋子，更能保護腳掌不會因為腳掌的踩蹬搓揉而傷的腳底肌腱。

問：

黃老師您好！

我上個月購買了您的第二本著作《懂勁之後——內家勁的修煉》，並依照上面所描述的開勁方法，每天練習。比如拉筋操，熊經等等，大約練了一個星期左右，我兩腳就能明顯感覺到與地面接觸時的蹬踩搓揉的感覺，但是在平時走路的時候或者體能訓練跑步的時候卻絲毫沒有這樣的感覺，只有在進行熊經練習的時候才能感受到。

答：

練熊經時能感覺與地面接觸時的踩蹬搓揉的感覺，但是在平時走路或者體能訓練跑步時，卻絲毫沒有這樣的感覺，這正是熊經之妙。

不是所有的招式都能與地面深層接觸，故自然無法去感受腳掌的踩蹬搓揉，這也是為何我的師祖鄭曼青這麼注重練熊經的原因，就是因為熊經的確是個好東西，能練出借地之力、纏絲勁、陰陽相濟、根勁、掤勁，甚至整勁、熊勁等功夫出來。

問：

我有幾個問題希望老師能夠給以解答。

其一，我最近練習熊經的時候，總覺得右腳處的勁沒有左腳運轉得那流暢，有一種被卡住的感覺，請問是否有辦法糾正？

其二，我也是練習熊經的時候感覺勁從腳上傳來時，腳踝處有種拉韌帶時的疼痛感，不知道這種感覺是否正常，如果正常，疼痛感多強合適？如果不正常，又該如何糾正？

其三，我最近即使不練習的時候也經常會感覺到有一股熱流從左大腿後側流向左後腰腎臟處，而右側卻沒有，感覺有點奇怪，請問這種現象是否和練習開勁有關？是好事還是壞事？我這種感覺是今天開始有的。

答：

對你的問題，據我的經驗回答：

其一，人的左右兩邊原本就是由右左兩邊的腦控制，每個人都會有偏向一邊的喜好，慣用哪邊因人而異，所以，左右感覺不同是正常，一邊流暢，一邊卡卡是正常現象，解決之道，唯有勤加練習，把練習變成一種直覺，才能克服，縱使成為直覺以後，仍會有10～20%的落差，這是身體慣性使然，無需強求左右都一樣靈敏。

其二，練習熊經時，身體不應該感覺有任何的疼痛感，痠痛是可以接受，那是因為拉筋，轉筋的關係，但若感覺疼動，便表示已經練錯了，或者，練太多，練傷了，應該立即停止。

熊經有三部，一是練陰陽、二是練內勁、三是練內氣，懂勁之後一書裡面的熊經，教的是練內勁裡面的「根勁」而已，算是只到中級課程的基礎。

其三，這種現象應該不牽扯到練熊經，若是練了之後，才開始發生，算是身體的大動脈通暢之故，故會覺得熱流，人體的動脈，會因為常作某些動作之後，而在體內產生改變，如小動脈因需求過大而變成大動脈……等等，我自己右小腿也偶會感覺會有熱流流過，這是小動脈突然湧入大動脈傳來的熱血之故，不在心臟附近發生都算是人體正常的血管改變，沒有多大關係。

因為你是感覺在腎臟，則需要注意一下，其實，應該不是流入腎臟，而是附近動脈血管在擴大而已，改善之道是別讓你的背壓迫太久，如久坐、久靠等壓迫到附近的動脈曲張，常注意姿勢就應該不至於常發生問題。

問：

目前來講，我自己感覺並沒有開勁，因我沒有體會到您書中提及的開勁前後特別明顯的感受。但我覺得自己是在持續進步中。

比如坐公交車的時候，我以前若不扶欄杆是沒法站穩的，但現在，只要不是遇到急轉彎，我站在公交車上的時候就如同腳下生了根，不論車還是加速，或者是小幅度的轉彎，我都完全可以做到不需要扶欄杆。

再比如我和同學開玩笑打鬧的時候，不自覺地就使用了書上所說的掤勁，把同學打出去老遠，還一屁股坐到地上，他們都不清楚是怎回事。但是我只能在不自覺的情況下才能做到，真正擺開架勢去推又感覺使不上勁了。

以上便是我開勁路上的一點體會，希望老師能根據我現在的情況給一些指點與建議，學生感激不盡。

答：

在無意中發出你的同學，可以發到倒地，但是當真正擺好架式則不成，表示你偶得內勁之妙，卻不懂陰陽之妙，若懂陰陽之妙，真正擺好架式反而更好發。

前二週有個109公斤的人找我試手，他擺好架式準備對抗，反而被我發的更老遠，還是被他同來的同學給擋住方能止住，他驚呼連連。所以，練勁之後，仍須懂得勁的運用，否則，「每見數年之功，而不能自化者，雙重之病未悟耳」，你現在就是仍處於雙重之中。

在懵懂之間用「掤勁」打同學，打的老遠的事，這是屬於引進落空招式範圍內之事。因為你同學沒準備，所以，沒有跟你抗，再加上你已經漸漸摸到用勁的方法，而你的同學應該還沒有根，所以，一來一往之間，便造就了你不小心用上了「引進落空」的狀態。

「引進落空」是很好用的招式，武氏太極第二代傳人李亦畬就曾說：「有引進落空，才有四兩撥千斤，沒有引進落空，就沒有四兩撥千斤。」所以，你用了引進落空後，你同學自然被你四兩撥千斤掉了。

王宗岳的打手歌，第五句便是「引進落空合即出」，一旦對方被引進落空後，便是失根了，這時只需稍微用一點掤勁，的確就可以把人打的老遠。

不過，也真是高興，你才練習不久，就能夠有你所說的境界非常難得，可見你已經走上對的路子上去了。目前建議你持續練習，必需要能從忽有忽無的狀態，最後便成招之即來，揮之即去的境界。最後的境界則是連想都不用想，勁就隨時在身，那時又是「見山是山」的境界了。

可惜，你人在大陸，否則，我必請你來，給我摸一摸，我就更清楚你的程度了。因為再來的修煉，絕非文字言語可以表達，必須因材施教才會有正確的進步，不過，你有這樣長足的進步狀況，已經是萬中選一的人才了，請繼續保持練習書中的課程，未來前途必不可限量。

問：

黃老師，您好，最近由於考試較多，一直沒有去學習更多的動作，我也明白貪多嚼不爛的道理。我每天晚上都會利用洗漱的時間去訓練場練習拉筋操和熊經。但由於我一直是穿著鞋練的，所以一直沒有領悟到勁的感覺。直到前兩天我嘗試著脫鞋練習才發現我之前都練錯了。

我發現我早已經有根勁的感覺，竟是在我之前練習詠春拳的時候，站正身二字鉗羊馬感受到的。

現在我找到了一種和當初一樣的感覺。但是可能由於我在軍校訓練時留下的隱傷，導致我左腳腳底大拇趾根部（也就是您書上所說貓步標出落腳順序「1」的位置）十分疼痛，甚至走路的時候都不能穿稍硬的鞋，何況還要在地板上蹬踩搓揉。

請問老師是否有解決的辦法？

答：

二字鉗羊馬步的確有根勁的感覺，這是沒錯的，不過，太極的根勁又要更入一步，要在遊移時也能隨時扣住根勁，不過馬步站樁一開始也是在我課程裡面會要求學員體會的，你能自行體會到，表示悟性不錯，能自己觸類旁通。請繼續加油練習，練到在腳步遊移時也能隨時扣住根勁，那就是很大進步了。

至於腳掌「1點」會特別疼痛的問題，應該是骨膜受傷了，通常你們軍校操體能過度，腳掌骨膜容易受傷。建議你在睡前噴一點跌打損傷的傷藥，會痊癒很快，本來還要加上按推手法可用，可是文字不好講，這裡只建議你在腳背腳掌兩處噴點傷藥也會痊癒，還沒痊癒之前，勿動作過大，有痛就不能做了，因為這是錯的，痛就別做也是我教太極拳最人性，也是最科學之處。

問：

尊敬的黃老師：

您好！

很榮幸今天看完《懂勁——內家拳的瑰寶》，解決了我很多困惑的同時，也生了一些新的問題。看書的時候，就想，要是能認識您就好了。沒想到，看到書後竟有您的聯繫方式，所以斗膽向您求教。

我生於1971年，前兩年因身體健康的問題，開始尋求健康之道。最先瞭解的是大成拳的站樁，然後是太極拳24式，直到四月份學了一套武式太極。但有一些問題一直困惑我。

太極拳為何要慢打，太極拳與太極操的區別是什麼？

大地之力是如何從腳底傳到手上？

第一個問題，聽到最多的回答是，慢了才能把拳架掌握好。

我的理解是，拳架的掌握好不就可以快打嗎？這種回答不能滿足我的困惑。看了您的書，才明白，這是練筋。這個答案從邏輯上就可以理解了。

第二個問題我沒還沒理解，但從您的書上看出，是通過腳下有根之後慢慢進步所致。

還有一個問題，熊經的動作是什麼，這個動作似乎是體會根勁的重要途徑。

答：

太極為何要打慢的？練筋還不是很正確的說法，應該說成「練勁」會比較正確！打慢正是太極拳相較於其他拳種殊勝之處，太極拳的濫觴陳氏太極，有纏絲勁的練法，武氏太極則有抽絲勁的練法，兩者其實是互為表裡，講的都是一體兩面的東西，就是利用緩慢螺旋的方式，把身體內勁給鍛鍊出來。不同於其他拳種練肌肉的結實、彈性、爆發力。

太極拳捨去練肌力，改練「筋力」，筋力也就是肌腱之力。因為肌肉力隨著年紀漸長會慢慢衰退，但肌腱力則因為富有彈性，含有豐富的膠原蛋白，不容易損壞。但肌腱是附屬於肌肉之兩端，負責傳導力量給與骨頭，本身不易鍛鍊，若與外家打快拳模式相同的話，大致上都練到肌肉的收縮、伸展去了，少能鍛鍊到肌腱。

這時聰明的先師們便用緩慢螺旋的方式，讓肌肉不動之下，去伸展了肌腱，於是肌腱得到了鍛鍊的機會，慢慢的彈性越來越好，越來越粗壯，甚至，可以取代部分肌肉力，來運動到身體。這便是太極拳打慢的原因。

另外你的第二個問題：大地之力是如何從腳底傳到手上？第二個問題就比較麻煩解釋了，因為若要借地之力，先要把本身身體練成一個很好的「導體」，至於怎麼練才會成為一個很好的「導體」，我整本書都在講其中的方法與體悟。甚至講的不夠，還必須開班授徒，當面教導，方能有所體悟。

而我也把開班授徒的課程，編了17堂課，讓學員可以逐步學習期中的奧妙。這些課程，我作成另一本書名為《懂勁之後——內家勁的修煉》，是懂勁的姊妹作品，這本書還加上了「光碟」，裡面包括發勁、拳架、熊經、單練式……在台灣有販售，不知貴寶地是否有販售。不知您那邊能不能看到。

若您仔細看了第二本書，大致上，對於您的問題，都能獲得解答。

因為熊經動作雖簡單，解釋起來卻也費勁，而且還有不同層次可增加，不只有單練根勁而已。所以，在此就不一一解釋了。

第三章

勁趣、起落腳、發人、踩蹬搓揉、傳統武術之問

問：

暑假期間回家探母，離開北京前一天到「中關村圖書大廈」轉了轉。因對太極拳書籍有興趣，就專門到那有關的書架處瀏覽了一下，當時看到您寫的這本書，這書並沒有在「太極拳」分類下面，而是在「武術」類下，且僅此一本。

抽出來翻看了一下目錄，立刻就被吸引住了。買下後回到住處就開始看，在返美的飛機上也看，回到芝加哥家裏繼續看，可說是愛不釋手。

全書看完後對您一是敬佩，二是羡慕，三是感謝。敬佩的是您對太極拳的執著，為了一個「勁」可說是不惜上天入地得尋找。羡慕的是您終於找到了，且已登堂入室，在向「階及神明」方向發展。這也是天道酬勤吧。感謝的是您得到太極正果後，沒有秘不示人，而是公諸於天下，惠及廣大太極拳愛好者，可說是武德高尚，鮮有人及。

我本人打了二十年的楊式太極拳，雖然避開了太極操的趨向，卻也不知「勁」為何物。一是用功不夠，另一主要原因是沒見過世面，沒見過「發人如掛畫」的場面。

我自己不會推手，偶而見人推手，文的看上去很瀟灑，一來一去頗有節奏，但看不出功夫，看不出「勁」來；武的則互相撕扯，扭在一起，難以分開，一點兒沒有太極拳論上描述的場面。如此一來，心裏常存著疑惑，覺得古人不能都在騙人，但那些書上又沒有寫如何能練出功夫，練出「勁」來，所以覺得自己練的拳至多僅能達到健身的目的，對練出「勁」及運用「勁」的境界只能是心嚮往之，但卻永不能至了。

拜讀大作後，才知「勁」確實存在，且可練得上身。您這書對如何練「勁」寫的明瞭、具體、樸實，不弄玄虛，可謂大道至簡。我雖已近「耳順」之年，讀了大作後，開始對練「勁」有了信心。非常同意您說的練「勁」對太極拳愛好者來說是人生一大投資，值得傾心。

答：

很高興我的《懂勁——內家拳的瑰寶》一書，能讓你喜歡，看你寫了這麼多的感想，想必也跟我當初學太極多年，而仍「太極十年不出門」一樣的感慨，希望我的懂勁系列的書，能持續陪伴您，讓你一窺太極殿堂的奧秘。

大陸那邊對《懂勁》一書的反應很熱烈，您說書局只剩下一本，大概是一下子就賣完了吧，最後一本被你買去美國，書商若補貨慢一點，讀者就讀不到了。

對於37式拳架（22式拳架目前已經增刪至37式、熊經……等，是很難講清楚，也有很多人來問，包括兩岸、東南亞、美洲、澳洲等地，為了更清楚分析，於是我在出了《懂勁》一書之後，特別再出版一本名為《懂勁之後——內家勁的修煉》一書，這本書是忠實記錄我在教拳時的教學內容，書共有懂勁17堂課，從開勁、築基、練勁、氣場、接勁、發勁……一直教到練絕活，另外附贈一片DVD光碟，光碟裡面包括拳架、熊經、單練、發勁……等等，是一本延續懂勁一書之後的第二本著作，希望可以讓讀者自修便能懂勁之書。

希望你有了《懂勁》與《懂勁之後》兩本書的陪伴，也能把勁練上身，內勁一旦練上身，古人所講的一切，就會豁然開朗起來，再也不神秘，甚至以後再讀其他人的太極著作，還能判定當時該人的高低，而且愈研究愈有趣味，難怪得道之人能樂此不疲，耄耋之齡仍能醉心太極。

問：

尊敬的黃老師，近來重新拾起陳式太極，只是已經四十，無意中買到貴書，如獲至寶，現有一個小問題，請賜教，熊經轉身時先蹬哪條腿。看了多次影片，只因愚鈍，請勿見笑。謝謝。

答：

先生您好：

由於熊經是原地站立，不走動的，故熊經在一開始轉身時，便已經開始分陰陽，初期對熊經的體會，腳掌的搓揉感是重於踩蹬感的，腳掌搓揉之後便有了纏絲勁的力源轉動，之後利用螺旋力把勁力帶往身上走，這時的踩蹬搓揉才是一體出現。踩蹬搓揉四個動作不是分開使用，不是那時候踩蹬，又那時候要搓揉，不要太過分析四個動作彼此之間的使用。

原則上，踩蹬搓揉是為了要讓「借地之力」能夠充分發揮，少了這四種動作，借地之力往往被分散掉了，沒辦法充分以反作用力的形態，回饋到身體上，踩蹬搓揉所產生的力源會以邁步時較能用到，而當實腳過度勁給於虛腳之時，則是應用了踩蹬搓揉的力源。四種力道互相支援，便形成我們邁步向前的步伐。

祝　內勁充沛

問：

有幸拜讀了您的《懂勁——太極拳的瑰寶》，受益良深，甚感激！很希望一直能受教於您。

剛讀了一遍，目前有個問題，就是起腳、落腳的順序，不同的老師有不同的說法和練法，不知該如何理解和接受，希望您能解惑。

答：

對於你所問的問題：「起腳、落腳的順序，不同的老師有不同的說法和練法，不知該如何理解和接受。」這問題一度也困擾著我，其實，何止起落腳而已，不同老師、不同門派，內外家等對於拳架、武術的觀念都會差別，甚至對於同樣經典，不同的人來解釋，往往也大異其趣，甚至南轅北轍。

一般而言，我的取捨很簡單，就是能讓我感受到的才有用，不能讓我感受到，縱使是大師所說也是枉然！另一個取捨的標準，則更簡單，就是講的那一招能打贏我才算數。若打勝不了我，還自稱自己功夫多麼深，也就只是讓我笑笑而已！

因為我跟隨我的老師也是這樣學來的，必須要被他弄得我心服口服，我這才願意虛心跟他學習，學功夫就像做學問一樣，必須事事求真，尊師是一回事，但做學問也是另外一件事，兩者並不相違背，有了這樣的學習態度，這也才能把真功夫學上身！

以上兩個取捨方法，希望也能適用你的問題上！

問：

黃師傅您好：

我也訂購了您的《懂勁之後》一書，並認真拜讀了，很受啟發！謝謝您出了一本這麼好的書籍。我學習太極的感受跟您是一模一樣的，看到公園裡許許多多的愛好者在打太極操，沒有學到真正的東西，養身也是有限的。我質疑了不少年。

我看了您的書後，現在放下其他所有，認認真真練熊經，保持立身中正，全身鬆沉，當我重心在左腳時，腰胯（上身不動）轉過去，感覺左腳板就像一顆螺絲釘，擰到盡頭了，左腳就像螺絲刀的刀桿，承受很大的扭力，扭不動了，就把重心移到右腳，就這樣左右重複的做，我是力求做好一點，認真一點，做慢一點，每天做得不多，平均練兩三次，每次約練7或8分鐘。

我現在沒有這麼快就有纏絲勁上來，我也不知道纏絲勁根勁是怎樣的？但是，我也感覺有一些區別，以前我小兒子玩耍推我，只是上身有抗力，現在是腳板底感覺在承受一部分力，而且有點明顯。我的想法是認認真真把熊經學出來，貪多嚼不爛，再學下一步。

答：

你說你小兒子現在推你，你已經略有感覺腳板有支撐力，這是對的現象，應該持續下去。要體會熊經的功能，其實可分為三階段，分別是「練根、練勁、練氣」，《懂勁》一書之中說的只是第一階段「練根」而已，不過能練出根已經是大大幸事，若能練出根之後，別人要推你就已經大大不易了。若練出勁來，則練熊經也可以發人，我目前便是常用「熊勁」發人。至於練氣，我覺得目前對於你而言，是過於「玄念」，我就不多去形容了。

建議你下一步練法，是要去注意自己腳掌的踩蹬搓揉，功夫的開端，一切都是在腳掌之中作文章，要切實的感受腳掌的「承受感」，當別人在推你時，要學會上半身真的放鬆，就讓他推沒關係，別去抗，要做到我《懂勁之後》一書所中說的勁架子的七項要求，尤其是做到「含胸拔背、沉肩墜肘」，能做到以上兩項，別人一推你時，他便把你給推結實了，而自己反而往上飄，因為你是上盤鬆，下盤有勁，故他推你時，反而是「他漸垮你漸實」，這時你利用借地之力的反作用力，利用他推你的力量反推他，他便會被你發出，若作的快速漂亮，就便是所謂的「掛畫勁」了

問：

黃老師 謝謝你的回信，開勁的教程我也買了，也有光碟，只是看到熊勁練習的照片，但是跟大陸的熊戲還是有差別，而且因在大陸不方便來台，如果老師有時間來大陸傳授，一定前來拜謝老師。老師你能不能就熊勁出個細

節的視頻呢？希望老師能看懂簡體字，再次謝謝老師。

答：

熊經的課程，在我這邊上課，起碼要講3週，才能把整個細節給講完，學員也起碼要練超過3週才能感覺踩蹬搓揉與接地之感，並且最重要的重點在於要因材施教，個人感覺不同，要不斷地幫學員改正，所以，才有所謂太極拳就是改錯拳之說。所以，實在難以用筆墨來形容哪些是細節？哪些是重點？因為每個人的狀況都不相同。重點是因人而異的。

問：

逸武先生：

您好！前幾天在網上書店買中醫書籍時，見到推薦的武術書目中有您的《懂勁》一書。買來後在兩天時間裏抽空看完，真有如獲至寶的感覺。現在在看第二遍，在重要語句上做標記。

以前在重慶大學跟老師學楊氏太極拳（李雅軒先生在四川所傳）一一五式，跟老師推手時，老師說我在跟他頂牛，以至於沒有了練推手的信心。您為我解開了困惑，讓我重拾信心。謝謝！

另外，您在書中提到的「熊經」，其練習方法和關鍵之處能否詳示？再次感謝！

祝您健康愉快！

答：

感覺你就像以前的我一樣，遍尋真理不著，好像自己的想法，每次提出來問老師，都是錯的。雖然我後來因緣際會學到了太極核心的東西，經過與老師的「印證」之後，便再也沒有困惑，不會再對於旁人有心或無意的指指點點，感到疑惑。所以，我對於與我有同樣遭遇的人確實心有戚戚焉。

我也很想跟你提一提熊經的練習方法和關鍵之處，但這是「大哉問」，就算面對面，手把手的教，也必須要有三週到四週的體會與印證，才能確切的帶人走上正確之路。

不過我人在台灣，你人在大陸，若沒見過面，不知你能懂多少，想來想去，一時之間也很難幫到你甚麼。以後若有機會，就來台灣學一趟，反而會是最快速的方法。

問：

黃先生：你好。收到你回的郵件得知你在臺灣教拳，無緣向你親自請教，深感遺憾。只有從網上購了你的書以後看。現在有一問題向你請教，就是在練拳時我用逆腹式呼吸，總感到胸中脹痛，氣呼不順。不知你認為該如何呼吸？請指教。

答：

我在書中說過，宗師楊澄甫都建議自然呼吸，自然打拳時也最好以自然呼吸為主，其實，就算是練氣功，也不是全靠練呼吸練成的，氣功最主要是以外氣練自己的內氣，而讓內氣強化自己的磁場，通常有氣感的人是磁感，而不是氣，這個磁感也可以說成內氣，並非我們呼吸的外氣。外氣是可以推動內氣的流動，但內氣不是外氣。

發勁時若配合上吐氣，可增加大約一成的力道，但只需把內勁練的飽滿，對付人就已經綽綽有餘，這時呼吸就無需再用上了。

民初之時大陸有位太極拳大師顧留馨，他是江青的太極老師，也是越南總統胡志明的太極老師，在他的書中自述說，他曾嘗試在打拳架時配合呼吸，結果竟然吐血，那便是丹田用力又加上憋氣，兩相衝擊之下，便造成肺部氣泡破裂的結果。後來他也提倡自然呼吸即可。

其實，打拳時配合呼吸可不可以，正確答案是：可以的。但不是每一式都要配合，而且動作要配合呼吸來動，不是呼吸配合動作，這樣才不會有喘息不過來的情況，而且要在極鬆柔的情況之下打拳，不可急躁，更不能憋氣，這樣子打拳就會感覺天人合一，也等於是自然呼吸一樣。

問：

逸武先生您好！

我已在淘寶網上購得《懂勁之後》，現正抽時間練習熊經。

讀了您的書，深感「真傳一頁紙，假傳萬卷書」之不虛。多年來由於武術向觀賞性方向的引導，真髓遺失殆盡。

您能在較短的時間裏從熊經中頓悟，或許也和您之前的武學經歷有關。我曾經買了大量的武術書籍期刊，往往是「這山望著那山高」，經常變換練習的內容，現在想來就是缺乏「信」。我現在須抱著「但求耕耘，莫問收穫」的心態從根基鍛鍊。基本功很重要，只是有時老師不明說，或者不說基本功的目的，學生也就沒有「信」，也就不能堅持練習。

在一本書上看到一段軼事，大意是：大成拳宗師王薌齋先生隨郭雲深先生學拳，在練樁功階段，見師兄們練十二大形等煞是羨慕，便偷著學，被師發現，斥到：「玉皇大帝在此你不學，卻跟土地爺學。」可見練習正確的基本功之重要。

事物的發展變化有一個從量變到質變的過程，在這裏煩請逸武先生能對熊經每天練習的量上有個指導。謝謝！

答：

您說的很對，就是因為我之前有了一十八年的空拳沉潛，才會有熊經瞬間的頓悟。我的很多學生，跟我學拳，在我教重要秘訣時，似乎一點都不上心，一副可有可無的態度。看在我眼裡，真令我感慨，當初若有人教我這樣做，我恐怕會高興得睡不著覺，他們卻覺得毫不重視，花錢學拳，卻漫不經心。

有些人跟我學完十七堂課之後，覺得自己不錯了，可是等自己出去單獨練了之後，又漸漸走偏了，剛上身的勁又漸漸消失，功夫又不管用了，只好再回來重新學習。才說跟著老師學，才不會錯，自己練就沒感覺了。

其實，這都是沒打從一開始便真心練習之故，沒有把拳練成自己的拳，是練老師的拳，自然在學習時間結束之後，功夫就還老師了。真的用心的人，在老師那邊，聽聞隻字片語就能開悟了，這是因為自己腦袋早已浸潤已久，就差臨門一腳，老師偶而的一句話，便把自己給敲醒，便豁然開朗如同醍醐灌頂一般。

關於熊經一天要練多久的問題，以我個人而言，我當時是每天晚上看電視時繞個半小時，通常睡前關燈後又會在床頭繞個十幾分鐘，別看那十幾分鐘，我就是在那時夜深人靜，伸手不見五指時開悟的。一開悟後，便是一理通萬理通。至於要多久才開悟，則是要視個人的領悟而定，最重要的是能體悟腳掌「踩蹬搓揉」的根勁感，一旦你有這種感覺之後，你就可以進行把根勁便成纏絲勁，利用纏絲的螺旋原理，把根勁帶到身上，它會自然匯集身體所有的短勁，成為整勁，最後至手上時，就會是很強的三合一整勁了。

問：

我是香港回中國讀大學的一名大四學生。我的專業是運動訓練，專項是散打。

我在上大學之前學了四年的跆拳道，直到現在也有練，還會在今年較多假期時回香港考黑帶國際段證。

起初學武術武技是因為我對這有興趣而開始，同時也是藉著運動減肥，但後來常做運動後發現自己身懷各種遺傳痛症，一度令我在這武路上停滯不前。因此我不斷去看不同有關訓練肌肉、氣功書、易筋經等養生功法。這些起初都有效果，但根本無法長久維持，一來我是自修方式去學習，沒有師父指導，二來是越練我身體的病彷彿自增抗體一樣，練功已經追不上了，我曾因為痛症要坐輪椅。

而我一直吃醫生開的各種藥以及適當鍛鍊來撐過這不停上體育課不停各種格鬥的大學生活。

在大三亦即過去的暑假之中，我開始為我的畢業論文題目《傳統武術功力訓練結合擊技法於散打》找資料，在香港某書店之中，我有緣遇上了黃老師你著的《懂勁》一書。

那時候我只看書裡的理論和一堆我似曾相識卻不識的專名詞，不過「熊經」這個我在香港可上的youtube中搜尋過，找到黃老師示範熊經的片段還有別的老師練熊經的片段。然後我也開始練起熊勁來。

看到這裡，希望黃老師還有耐性不介意我唐突說那麼一大堆話來著。

一開始練熊經的我感覺膝蓋越練越痛（我平日膝蓋就因為遺傳痛症受過重創），但我在想可能是我練錯了，我改，由一開始練熊經，腳掌不停向外移，不能固定站在同一點，直到三天過去，我終於有所領悟書中所寫的意思，到現在我快練了兩個星期。

我的一雙腿比我練氣功時更有氣凝聚，開始有活感，就算睡眠不足血氣下降也不易輕浮，膝蓋在上樓梯時也沒有那麼痛，在最近幾天中我去訓練體能，原本很久沒跑步的話，一跑完腳踝的筋絡會酸軟，而且膝蓋也會在上樓梯時疼，不過練了快兩個星期熊經後，我上身手的耐力比以前好，下身的腿更不用說，跑完後不會需要多大的休息，跑完跟未跑之前一樣硬朗。

在這，我要非常感激黃老師你這本書，雖然我還沒開始練根勁太極的二十二式（我還在吸收消化書中文字，未完全瞭解拳架的走法），不過光是練熊勁，我以前無師自通的短勁發力更流暢更隨心更勝從前（不過完全沒有長勁之感），下盤現在比以前穩固不只一個檔次，也開始令我上身與下身協調性提高很多，已經有種可以上下身配合出招的穩定性。

原本不懂耍兵器的我因一直未能把步法與上身舞動配合，現在因練熊經之後我開始覺得舞動什麼都稱心稱意，步法中也是有著左右實虛互換，雖然不完全流暢，不過卻是收穫不少！

不好意思呀，黃老師，原本想簡單說說我的背景，誰知一說就這麼多！

以上是我個人對黃老師在書中無私分享抱以無比的感激！而以下我將會進入正題。

在先前我提到過我在寫畢業論文《傳統武術功力訓練結合技擊法於散打》有些東西想要請教老師你。

別介意我用點題式發問：

1.我以太極根勁為藍本作傳統武術功力訓練的主要功力訓練，那麼太極的根勁在散打比賽中怎樣體現出效果？

2.體現方面是選手自身的身體素質，還是招式上，又或是兩者都可以？

3.根勁的體現會不會在某些招式上失效，又能和什麼常見的招式結合？（邊腿，側腿，勾拳邊拳上勾拳等招式）

如果我以上的問題都不正確，有謬誤存在的話，請黃老師指點指點一下！

再次感謝黃逸武老師所著之書，讓我找到能讓我身體好轉的機會，我一直都以治我身之病為習武的目標，比賽格鬥是我的額外獎賞！

此次之後，希望還可以請黃老師你指教我練太極，還有長勁，我只用到短勁，長勁我沒概念也沒有成功過的經驗！

恕我再次的唐突，感謝黃逸武老師！

答：

看來你已經把「熊經之功」融入了你的拳架之中了，你的拳架自然是你現在打的拳，而不是指太極拳，不過我的宗師鄭曼青曾說：「熊經學會了，太極就會了一半了。」你會了熊經，所以，也算已經會了一半的太極拳了。本來內勁這種的東西就不該僅是太極拳所獨有，而是蘊藏在各國各種各式各樣的武術與運動之中。同樣的運動，在競賽中有內勁的人總是容易勝沒有內勁的人。

你說的「光是練熊勁，我以前無師自通的短勁發力更流暢更隨心更勝從前（不過完全沒有長勁之感），下盤現在比以前穩固不只一個檔次，也開始令我上身與下身協調性提高很多，已經有種可以上下身配合出招的穩定性。原本不懂耍兵器的我因一直未能把步法與上身舞動配合，現在因練熊經之後我開始覺得舞動什麼都稱心稱意，步法中也是有著左右實虛互換」。

這境界便是王宗岳打手歌裡面的「上下相隨」之意，能上下相隨則人難進矣，就是說你上下相隨之後，別人就很難進攻你了，因為你已經全身整勁，一動無有不動，一靜無有不靜便是此意，恭喜你摸到了精髓。

至於太極的根勁怎麼用在散打之中，這是很重要的問題，你的三項問題其實都是圍繞著這裡打轉，我便統一回答。若想純靠根勁打人，則過於「傳導過長」，速度會慢半拍，所以，通常根勁只是基礎而已，要打人，還是要練到「整勁」，也就是身體整體一勁，也可以說成「三打一」下中上盤合起來一起打人，這樣的力道便會非常強勁。至於要用到散打方面，則便要單獨練「單式」，把能練到整勁的單式，單獨拿出來單練，練到閉著眼睛都能打的一模一樣，讓身體記憶起來發勁的招式，便能運用在散打方面了。

而且這招式是會因人而異的，這關乎個人身材的高矮胖瘦，以及後天所養成的慣性，並非每個人都能把每一招都能練成「絕招」，有個一、二招「絕招」可救命，有個五、六「絕招」便可成好手，能有個十來招「絕招」就能橫著走路了。若信手拈來都能成絕招的人則可成「一代宗師」，可是這是萬中無一的事情。

希望你未來能成為一個「一代宗師」，那麼我會是最替你高興的一個人。

第四章
沈尊師、項牛、陸上游泳、開勁、站樁之問

問：

尊敬的黃逸武先生：您好！！近來有幸拜讀了由沈于順指導、先生編著的《懂勁——內家拳的瑰寶》一書，甚感受益良多，覺得找到了良師，一連讀了兩遍，有些字句更是反覆研讀，認此書真乃寶書，讀之大有裨益！

先生所言之根勁對我這位自學太極拳幾十年而至今仍徘徊在太極殿堂之外的人有極大的幫助，是我對拳論「其根在腳，發於腿，主宰於腰，形於手指，由腳而腿而腰總須完整一氣也。」的論述有了嶄新的理解，原來有根方真太極！的確，練到現在我還在打無根之拳啊，思來想去一直還是對「其根在腳」理解太淺！有時自己練拳時，旁邊走過一人都覺得自己似乎站立不穩，何談推手？此一直困惑不已，讀了《懂勁》之後立感撥雲見日。

我想先生定是位胸懷寬廣之人，之前我也讀過許多太極拳的書，多介紹套路動作和一般泛泛而談，近年也見過幾本介紹太極內功或太極拳內功解秘的書，要嘛太高深莫測，要嘛猶抱琵琶半遮面，看了還覺雲裏霧裏。先生的《懂勁》一書完全是自己練功的真實體會，我讀後感覺非

常親切，像是老師在諄諄教導，又像是老朋友在和我談心，幾十年了，多少練太極拳之人在困惑！又有多少人在練太極操！今天終於有了先生的這本《懂勁——內家拳的瑰寶》好書出現，使我相信我中華國寶太極拳真的有望傳承發展，真的能擺脫「太極十年不出門」的悶境，更好造福人類。

冒昧的給您發信，就是了表達我的由衷敬佩之意！先生的這本《懂勁——內家拳的瑰寶》對太極拳的推廣和發揚絕對是一個貢獻，功德無量！受惠而感激之餘我還有一個小困惑，就是如何把握好「命意源頭在腰隙」與根勁的關係，也就是主宰於腰和足底根勁（勁源）的關係，十分盼望先生能不吝賜教！誠懇的謝意！

答：

您來信問「如何把握好『命意源頭在腰隙』與根勁的關係，也就是主宰於腰和足底根勁（勁源）的關係」。鄭子曼青曾在推手歌裡面說：「我有一轉語，今為知者言，湧泉無根腰無主，練拳垂死終無補！」這轉語自然是他老師楊澄甫告訴他的，這時剛好可以轉給你。

若以現代術語來說，可以解釋為根勁是補給部隊，腰隙為部隊指揮中心，這腰作用是分派兵力與補給，手則是攻擊部隊，是前鋒做戰。根與腰的關係，則是要「上下相隨」，打手歌裡面有句「上下相隨人難進」，其意是說補給部隊跟主力部隊連結好，人家切不斷你的補給，你的後援就可以源源不絕而來。

具體練法則需親自面對面調校，方能有成，在此就算寫了萬字，你也可能不清楚我的意思。因為這牽扯到纏絲勁帶領的運用。

若是簡單解釋，可以說運用發勁之時，以丹田為核心，丹田一轉，勁以螺旋方式走兩端，一端發之於手，另一端則往腿腳去尋求支撐與後勁的支援，當勁到手時通常同時也到腳底，這時，剛好就腿身手三勁一體，這樣就能打出整勁，而且迅速，就能達到「命意源頭在腰隙」的說法了。

再問：

尊敬的黃逸武老師：您好！首先值此2016年元旦節日之際向您致以衷心的節日祝賀！祝您新的一年身體健康！精神愉快！闔家歡樂！事業更上一層樓！我住在上海，2015年12月23日夜給您發了一份郵件，很冒昧，也很激動——因第一次讀到一本學習太極拳的好書，對您的無私，由衷的想到要給您發一份致敬信，順便再請教一下「主宰於腰」與「其根在腳」的關係，由於一時激動竟忘了在郵件上署名，在此謹表歉意！真沒有想到您會花寶貴時間給我回信解答問題，而且言語那親切，就像一位相識多年的老朋友！這使我非常感動，對您的平易近人與寬廣的胸懷我深表敬意！

我是70年代自學太極拳的，一次偶然在朋友那裏看到一本楊澄甫著《太極拳體用全書》一下子吸引了我，借來看了一遍，竟深深地喜歡上了太極拳！當即抄錄描印下來，（當時正值大陸文革時期，百花盡殺，此類書籍絕難看到，記得當時我還寫信給國家體委建議他們能放開出版一些體育武術類的書籍）從此開始學習太極拳，一路就是四十多年！期間主要是自學，雖難，但還是樂此不疲，早些年也走過幾次彎路，一次是對「氣沉丹田」掌握錯了，出偏了，造成小腹練得緊實，而氣滯、頭昏、咽梗，而被迫停下來，第二次是對「以心行氣」理解有誤，以致氣機錯亂而被迫停下來，第三次是對「命意源頭在腰隙」理解上有誤，腰腹不分，腰腹均不能鬆，以致行拳僵滯，起不到練太極拳的效果。

以上是我練拳以來明顯的幾次出偏，也僅向您透露，這說明學拳悟拳的確不易，黃先生是太極高手、太極拳老師，我覺得應該向您吐露實情，權且當作我學習太極拳的交流彙報吧。

黃先生，非常感謝您向我推薦您的《懂勁之後——內家勁的修煉》一書和影像，我一定會拜讀，我想一定會從中學到更多的關於太極拳的寶貴知識和經驗。

近幾年有關太極拳方面深層次的著作時有出版，這對我等學練者是福音，我更對我中華國術能發揚光大乃至發展喜！相信黃先生的太極拳著作會是學練太極拳者極好的精神食糧，定會很好的豐富太極文化寶庫，國人乃至人類健康做出貢獻。

隨著對《懂勁》的進一步研讀和《懂勁之後》的拜讀我想我會有更多的收益，到時再和您交流彙報，望不令賜教！再次對您的回信表示謝忱！借此機會對您的指導老師沈于順先生致以謝意並問候！願您桃李滿天下！

新年致喜！

答：

您的兩封來信，悉都轉交給沈于順先生看過，沈先生對於您的來信內容，既感安慰又感慨！安慰的是，當時我出書時，他細心幫我審閱與校稿，終於有像您這樣的人回響過來，不負他當時的一番用心。大陸若有多幾位像您這樣的人，太極的真傳終究還會留傳下去。

而感慨的是，則是您的學拳之路如此艱辛。在我們這邊，只要跟著正確的「明師」學習，便不容易走錯路。您幾次所遇到的重大關卡，對我們而言，卻僅是理所當然之事，根本就不會犯上，不算是關卡。以您如此堅毅的學拳精神，若當時就遇明師，可能成就非常人可比！

沈先生昨日還專程從加拿大打電話來台灣，與我談及您的事情大約半小時，想必對於您的兩封信有極深的體會！

我在懂勁之後，就悟到一項真理，那就是「一勁破萬技」，再多的技巧，在太極內勁之前也只會顯得無用和緩慢，這也是我迄今與不下數百位外家切磋後的感覺，太極看似無力與緩慢，但有了內勁後，卻可以是來的又快又強，完全是直覺反應，不經任何思索，而且還可溫和可剛猛。不像外家的強，就只有鋒頭的剛猛，而沒有內涵的溫和。這是有了內勁之後與各家拳手交手的心得，跟您分享一下！

期望您在我的兩本書陪伴之下，也早日有此感覺！

三問：

尊敬的黃老師您好！同時向您的恩師沈于順先生問

好！

您的這封回信更使我非常感動，您對於一個大陸普通的學拳人的心聲都如此重視，在百忙中給我回信，這充分說明您對太極學子的關愛，更反映了您和您的恩師沈先生對太極拳事業的忠誠與熱愛！我華人大有希望！

這些日我正在認真拜讀您的《懂勁之後——內家勁的修煉》，這本書其太極拳知識含量與功法表述深度抵得上我閱過的幾十本書！對我來說真是醍醐灌頂，受益匪淺！我覺得您的這兩本著作會在太極拳教學中開歷史的先河，後學之人大有可能走出「太極十年不出門，以及太極是老人拳」，只能健身不能實用的誤區，一改半個多世紀以來，我大陸練太極拳人只能講爺爺的爺爺的故事的尷尬。不管如何我太極拳、太極文化能在臺灣光大，或走向世界造福人類，也不枉了祖先的心血！

黃先生，您的《懂勁》和《懂勁後》這兩本著作一定是我修學太極的首選和必讀，作良師益友時刻陪伴我練拳養生。真心希望大陸也能出幾本開誠佈公，不扭捏作態，故弄玄虛的好的太極拳著作。誠摯的感謝您的賜教，如再有大作誠盼推薦！祝您和您恩師沈先生事業更輝煌，桃李遍天下！

答：

先生新春愉快：

沈老師最近從加拿大返台，下午剛剛與我通過電話。你的來信我都如悉轉貼給沈老師，故沈老師對你感覺也格外親切。

今日沈老師打電話，除了稍微指導一些拳理的問題之外，大部分都在談及你的事情。沈老師對於你對太極的熱愛，以及對人的熱忱，與不忘本的忠誠，一直感懷於心。特地交待我，必定要回您信，祝福您新春愉快！

所以，今天藉由這封信，向您拜個晚年，並祝您新的一年，新年新氣象，身體健康，萬事如意。

沈老師特別交代，以後一定要保持聯絡，雖然相隔兩地，說不定以後會見面也不一定。望您以後有什麼問題，請盡可來問，我真的答不出來，還可以轉給沈老師去煩惱，呵……讓他動動腦筋，也算是可以增進他的練拳趣味。

年節沒甚麼好送您的，也就奉上幾段我打熊經的視頻讓您瞧瞧，其實熊經不止一招而已，還是可以變化的。書中只附錄第一節練根的部分，今日就再奉上，練勁、練擠的部分！當做新春賀禮，小東西不成禮，如附件，還望您自己觀賞，別傳播出去！

代沈老師 祝您新春愉快！

（附記：熊經的變化式，已經附在本書的「影片08熊經五部」當中，讀者可自行參閱。）

問：

尊敬的黃老師：

您好！

拜讀過您的《懂勁——內家拳的瑰寶》，頓感茅塞頓開，實真傳一句話，誤傳十卷書啊！在感慨於您博大胸懷和高超武技的同時，實感一絲不解與困惑。我與人推手時，雖用了根勁但卻無法捨己從人，想贏怕輸的思想作怪，無法擺脫手上的頂牛之力。明知有錯，卻不知如何改正，望您百忙中能回信一封，指點迷津，萬分感激！

答：

與人推手雖用了根勁但卻無法捨己從人，原因在於未能體會鬆的真意，鬆是讓人進而不讓人打。另外，若不夠鬆，則是聽勁的功夫便不會太好，聽不確實而攻，自然很容易頂牛。再來則是對手的實力問題。若與對手的內勁是五五波，自然很難佔得便宜，所以，雙方推起來自然也就不怎麼「好看」了。

推手是太極拳是試煉，若推手推的不好，表示自己的太極拳還有缺失，還能改進，有人說太極拳好就好在有了推手，推手可以察覺出錯誤出來，近而改正錯誤。所以，推手時不應該以求勝為榮，而是要以求敗為樂。因為若敗自己便能再改良自己的功夫，若一直勝，則不知如何改才好，反而對於自己的太極拳是沒有多大的幫助的。

所以說，推手是好事，推手輸了更是好事，應該更高興，就像您覺得容易頂牛，那麼就從改不容易頂牛開始，這便是進入王宗岳「打手歌」中說的「沾黏連隨不丟頂」境界去了。

問：

你好，黃武師，我是中國遼寧人，在看了您寫的書《懂勁——內家拳的瑰寶》以後，感覺對太極拳有了全新的認識，感覺不像以前那樣迷茫了。我這人特別喜歡武術，可是因周邊沒有練武術的人，所以始終沒有遇見良師益友，始終在自己摸索，停停頓頓的練了好多年，也是百忙一場。但是看了您的書以後感覺確實有信心了，而且練起書中的22式太極拳以後，有種不能自拔的感覺，練了一遍又想練第二遍，現在練有一個多月吧，感覺每次練拳練到第二遍以後，手就感覺像是在水裏撥動一樣，有點吃力，但是好像不能使勁，希望您能幫我講解一下這個疑惑嗎？我感覺這也不是懂得根勁啊，到底是怎回事啊，是不是練錯了啊？

答：

先生您好：

很高興收到您的來信，您問的問題「手就感覺像是在水裏撥動一樣，有點吃力，但是好像不能使勁」，算是一種打太極拳人的共同感覺，早在我宗師鄭曼青先生所著的書中就已經說過了這種現象，他稱之為「陸上游泳」，所以，你這現象算是走對路了。

不過，若是以練勁而言，則算是逾越了，應該先練到如推鐵球一般沉重，之後，再慢慢拉回至陸上游泳的境界，這才會有成就，否則，終身陸上游泳，仍是輕輕飄飄的，內勁是上不了身的，這樣的內勁只能推水，推不了人。

至於怎麼改、怎麼練？應該要注意所打的太極拳，每一式根勁是否都有帶上來，走到身上，成為內勁，不要去求形態的柔軟美好，而是要自我要求內勁的走升，這才是武術拳架的真意，否則，只能算是舞蹈而已。也別在意節奏跟不上，過快過慢都沒關係，要在意自己內勁有沒有跟上來。這樣練拳才會有趣味，也才會有內容，不是僅求姿態優美而已。姿態優美是不能實用的，若是武術無法實用，那麼就僅僅是「舞」而已，而不是能止戈的「武」。

問：

黃老師，您好，這晚還要給您發郵件，打擾您了，不好意思！

自從上次跟您聯繫了以後，我就買了一套您的新書，可是從台灣到我們遼寧省要需兩個月，所以我閑來無事還是堅持在練二十二式太極拳，自從昨天我聯繫以後，太極拳又有了新的認識和感覺，可是自己又不確定，所以麻煩您幫我解惑。

昨天我練習太極拳就有種腳底與地面相連接的感覺，可是離落地生根好像還有距離，只能說是算得上貼緊地面了吧！

今天下午再練太極拳感覺不單是腳底板有點粘貼地面了，而且感覺兩手特別的費力，尤其是起勢，雙手往下按的時候，像是在往下使勁壓東西。

我現在還沒有感受到好像從腳底往上湧來力量的感覺，不知道我現在練得是不是錯了，真心的希望您幫我解惑，謝謝，麻煩您了。

答：

你這感覺是對的方向，沒有感覺從腳湧上來的力量，是你未移動身體，通常要在拳架運動上才會有反作用力的產生，也就是所謂的「借地之力」，那時候力量才會大，目前僅僅只是一個起式，自然不能包含全部，希望你持續體會這樣的感覺，相信你會持續進步的。

問：

逸武先生：

您好！

因怕自己貪多嚼不爛，故遲至今日才給您寫信，距離上次您的回信已有四個月。

現在練習熊經，在沒有事情打擾的情況下，可以捩轉半個小時以上。在練習的過程中，有時會有以前練「氣功」的得氣感。平時也常能注意到自己是否「聳肩」還是「鬆肩」，鬆肩會感到前肩有些酸痛。腳底也不再是鐵板一塊，能區分前腳掌和腳跟的著力，只是還不能達到區分「1234」的程度，兩腳還沒有感受到「螺旋上升的勁力」。

上下班乘公車時，在空間能容的情況下，便擺出身體微坐的姿勢，在車輛起步、車或轉彎時，藉由腳底傳來的力維持身體的平衡。最近，在這些情形下可以越來越少地藉助車上的扶手了，對您說的「上鬆下堅」似乎有些感悟。

逸武先生，不知能否給我進行下一步的指導？

答：

看你的描述，這算是有些根了，不過算不算是開勁？我則不能跟你肯定，因為我沒摸過你，很多功夫都是要摸過才清楚，有人會講，但功夫練不上身，有的人不會描素，但功夫卻已經練有了，所以，隨師學習是很重要的過程，一面學習，一面更正，才能真正體會精髓，否則，都只是皮毛而已。

至於開勁的部分中，暫時還無需體會上鬆下堅的程度，那是到了練鬆時要學的功夫，開勁要開完整，否則下一堂課的築基，就沒辦法做了，就像建築物不會拿海綿、保麗龍去築基，挖地基時，就是要確實的開挖，確實的打好地基，才能開始灌漿、架鋼筋。

若是開勁功夫練完了，再來，便是要練築基、找勁，至於怎麼築基、找勁，就請看紅皮書《懂勁之後——內家勁的修煉》一書裡面的課程吧！

問：

黃先生好　讀了您的書《懂勁》後收穫很大。現照著《懂勁之後——內家勁修煉》一書和光碟練熊經，現有一問題不明，特來請教。您在書中講道：熊經開勁的橫8字位移，不是單純左右、右左的重心位移，而是漸進式的8字移動。漸進式的位移我能理解，但以身體重心寫橫8字，我揣摩良久也沒法理解。

是以百會穴至會陰一條垂直線用整個上身寫呢？還是用胯來寫（畫）？我又反覆觀看了您示範的熊經視頻，也看不出寫（畫）橫8字的軌。到底如何理解並體認，還請先生明示。如可以，請告之先生電話，好及時請教。如有暇，歡迎作客上海。

誠致

教安！

答：

熊經的橫向8字位移，是指重心的移動，想像把自己身體中線當成是的重心點，這重心點在練熊經之時，身體隨著熊經動作的晃動，重心點便走著週而復始橫8的路徑，這便是橫向的8字位移，這不是很複雜的感覺，不用想太多。

問：

尊敬的黃老師，您好！

近日拜讀您寫的書《懂勁——內家拳的瑰寶》，初步瞭解了根勁以及長勁、短勁等關於太極拳勁道方面的知識以及修煉的方法，獲益匪淺。對於您耗費十數年終於練就太極內勁「發人如掛畫」，既欽佩您的執著和持之以恆，又羨慕您終於得成正果。

我也是一位太極拳愛好者，習練太極拳三年有餘，尤其醉心於太極內勁的修煉。雖平日也得到太極拳師父的點撥，但仍覺不甚得其法而入。近日拜讀您的書後，想循書中方法習練，然本人悟性不高，對書中「二十二式太極拳」，以及書中提及的「熊經」未能完全理解消化，模仿學習起來總覺得不甚到位。為此，特書此信，詢問老師是否有錄製「二十二式太極拳」和「熊經」的演練視頻，以供模仿學習？另外，「熊經」外形看似簡單，實質內涵豐富深奧，老師在修煉的不同階段層次的心得體會可以分享嗎？書中未提及站樁等常見的修煉方法，您是如何看待或練習「站樁」的？

如蒙指教，不勝感激！

祝猴年吉祥如意！

答：

站樁是練拳之外，練功的基本要素，只要是練國術，都是要站樁的，何況是太極拳號稱國術第一神拳，自然也需要站樁。因為樁法即是功法，若打太極拳不站樁，那麼只是舞蹈而已。只是每家的站樁法各有不同，不是統一形式的。因為樁法牽扯到拳法、功法所要發展的內容，所以，各家各有取捨。

在各種勁法中，因為我首重「定勁」，所以，在我的樁法裡，我首選站「定勁樁」，之後重視各種勁法在身體上的表現，故陸續站「龍虎樁、熊經、蟒勁樁、鶴勁樁、羊勁樁、牛勁樁」，最後，為了能以氣運勁，會站「氣勁樁」。以上九個樁法，是練太極功法很厲害的樁法，多練樁法，沒時間打拳架都沒關係，站樁法也是能讓功力增進的。

（**附記**：至於這些樁法怎麼站，則請參閱動手篇的解釋以及所建議的影片57之示範。）

第五章
虛實、骨肉分離、氣功、頭脹、傳藝之問

問：

尊敬的黃老師：

您好！

我江蘇省射陽縣一鄉鎮教師。冒昧給您寫信，敬請諒宥！

我熱愛傳統文化，惜年少時貪玩，學業無有建樹，一失「財」，不能廣遊求學；地處鄉鎮，加之大陸地域廣，而魚龍混雜，道統不振久矣，從而二失「法」、「侶」。一直以為太極拳確是傳統文化之一部分。

因條件限制，只能購書。先後學了陳、楊、趙堡和式小架，經艱苦努力，雖然打出架子，但總感到空有架子。又都一一棄學。後又購書學習吳式太極（北京王培生先生一脈），感覺有東西。遂排除萬難，到北京學了一段時間。目前不輟練習已有四年餘。在練習過程中，收益匪淺，但仍感沒接確到核心東西，雖有了一點點東西，但如霧裏看花，且某些方面似無法用拳經來解釋。

我說這些，也不是否定上述各家，只是歎自己無緣接確到真正的東西。

偶然得到鄭子先生的《自修新法》，本無看重之意，一讀之下，只恨自己接觸太遲。鄭夫子之書一掃我的頹廢之心。由是購了大展出版社的幾本關於鄭子太極拳相關書籍。目前，已能熟練打下來，並練了熊經等基本功。但我知道，書中應該還有東西沒表露出來。

機緣之下，購進了您的懂勁一書。何其幸哉！讀了您第一本，我立即購買了您的第二本。黃老師，您是偉大的！如果說先賢們創造了太極拳，那您就是第一個用現代語言，將太極的本質表述出來的第一人，並能用相應的手段在限定時間段內將之培養出來。

黃老師，太極拳必將因為您而發揚廣光。敬仰之情無以言表，太極拳的歷史上，您寫下了濃墨重彩的一筆。真想拜倒在您門前求您指點。

目前，我無法到台灣跟您學習。不知您有沒有函授課程？如有，能否告知。有生之年，我將創造機會，一定要到臺灣去拜見您。黃老師，不管有沒有函授課程，不管能不能有緣得到您的指點，我都為您創造的奇蹟而驚歎，都祝您在太極大道上早日階級神明！

答：

先生您好：

周末愉快！來信已經收到，看完頗為感慨！很多中國老祖宗的好東西，往往被後人隱匿、誤傳之後，到後來反而是錯誤的當道，正確的反而只能一線單傳，甚至失傳。目前太極已經走向養生路線，但比起目前的健身系統，似乎又差了一截，變成不上不下的老人養生操，而一般人卻只能窺其外像，便以為太極只有柔像，而沒剛像。你算是還有自己見識，知道功夫真髓該在哪裡？這才會真切的去尋找一些蛛絲馬跡出來。

我也把你的來信，貼給我的學生看（我學生從92、76……17歲都有），說他們真是人在福中不知福，好東西就在你身邊，可任你取用，不像你偶得一點光明，便如獲至寶，殷切追求，若我的學生當中，有幾個像你這般用功，自然會將內家勁太極給發揚光大，可惜，現代社會功利主義至上，大多數人學點皮毛就滿足。

是沒錯，只要跟著我的第二本書進度正確學習，自然太極內功上身，甩也甩不掉，甚至有人學了第一堂課之後，就心滿意足，脫離病痛。

但所謂「入門引路須口授，功夫無息法自修」。功夫最重要之點，都還是在起初之始，開始稍微有些差別，後來的發展就會如雲泥之別的遠。所以，重點就是，跟對人練才是重要的，跟對人練，縱使苦練也是樂練，跟錯人練，只會愈練愈糟。跟對練法，還要不斷進行各別的小修正，這才能成大器，不至於走偏。所以，你問我能不能函授，這入門引路的功夫似乎很難在函授時達成，所以，函授教拳是不成的。

但看您求道殷切，我也不忍拒人千里之外，總得讓你得到一點東西，我附上幾段熊經給你看看，或許可以加強你的太極內涵，其實熊經並非只有一式，還可以變化成很多種樣貌，可以練根、練掤、練彈抖、練陰陽，甚至練整勁、練氣，能熟悉熊經，太極也會了一半了。

附件便是《懂勁之後——內家勁的修煉》一書中所沒有展現的態經，你自己收藏起來，看看就好。

又問：

尊敬的黃老師：

您好！

敬收惠存，感謝您回復，並惠贈四式未公開秘笈。感激之情無以言表。尊師重道，是求學者之本。我會將四式影像珍藏，絕不示人！暫無機緣能得您指點，我將創造、等待時機，盼能早日得遂夙願，面詣尊面。

本不敢再擾您清修，然心下罔然無主，故再腆顏打擾，若能得您一兩句解惑，是我之幸甚；我知拳道秘密比金貴，且傳承中有各種禁忌，若您不便回答，是您本分，後學絕不敢有半點不敬。

後學不敢問細，只請教幾個膚淺的問題：

一、鄭子拳法中，腳分陰陽。實腳為陽，虛腳為陰。然常說陰靜實，陽動虛，陰為陽之守，陽為陰之用。到底是實陽虛陰，還是實陰虛陽呢？

二、我有幾本鄭子拳法書籍，有的有不同說法，請師解惑：除了特殊的幾個架子，在37式中，到底應不應該實腳全實，重心全坐實腳？還是如黑皮書中所說，七三分？我透過您的書，感覺你的意思可能只是實腳超過50%即為實，小於50%即為虛，以便於陰陽轉換。不知我判斷正確與否。

三、交叉神經，右腳實，左手即為實。以您「練擠」中，左腳實，右腳虛，從左向右擠時，右手在前，左手在

後，那麼勁從實腳左腳上去，實手是左手呢，還是右手呢？（當然我知道勁是很複雜的。我只想問主要的）

四、攬雀尾，「左掤」一式中，右腿向前，催動左手掤起，當重心過度到左腳。左腿應直下，如栽地上。左手除了承右腿的勁之外，此時應以左腿踏地向上的勁為主。當轉體45度並帶動右腳尖時，此時動力來源應該是左腳向下搓蹬的螺旋力反向上帶動腰，帶動右腳轉成。以上分析，是我自己猜測。不知正確與否。

五、從擠轉成捋時，重心從右腳轉左腳時，此時左膝蓋其實是在左腳掌之外的，在轉移重心時，左腿是不是不應該豎直，仍保持向前斜撐？我感覺如果豎直了，捋時勁就散了，不易吃住前方來的勁。

不敢再擾您。在不影響您清修前提下，懇求您能指點，或請您學生給我指點。再拜。

因我只能讀繁體，不會書寫。所以，寫信後，要轉換字體。收到您的回復，我激動地一夜沒睡，但無法回信致謝。回信遲了，請老師諒宥！借手中筆，托於紙，再一次謝謝您的恩賜。祝黃氏內勁傳四海，祝黃老師太極早階神明。

順頌

夏祺！

答：

先生您好：

對您的問題，作點簡單切要的回覆。

1.鄭子拳法中，腳分陰陽。實腳為陽，虛腳為陰。然常說陰靜實，陽動虛，陰為陽之守，陽為陰之用。到底是實陽虛陰，還是實陰虛陽呢？

1.實陽虛陰為順步，實陰虛陽為拗步，依拳架的不同，都是可以存在的，因為兵無常勢，水無常形，拳本來就是要依勢而變。「陰為陽之守，陽為陰之用」這兩句已經進入陰陽勁的境界，意思是重陰不重陽，便能快人一步，步步踩在浪頭之上。

2我有幾本鄭子拳法書籍，有的有不同說法，請師解惑：除了特殊的幾個架子，在37式中，到底應不應該實腳全實，重心全坐實腳？還是如黑皮書中所說，七三分？我透過您的書，感覺你的意思可能只是實腳超過50%即為實，小於50%即為虛，以便於陰陽轉換。不知我判斷正確與否。

2.一陰九陽根頭棍，三陰七陽仍嫌滯，四陰六陽方好手，能作到4.9比5.1則更佳，我看近年我老師沈先生，已經作到49.9比50.1了，像是進階了一個檔次一樣，又讓人更難捉摩。看到他這樣我也很高興，因為老師都還在進步，自然我們也能有進步空間。

3.交叉神經，右腳實，左手即為實。以您「練擠」中，左腳實，右腳虛，從左向右擠時，右手在前，左手在後，那麼勁從實腳左腳上去，實手是左手呢，還是右手呢？(當然我知道勁是很複雜的。我只想問主要的)

3.以擠而言，能從後腳實，擠到前腳實，而且要由下而上，這才能發揮整勁之功，這才能把對方給擠開，一般而言，擠破捋，也算是掤的加強版，擠式在武術中，唯獨太極拳獨有，能用出擠式者，方是體會出太極之人。

4.攬雀尾是四正推手之組合拳，過於複雜，無法以筆墨回覆，請見諒。

5.從擠轉成捋時，重心從右腳轉左腳時，此時左膝蓋其實是在左腳掌之外的，在轉移重心時，左腿是不是不應該豎直，仍保持向前斜撐？我感覺如果豎直了，捋時勁就散了，不易吃住前方來的勁。

5.看不懂你的意思，可能是彼此「形」不同的關係，通常我的口訣是「出手三分掤」，實際上在運用時，以「勁架子」上的要求為主，勁架子作的好，打人才會脆（勁架子的七項要求，請自行看書中描述）。

附上一則我矇眼盲推的視頻，對方是二十幾歲的年輕人，也請不要分享出去！能矇眼盲推，就是要把拳架練習到隨心所欲，身隨意轉，彼一動則己先動的境界。

問：

黃先生：您好！讀完《懂勁》及《懂勁之後——內家勁的修煉》，迫不及待給您寫郵件，感謝您的無私！這一套書兩本，我買了四套用於收藏。在書中您將您的練功心得與體悟，毫無藏私與我們分享！尤其《內家勁的修煉》這書堪稱字字珠璣，讓人百般研磨得以一窺內家之奧秘！您一葉渡己也渡人，功德無量。現誠懇希望您何時來大陸，能當面向您多多請教！

答：

謝謝您的讚賞，真是謬讚了。您買了這麼多套，真是令人感動，對於您的稱讚，實在愧不敢當。我就只是想把自己的練功筆記，與知道的東西寫出來，供同好參考而已，讓其他同好多一條捷徑可尋，說不上什麼功德。也是想與太極先賢們看齊，貢獻一己之力，讓這樣的研究與學問，不會同我以後的衰退與辭世，而絕響於天地之間。這也算是我的私心了。

其實，太極之道真的是愈研究愈能精進，王宗岳早已說過：「懂勁之後，愈練愈精，默示揣摩，漸至從心所欲。」最近也發現我還在不斷的進步，這一套兩書，在我眼裡已經漸漸不夠精緻了，所以，真的如您所說的渡己也渡人，太極歷代老前輩庇佑，讓我可以不斷的精進，盡己之力發表新的成果。

問：

2016猴年大吉　黃老師

我長話短說：

第一個問題　練熊勁的時候，要脫鞋嗎？

第二個問題　你講的腳皮與腳骨的分離，這裏看得不太懂，是陽腳的分離，還是陰腳分離？

堅持自練，現在兩個人都推不動我了，也不知道開勁成功與否？

答：

練熊經自然可脫鞋，也可不脫鞋，但是與人推手、或者被推時，建議還是穿上鞋子，否則，有時候力量太大，腳皮可能整層脫掉。

腳皮與腳骨分離，正在是體會踩蹬搓揉的感覺，應該說實腳與虛腳轉換實的感受，兩腳都應該會漸漸的感受到，而非僅有陰陽兩分這麼明顯，不是說陰陽相濟嗎？這個「濟」字，便是漸進之意，太極是遇弱則弱，愈強則強的武術，所以，虛實轉換之間，是視對方變化而定，這樣才不會落入「丟」與「頂」的情況。

至於兩人推不動，是不是開勁成功，我不知道，要看對方強不強，不過，能讓一人推不動就算是很厲害了，兩人推不動自然更厲害。哪天若能來給我推一下，我便能印證看看，你是否能有「借地之力」，能有借地之力，才會有根勁。沒摸過容易落入文字障，有時候是力量抗過別人，而不是導引別人之力入地，這兩種境界是不一樣的。

問：

你所著兩本書我都在學習，您的書寫的非常好，很實用。請教您一下，如何看待一些老師強調的內氣運行、丹田轉動等概念，這些都真的能體會到嗎？這些與懂勁有必然聯繫嗎？

答：

內氣運行、丹田轉動與懂勁沒有必然的關係，但懂勁之後，在一定條件之下，可以輔助內勁的強度，發勁會更大一些。若真要分辨，可以視為本末或幹枝之間的差別。

練勁練到後面，是可以外氣觸動內氣來練成內勁的（這功夫在「氣勁樁」該篇之中，有介紹，可自行參考）。

問：

黃老師您好：

最近有個問題，自古武術講究苦練，一些太極名家也強調低架，您是如何看待這個問題的？您在書中提到，有了勁之後，雖然架子高，但也是不輕鬆的；作初學，您認應該怎練，如果要「苦練」，重點該是什呢？謝謝！

盼覆！

答：

所謂「入門引路須口授，功夫無息法自修」。功夫最重要之點，都在起初之始，開始稍微有些差別，後來的發展就會天南地北之遠。所以，重點就是，跟對人練才是對的，跟對人練，縱使苦練也是樂練，跟錯人練，只會愈練愈糟。

問：

逸武大師好：

學生是個楊氏太極拳的癡迷愛好者，給您寫信唐突了，學生習楊氏太極拳已經3載，因練功不得法，未能入太極之門，現在我只有雙臂沉重，手掌有麻木之感，看過先生所著《懂勁》一書，頗震撼，按書中所記練習，體感較深，3月來功力明顯加深，但尚未體察懂勁之一遇，雙腳的骨肉分離非常明顯。學生總覺不如人意，反覆細讀先生《懂勁》後找到了原因，每天練習熊經還是不夠，書中提到先生自創22式太極拳，新穎有效，但網上和國家書店均未出售該套拳之視頻，懇請先生賜之，以窺探太極之懂勁妙處。不遠黃河之萬里盼海峽相同。

此致：

求助於黃河之濱

答：

腳掌有骨肉分離感是很好的體悟，這表示腳掌能確實的貼穩地面，要注意不要用腳趾去抓地，那是錯誤的方法，腳趾抓地只能抓到襪子而已，是抓不了地面的，而是要用腳掌去貼穩地面，尤其是腳掌「1」的位置，接觸地面更是重要，若是實腳時，腳掌的「1」一離開地面，便立刻斷了根，變成了虛腳。

至於二十二式太極拳架視頻，已經有三十四式的版本，隨書附贈於《懂勁之後——內家勁的修煉》一書，您若買了該書，光碟肯定會附贈給您，若是沒有附光碟的，九成九是盜版的。

問：

黃老師：

您好！

我是河南省鄭州市一名初學武術新手，練習太極拳不到一年時間。以前看過一些拳理方面的書。

由於著迷，這一段時間從頭到尾認真看了您寫的《懂勁——內家拳的瑰寶》一書，深受發：只有練出根勁、整勁、虛實相濟的長勁，才算練對了。您書中三大章內容：懂根（太極拳道之本體），懂用（太極拳道之功用），懂練（太極拳道之形相）。接下來就是學習者自己，在二十二式太極拳練習實踐中，去驗證、悟道您書中講的根勁、整勁、虛實相濟的長勁，日積月累實現功夫上身。道的體、用、相、證，完整合一，才是真道。否則都是假的虛的。

非常敬佩感激您毫不保留地把您練習、研究太極拳的真識寫出來，公佈於人。好多人要嘛有功夫但講不出其中原理，要嘛不願意公佈自己的體會和發現，要嘛是一直模仿學習他人自己卻不明其中原理。您的書雖然只有180多頁，但研讀後，深感句句真言，體用合一，知行合一，非常難得。

我現在的狀態是大腦在探索懂勁，身體還沒有懂勁。看書、看視頻，向老師請教，初步知道一些練習要領，但身體對勁的感覺還沒入門。

您書中二十二式太極拳，練習方便，招式不多、容易記住，重點是能功夫上身，直接體會懂勁。但是，直接找書上您寫的文字、照片去練習，怕練習有偏差、錯誤。能否錄製一下您示範練習二十二式太極拳的視頻，加上口頭講解，做成光碟，在以後版本中，隨書出售。若能給俺郵箱先發一套視頻，不勝感激！

答：

目前武術界果真如你說一般，要嘛不知其所以然，要嘛知道不講，更多是既不講也不知道，最後騙徒弟也騙了自己。至於二十二式太極拳架視頻，已經有三十四式的版本，隨書附贈於《懂勁之後——內家勁的修煉》一書，您若買了該書，光碟便附贈給您。

問：

黃老師您好：

拜讀完您的大作《懂勁》，有幾個問題向您諮詢一下，望老師能在百忙之中能給予解惑一二：

1.我練了幾次「熊經」，感覺頭頂部有脹感，感覺頭頂好像有個東西，我非常不喜歡這種感覺，這個情況不知是什原因？是我練的不正確嗎？還是其他原因？怎避免出現這種感覺？

2.關於你的的22式根勁太極拳，請問有沒有視頻講解，看書好像不能完全搞明白怎做？

答：

您好：

回答你的一個問題，練熊經會練到頭頂有脹感，我是第一次聽到，我想你一定練錯了，先歇一會兒再練比較好，所謂「入門引路需口授，功夫無息法自修」，愈是基礎的功夫，愈是要人引路親帶，這是我教拳多年來的心得。既然你現在練出不該有的問題來了，就先停一下吧。

若以醫學觀點來說，頭部感覺發脹，那定是血壓升高，或者腦壓升高之故。原則上，熊經是屬於感受「借地之力」之纏絲勁練法，主要是練腿至丹田，我想或許您擰扭身體過多，造成血壓往上流竄之故，才會造成你感覺頭發脹，身體是要放鬆的，熊經的七大要求「鬆身、頂頭懸、沉肩墜肘、含胸拔背、坐胯、膝微彎、盤根勁」，其中頭一個便是「鬆身」，鬆身後身體便不會弄僵了，氣血自然暢通。

另外，可以試試脫掉鞋子看看，接地氣後，也能把壓力釋放出去，頭部大概就不會發脹了。

至於二十二式太極拳架視頻，目前已經有三十四式的版本，隨書附贈於《懂勁之後——內家勁的修煉》一書中，君可自行取閱。

問：

黃老師，您好！收到您的回信與熊經視頻，我非常高興，謝謝你的熱心指導，也在練習熊經。我能看懂繁體字，大學讀中文的。問題是我在大陸沒法打開您給的銷售網址，所以，買不到你的大作，在台灣，有一位外婆領養的舅舅，四九年被抓當兵去台灣，可是彼此沒見過面也沒聯繫，不想麻煩他八十多歲老人了。抱歉想麻煩黃老師，你在中國大陸有無靠得住朋友，托他帶一本《懂勁之後——內家勁的修煉》書，到他工作地方後，我會三倍價錢用微信支付方式給他，他如果來南山找我，我會款待他，如果有，一定來信告訴我您朋友名字和手提電話，如果沒有，我再看有無親友去台灣旅遊，替我買一本。

以你所說內家勁，深圳教太極的以陳氏多，他們推手，有點像摔跤兼擒拿關節，如果您來深圳與他們交手，只要別給他擒拿關節，估計罕逢敵手，收徒弟學生不是問題。以你功夫，每月每人2000元人民幣學費招生，應該能招夠。最後，謝謝老師熱情指導，我打字慢，也不會編輯排版，亂寫一通，請見諒！更正，請你朋友將書帶到大陸寄給我，我給錢他。

答：

先生您好：

感謝您的讚賞，因為近期沒打算去大陸傳藝，所以，大陸那邊武術怎樣，也就不想去考究太多。不過，太極拳畢竟還是源自大陸，內地裡還是有很多的不出世的高手，或許北方較多人練太極拳，您身處南方，或許可能比較少遇到高手而已。

至於書方面，台灣這邊的出版社告訴我，若去滔寶網購買，還是可以買到正版的，你不妨一試，若是真的買不到正版的，就遷就買山寨版的，先充充飢吧，您的好意我在這邊心領了。附一張《懂勁之後——內家勁的修煉》書的封面給你。

祝您　事事順心

問：

黃先生您好！

我是您的忠實讀者，看了您的《懂勁》後收益匪淺！非常感謝您能把內家拳的秘訣分享給大家！

我已是知天命之人，四年前由於身體原因練習陳氏太極拳，經過幾年的練習，初步收穫了太極拳給自己身體帶來的好處。

但是，我也感覺到自己練習的是太極操，功夫無法再進步了。看了您的書後，對繼續練習太極拳有了比較大的信心。

答：

只要練太極拳的人，都算是一家人，因為太極一家親。太極剛開始練得不好，只練出太極操也沒關係，總比都不運動的好。只是若要再深入研究，那麼，就必須要開始找勁練功法了，這算是進階的功課，找到勁，練出勁之後，功法便會增強，打太極便會妙趣橫生，算是太極給進階人的獎賞，期望您也能藉由我的書，找到自己的太極內勁。

第六章

來台習藝、運勁、身鬆、借地力、力與勁之問

問：

黃先生，您好！

昨日偶然購得大作《懂勁》，當即被深深吸引。廢寢忘食地通讀一遍，從字裏行間感受到您懂勁的自信。欽敬之餘，感歎自己因病開始練習陳式太極拳四年，兩赴陳家溝，每日堅持站樁，雖身體逐漸強壯，但一直只在太極殿堂門口打轉，無緣得窺得內勁之門。

書中腳底1234的落腳點順序使我受到震撼，大成拳、形意拳的很多書籍都提到腳底出功夫，我相信這是一條正確的道路。但數著1234落腳，感覺真是邯鄲學步，彷彿走路都不會了。

根據自身經驗，知道練好22式拳架，僅僅看書是不夠的，斗膽問先生，我可以到臺灣當面請教嗎？此外還有兩個問題：熊經是不是形意拳的熊形？可以先練落腳1234，練熟再練腳4321嗎？

答：

先生您好：

今晚剛收到來信，索性就馬上回您信吧！

的確想從《懂勁》一書，窺得懂勁之妙，確實不易，因為文字描述總會因人而異，作者與讀者很難只從書中就達成共識，尤其是中國內家的東西，就更難了，甚至連常與師傅見面也很難溝通清楚，否則，我與我老師就不會磨了8年時間了。

腳底的1234原則上是練踩蹬搓揉的根勁之用的，練熟了能不能變成4321？我的答案是不行，最多可以把1234順序變成同時踩下，或者12同時，34跟上，因為若是4321的話，通常就「先斷根」了，但仍有變數，我的34式裡面，也有幾式就是得34先上，之後12才踩上去的。

你一定好奇，為何不是22式呢？因為後來我在臺北教拳，又增加了幾式其他內家拳的東西進去！而且也把教拳的內容，編成了另一本書，名為《懂勁之後——內家勁的修煉》是紅色封面的，與《懂勁》封面類似。

至於你來台灣求教，我想暫時不需要，已經有馬來西亞、新加坡等地的人想來台灣利用短期密集跟我學拳，都被我婉謝了，原因在於貪多嚼不爛，通常我建議起碼要4個月以上的時間跟我學習，一週教學2小時，然後學員在一週內，持續鍛鍊，下一週再教新的，唯有透過這樣的循序漸進學習，功夫才會上身，否則，縱使腦袋懂了，身體還做不到，也是枉然！

所以，建議你既然都有來台學拳的意念了，就多去買一本《懂勁之後——內家勁的修煉》來看看，這本附有光碟，裡面熊經、拳架、單練、發勁都有，而且書中分成了17堂課學習，只要在看完後一堂課，一堂課的練，你絕對會發現，有驚喜之處出來。

問：

去年未能成行，十分遺憾。不覺又虛度了一年，功夫未有寸進，來台求教之心益切。我提前一月準備，現已辦好一切入台手續，只盼黃先生十一期間不會遠遊。願天遂人願。

答：

先生您好：十一長假我沒事，剛好前二週前也教了一位大陸人氏，讓你看看他試勁的視頻。名為「陸人試金雞」：九月上旬，陸人金氏為吳式太極傳人，習太極十三年餘，來台問藝，對其示一手獨腳接勁功夫，陸人試罷驚呼：「原來傳說中的金雞獨立是真的！原以為是先人造假。」大感佩服，遂拜師求藝，一週方返。

您還真有心，還想專程台灣一趟，不過功夫一向是涓滴成河的，非一時一日之功。一週之內可能什麼也學不到，您若來台觀光、經商，自然歡迎，若專程來學拳，我倒是不建議。

不過，看在您這麼有心的份上，我就跟您說說熊經吧，熊經其實可分四個階層，您在DVD上看到的熊經，其實只是其中之1/4而已，我教學生的則是教四個層次，若是熊經練的好，不只根好，連內勁、氣功也能學會，我附件給你四個步驟的視頻讓您看看。以下是其分析：

熊經首部曲，熊經練根，練根的熊經著重在於腳底的踩蹬搓揉與大小腿的緊繃感，注重左右位移高於身體的旋轉，多練之後此式後，腳底的抓地力會強韌，進而能與大地產生連結，這是熊經的首部曲。

熊經二部曲，熊經練擠，天下武術之中，擠這個動作只有在太極拳獨有，這動作是讓身體的纏絲勁發放於手上，如同螺絲釘鑽入木頭中一般。練習的重點在於單重的一邊把纏絲勁許許緩緩的注入雙手掌之上，就如同螺絲釘轉入木頭中一般。

熊經三部曲，熊經練勁，練勁的熊經與練根的熊經，內勁的螺旋上走勢剛好相反。練勁的熊經是注重螺旋大於位移，纏絲的那隻陽腳剛好在一開始擔當重任。從腳掌的第四點往外撇之後，開始把纏絲勁往上送，外手如做掤狀，但重點在於內手的擠出，這式又可稱為「玉女穿梭」，常練此式，縱使不打拳架，內勁也能大增，現在是我練拳架之前的必備運動之一。

熊經四部曲，熊經練氣，能練到這一部，便可說是充分發揮太極練氣的感應，此式是以第三部為基礎所做的衍生，第三部以內手的穿梭發勁，到了第四部則以外手的揮掌做放氣，要放氣的先決條件，在於能先從腳底湧泉吸收到氣上來，然後氣經過腳、身、手後，再從手掌緩緩揮出，常練此式，身體便如地氣的導體，可常存好氣，放走壞氣，讓身體更加健康。而且此式還可以驗證，有氣之人在放氣時，他人若舉起手掌，可以讓他人感受如同磁場一般的互斥感。

問：

黃先生，您好。看完大作，有些問題請教，①腳底踩蹬搓揉是要用力還是用意？②勁的傳導是身體感覺還是用意？③上步是不是後腳掌發力帶動前腳上步？請釋疑解惑，拜上。

答：

先生您好：

你所問的問題①與②都不是用力與用意，而是用勁，太極是講究內勁的內家功夫，但絕不是像氣功一般用意念引導，而是實實在在的用勁在走。

至於第③項上步自然是後腳為實渡到後腳為虛的過程，不是由前腳所帶動的。

問：

黃先生您好。謝謝回覆解惑，再請教幾個問題。我練楊氏二年，我們這路講究鬆散通空，可能愚鈍，還不能體會到勁的感覺，按老師講目前還只能體會下沉的味道而且還不精純。

①要怎才能有勁，練熊經嗎？

②虛實兩腳是零到一百的慢慢轉換嗎？

③有勁有根是什感覺？怎樣練有效呢？

答：

先生您好：

光練熊經單式若沒有指導，很難有勁的感覺，最多只能練陰陽相濟之感，至於有勁的感覺，是很明顯的，不會虛無飄渺，是不管怎樣都是下比上堅，若上比下堅時，那就是斷根了。

至於虛實轉換，是比密度，差的0到100，強的話則是49到51，再強的則會是49.9到50.1，彼此的密度不同，密度越強者轉換的位置愈小愈快，也就愈靈活。就如拳經所說「一動無有不動，一靜無有不靜」。

勁怎麼練，因人而異，若要真切找到自己的勁，就要來跟我學上一段時間，讓我幫你找，才有把握讓你勁上身。

問：

黃逸武老師，

您好！

我買到了您的書，嘗試按您書裏說的練習練習。

在第一課開勁，熊經開勁的秘訣。

①8字位移。

我的問題:

重心從左腳轉移到右腳，8字這個字的位移起點在哪裡終點在哪裡？單左移到右的話，是整個8字，還是半個8字？8字位移，能否給個箭頭示意具體什方向移動？

②踩蹬搓揉，具體是怎樣的？是與腳掌落點1，2，3，4的順序嗎？具體怎做的？

③繃緊單腳腳筋，是指陽腳吧？蹦緊是不是腳的肌肉也要隨之繃緊吧？

麻煩您指點一下。熊經看似簡單，實際做起來應該不容易。因視頻上您示範的熊經，具體看不出來怎動的。作您線上的學生，願意按您武館的收費來交學習費用。希望按您指點，經過幾個月的努力，可以做好熊經，慢慢開勁。

答：

先生您好：

難得你有心問了這麼多的問題，甚至提出繳費的意願，真讓我感動！不過，功夫若不是親眼見著練，很難知道你哪裡要改正，哪裡繞一下便可，有內行人說這叫「摸摸手」，能力再強的人，也要透過摸與觀察，才好因材施教。只透過通訊的教學，我想是不可行的。就算前兩位大陸來的朋友，跟我學了一週，我也很難保證他們學了多少回去。

不過，我還是稍微回答一下你的問題，8字位移它是一種循環，所以，沒有起始與終點，在乎的是順暢性，沒法正確的8字位移，也沒關係，有陰陽渡濟便可。移動時注意膝蓋的內扣，還勝於腳掌的1234。

踩蹬搓揉是一整句話，不是分開練習，其中腳掌的「1點」最重要，是根中之根。

繃緊腳根，就是纏絲勁的源頭，之後勁會往上走，自然會繃緊小腿、大腿的肌肉，這就是纏絲勁往上走的感覺，我們要做的是，讓這種感覺不要太快走掉，要蓄在體內，太快走掉是發勁，蓄在體內是養勁。

其實，熊經不止一式而已，在我教學中，熊經已經有5式要練，看你求道殷勤，就多發兩式讓你看看！看會不會明白一些。

問：

黃逸武老師您好，

雖然有點不好意思打擾您，但是我真的很想說，因為您的《懂勁》的兩本書，真的受益良多，也因而開啟了練太極拳新的一扇門！ 最近1～2個月開始學太極拳，總覺得不知道為什麼感覺就是欠缺了某種東西，但是經過閱讀您的書籍後，一切豁然開朗，突然間瞭解到練拳的重點是什麼。以前雖然感受的到勁在身體裡流竄可是比較沒辦法去控制，但是開始練根勁以後更有辦法從腳底借地力控制勁的去向，就這點就已經值回票價了！ 而漸漸瞭解了纏絲勁，陰陽相濟，跟骨肉分離的感覺後，現在光是練基本功甚至平常走路都覺得總能有所精進。

下一個目標就是繼續練習熊經，虎步，猴舒還有熟悉您的34式中的每一單式，就算是永遠不及您的等級，只要能持續以您為目標不斷進步就夠滿足了。

不過，雖然收穫很多，當然問題也很多，其中最困惑的一點是有關於纏絲勁。以前因為運動的關係右膝比較容易受傷，開始練習纏絲勁後，雖然能感覺到腳底生根還有從腳下一路螺旋過腰跨的勁，但是總有種膝蓋內側緊繃稍微不適的感覺。

那種感覺讓我擔心會再度受傷。反觀我的左膝倒是沒這種反應。我知道為了能夠實際感覺到那纏絲勁的感覺可能剛開始動作誇大了一些，所以稍微拉傷了，不過我還是很好奇那種螺旋勁跟落地生根的感覺要到什麼程度？

是不是我為了逞快做過頭了？ 剛好想趁這機會冒昧的跟您請教請教，畢竟要是練錯了就白練了，要是受了傷更是沒得練拳，真的不值得。

不論如何，黃老師，誠摯的謝謝您的努力研究還有無私分享讓我獲得了無價之寶，雖然希望有機會當面跟您學習，但即使是遠在國外的我還受您指導了。也因為長期在國外的關係，要是這篇給老師您的信函有任何不敬或不禮貌之處，先跟您說聲抱歉，還請您見諒，多多包涵。

答：

你好：

很高興你能從我書中體會到內勁的重要性，若練傷了，表示練錯了，不可強行再練習。螺旋勁與落地生根的感覺要練到什麼程度？是要練到感覺自己的腳掌「1」點的位置，若一碰到地，就會生根三尺的穩定度，是最佳的感覺。若感覺自己還不穩，站著還會東晃西晃，那就還不行，還有進步空間。

若與人搭手時，要能感覺別人一碰到你的手，兩腳掌馬上根勁向下竄，別人推你時，能將對方的力量透過自己的身體引導至地面上，力大力小都能導引，這樣大致上就可以了。

問：

感謝您，這麼毫無保留地把核心武學著書立作，功德無量啊！《懂勁——內家拳的瑰寶》最吸引我的是您練熊經頓悟根勁。

我目前收穫有三點：

①之前我內心一直認為內家拳發展這麼多年，應該這樣越來越有效率才是，應該由少數幾個基本功反覆操練達到一個水平懂勁之後才開始單式練習，而後才是拳架，而不是像目前大多數一開始就拳架練習，事倍功半。

②之前練過無極樁，最近從貌似傳自形意拳的站樁要領「陽緊陰鬆」才體悟到應該這樣站樁，就是書中提到的拉肌腱、韌帶的練法來練勁。而我目前的師父卻不認同，心中矛盾，您的實踐讓我堅定原來的想法是對的。

③確實您的方法是頓悟，我一直要尋找的練法就是這種，而不是我師父和大多數人教的漸悟練法。今後如有疑問，還請多多指教，感激涕零！

答：

形意拳也是很好的拳種，是內家三大拳之一。只是因緣際會有沒有機會學到，與適不適個人需要而已。至於熊經其實不止一式，在我教學當中，已經有5式在教。

看你也是求道殷切，我就把教學的熊經多附兩式讓你看看，學拳最主要是在「理解」與「實踐」。理解是讓腦筋懂了，實踐則是要讓身體懂了，實踐越多，理解就會越快，理解越快，很多神奇的事情，就會在身體上發生，例如充沛的勁源，三打一的巧勁，以及神乎其技的發勁等等，都是從理解與實踐互相配合而產生的效果。

所以，聽得懂師傅的意涵，再加上，身體能配合到，兩者相輔相成，漸漸就能隨心所欲出來。

問：

黃老師您好:

我學練太極拳近兩年了，不得要領，看了您《懂勁——內家拳瑰寶》一書非常興奮，如同看到一盞航燈有了目標，感謝老師您無私奉獻寶貴的體悟經驗。現有兩個事情請教，一是您練習跟勁的熊經和您編的二十二式有沒有教學視頻；二是我今年已經50歲了，還能否練出跟勁來。

盼望老師百忙之中給我指教一二。謝謝！謝謝！

答：

50歲練內勁，正是時候，太年輕時要練，反而因為肌肉發達，會過度依賴肌肉力，都練到肌肉力去了，唯當肌力衰退時，反而是勁力取代肌力的最佳時間。至於拳架與熊經的視頻，都收錄在我另一本書中《懂勁之後——內家勁的修煉》。

練肌肉跟練勁沒有任何衝突，有時候，反而可以相輔相成，只是人年紀越大，肌肉越難練，且容易受傷，受傷了又不容易痊癒，所以，五十以後練鬆沉勁相對比較安全。

所以，太極為何10年不出門，往往是自己年紀未到，年紀輕時太依賴肌力，只有當自己漸有些年歲之後，這時候才會反求諸己，找尋替代漸漸式微的肌力，這時勁力自然產生出來，也就水到渠成，功力也就出來了。

第七章
8字位移、錯路、拉筋、虎步、發勁之問

問：

黃師傅，您好！很高興看到您在百忙之中能予回復，再次感謝。

去年我把吳國忠的書幾乎買完了，讀了以後，還是茫然，主要是把太極拳變成氣功類來練。我照他的書練了三個多月的熊經。沒有一點收穫，看了您的兩本書後才知道站立太寬，要虛實分清必須彎很多膝蓋，膝蓋彎太過，力反而卡在膝蓋，膝蓋就會傷痛。

後來偶爾在網上收索到您的兩部大作，看是鄭曼青大師一脈傳人看的，就試試買了兩本（今年冬月初六）。一看嚇一跳，原來太極是這樣的。沒有根就沒有太極，書又缺少章節，原來是翻版。於是又買了正版書兩本。拜讀後就開始練熊經，越練問題越多，這才鼓起勇氣給您寫信。心想來台學習一週，可是現在單位制度嚴格了，春節都要值班。只有國慶長假才有時間，遺憾萬分。到有空時一定來學習拜師！

但現在還是想請教幾個問題。

一、熊經。實腳蹬變移位吋的力點是1234或湧泉哪點

開始的。

二、虛腳變實腳時，始終是1點接力或者1234到湧泉（腳心）。旋轉時再做一次1234點到湧泉止。做8字旋轉。

三、12點做扇形散開式移壓，2點移34點時蹦緊腳筋（就是前腳掌骨上，腳皮在原地不動，感覺離開一釐米似的，湧泉上吸，腳背腳趾反而有抓地的感覺）。

四、虎形的兩腳1234的變化。

五、倒攆猴的1234變化。

六、走路吋兩腳1234點變化。

七、我看到您的視頻也有腳根先落地的時候，又不明白了。

要是您有內部教材，我們能先做一段時間的網路學員。雖然練得不正確，但大體方向是對的。等到有時間時，一次來學習幾天就能明白開勁。然後再來幾次就能有大一點的收穫。亂寫一氣，還望原諒！謝謝！敬待佳音。2016年臘月二十八夜。

答：

新年之際，祝您新年快樂！看你來信問了許多問題，看似需求複雜，其實是一直繞著一個核心問題在打轉，有時候是幾個問題是先後問題，但可能你不清楚，所以，把它們通通題來問。

其實，太極或者熊經都是如此，只要先把核心問題解開，其他順著走絕對不會錯，而且你必定也會知道它們是同一個問題的先後，不會混淆一起來問。這便是「一舉燭而天下明」。

太極的核心在於根，有了根才能產生了根勁、進而產生了纏絲勁、抽絲勁，之後才會有丹田勁、彈抖勁、最後形之於手後，才有整勁、寸勁的應用，就如大江濫觴之初只是涓滴之水，至海時已是波濤洶湧。

熊經是練根最好的功法，熊經練的好，你就會懂得根與根勁、纏絲勁、抽絲勁、彈抖勁，也能練成氣感。熊經的核心則在於腳底，腳底的核心問題則在於「踩蹬搓揉」這四個字的應用。光這四個字，我通常上課都需要兩堂課才能教完。

通常我是沒辦法隔空教學的，教學生我必須親身教，也須親眼看著學生練，然後，不斷的改，甚至，有時候要以勁餵勁，用我的勁引導學生的勁出來，這才有辦法讓學生學會正確的開始步驟。武學中的老話「入門引路需口授，功夫無息法自休」，沒看著教，學生天分再高，肯定體悟的必與師傅不同。所以，你說的函授，我是做不來的，也不建議去做。

不過，看你求道殷切，我把教學生時的部分熊經練法寄給你，看你會不會天份特高，說不定就此開悟，而自行體悟了。

熊經在隨書的視頻裡面只有第一段，而在我的教學裡面，則可以做出另外五段出來，我就寄給你前三段，讓你看看熊經演伸出的變化。

問：

黃師傅您好！

大作《懂勁》兩本書已拜讀，確受啟發。

您書中說到腳掌踩蹬搓揉的1234點變化，正如襠跨勁的橫8字運轉相符。

關於左右兩腳掌的1234點配合順序是否如下：

左1——右3

左2——右4

左3——右1

左4——右2

即是說當左腳根勁運轉到1點時，右腳根勁應當在3點，餘類推。

當然這是在兩腳都平實踏地時的一般情況而言。

正確否，請指正。

答：

先生您好：

你說的腳掌變化與我書中說的意思不同，所以，無法正確回答你的問題。

練太極走錯路不算冤，冤的是不回頭埋頭苦練，太極是改錯拳，沒有人一開始就是對的，一定都是邊練邊改，只要大方向不走錯，多繞一點路也算是多欣賞別人沒看到其他風景，也不算冤。

問：

黃老師，您好！

我自去年11月幾封郵件後沒再聯繫您，一是買到書後發現需要仔細研讀，二是需要有體會後再請教為好。近來有些收穫，但尚有疑惑還請老師指正。

拉筋五式非常好！我從拿到書後第一天起每晚按老師

的教程必練一趟拉筋五式和80下熊經，為了專研熊經，剛開始沒練虎步。每晚拉筋五式後身熱，身體微汗將要滲出的樣子。

熊經，一開始我就把它當做重點來練，學老師每晚左右各80下。對照視頻和書中說的體會六項感覺，練了兩月多沒啥感覺和進展，一直對「踩蹬搓揉」4個動作該怎麼做不明白。

到了2月初才意識到腳底沒有做出1234點的動作，然後我調整了熊經練法為：兩足平行分開，剛開始體重先漸漸移動到左足，同時轉身，左足底從1、2、3、4點順序扭動，路線呈「s」型，到了4點，向左後方繞個小弧度，此時上身尤其臉部已面對左側，再如視頻動作，身體後坐落胯，左足同步自然伸展，體重漸漸移至右足。右足再如左足1234點扭動（此時呈現跟「s」對稱的反「s」路線扭動）；兩足交替扭動時，1、2點輕貼地面，3、4點相對重些壓地面，這樣一足中也分陰陽。

如此練了3天就感覺腳掌底有點厚度感，有點像動物的肉掌，感覺腳底變軟、變厚些。想到「骨肉分離」可能是筋變得粗壯後而自然把骨肉撐開吧？不知熊經是否這樣練？「踩蹬搓揉」的動作是否靠1、2、3、4點來體現？

靜候佳音！

答：

很高興看到你的來信，您的腳底感覺大致上是正確的，由其對於腳底的骨肉分離的感覺是正確的，腳底骨肉分離的目的，是為了讓根勁更能傳導，就像樹根螺旋式的擰住了腳下泥土，並支撐住樹幹。而且骨肉分離要再配合「三角架構」的話，形態就穩固，練的好，就會像我給你視頻中的「陸人試金雞」一樣，單腳站著讓人推，推都推不動你。

至於腳底的踩蹬搓揉，則是整體的應用，不能單獨拆開來感覺。別被文字障給迷惑住了。

希望你繼續鑽研，太極拳是不會辜負人的，你給它多少時間練習，它通通都會還你多少時間，並會加上利息以及加贈「一生健康」，咱們共勉，一起各自努力研究！

又問：

非常感謝黃老師這麼快就回復！一早就看到郵件，白天忙，現在才回復您，請見諒！

多謝指點迷津，我明白了。另外我說說我的虎步，我是兩天前3月12號再看書時再次調整了虎步練法，發現效果很好：

一、是在我的熊經練法中感覺前123點練得比較有感覺，4點扭得不多，感覺弱些，腳跟的筋就感覺不夠明顯，而虎步剛好彌補了這點。

二、是虎步走起來時，貼身內衣在兩肩部位感覺纏繞，兩膝蓋上下也有此感；練後腳掌活絡，如泡腳後的舒服、溫熱、膨脹感；大小腿好似整合為一體。也嘗試平常走路時腳跟3、4點扭動，傳動帶動身體前移（右腳3、4點扭動斜向左帶動左腳前行）。

我的虎步走法是：

①左實腳，輔佐右腳外八字伸展，右大腳趾落地從1

至2點腳掌外旋搓揉，腳掌落地生根。

②左腳跟從3點至4點向外轉為主，帶動身體重心右移，緊接著右腳從2點至3點同方向輔佐向左邊扭，漸漸過渡到右足成實腳。

③反之，左大腳趾向前著地，左足從從1至2點腳掌也是外旋搓揉……

④這樣，兩腳都分別1到4點都搓揉到。

再次感謝老師指點！

答：

虎步它沒你想的複雜，只要連續打「摟膝拗步」式就是虎步了。

因為熊經已經練好了根，虎步就只需練腿即可，每一式分工合作，才能練到全身來，這樣才不會偏頗。

我書中曾說「靜在熊經，動在虎猿」，動在虎猿的意思就是前進以「摟膝拗步」式，而後退時則以「倒攆猴」式為練勁的招式。

問：

尊敬的黃老師你好：我是一名北漂的奮青，在一家私企上班，畢業至今已有五年了。平時上班很枯燥也沒什娛樂活動，所以下班就玩玩遊戲逛逛商場。去年冬天的時候公司比較忙，加班時和同事在聊天就聊到了太極拳，一個同事說他曾見有人用太極把人打的好遠，當時好多同事都說那是在演戲，是安排的。

我因小時候習過武，所以並沒有不相信，之後年前不太忙時我就買了兩本關於太極拳的書，一本是《松溪內家拳》一本就是您寫的《懂勁》，買下了也沒怎看。今年上班之後一直不太忙，就想著閑著沒事幹學學太極吧。

以前習武的時候是跟著以當過偵查兵的前輩學的，他教過我捕服拳，自己那時候也看過《松溪內家拳》，還自學了一套光明拳，不過沒敢在師傅面前打。

當時覺得很有成就感，但就是覺的打的很彆扭，沒有想像中太極的柔。（其實現在想想自己當時是用外家拳在打太極覺得好搞笑）

想起自己以前打光明拳時的彆扭，就想著先瞭解一下吧！實際在看之前都完全沒有放在心上，只覺得拳法才是主要的。自從看了《懂勁》才覺得自己以前是那麼搞笑，居然那樣理解太極。我幾乎是一閑下來就看書，同事們都說我著魔了，我自己也感覺中了太極的毒。

不到一個月時間我看完了《懂勁》，對太極也有了全新的認識，同時我對中國武術也有了全新的認識。也看了徐浩峰導演導的電影，還有他的《逝去的武林》，很敬佩那些前輩們。

我也見過很多練武的，但是都沒有前輩們那樣的豪情，雖然現在世界變了，還是很羨慕自己能生活在那些武林高手倍出的年代。前兩天我又買了一本你寫的《懂勁之後——內家拳的修煉》，看了一點但字體上看的有點不太方便，有些地方看不懂。所以想問問老師有沒有辦法解決一下這個問題。

另外，在此感謝黃逸武老師讓我真正瞭解太極。還請老師能不吝賜教，指引我如何修煉太極。謝謝老師百忙中的查看，叨擾了！

答：

北漂的奮青你好：

來信看了，知道你都買了我的兩本《懂勁》著作，不過，想必你一定沒有看過我的視頻，因為在大陸流通的《懂勁之後》大致上都是盜版的，所以，都沒有附上贈送的DVD光碟，把視頻給省略掉了。若有視頻你應該更清楚一些才對。

能在檯面上講的懂勁之道，大概也都寫在兩本書之中，剩下的就是一些直指人心的地方，這些地方，若雙方沒見著面，你看著我，我看著你，是很難教導與領會的。

你能那麼喜愛太極，總會有機會學到好的太極功夫的，也希望以後我們有機會見面。

問：

敬愛的黃師傅：

本人是來自香港的同好，我國中時先習葉正派系的詠春拳，後來我對其他中華武術都感到興趣。不過無奈的是現在社會上的武術大多數是新派武術，就是那些以表演為主的和被人詬病的花拳繡腿。那不是對武術本質來說是本末倒置嗎？

幸好我在機緣巧合之下，在網上看到有高人介紹您的書，那叫《懂勁之後——內家勁的修煉》，然後我就線上買了。那的確是本難能可貴的好書啊～

不久我跟著書中所示開始練熊勁開勁，而且創意地將其理念/原理加入詠春拳的二字拑羊馬和側身馬/偏馬，接著發現我的日字衝拳功力有明顯增強耶～！ 開始理解到『根勁』（1234）和『鬆垮』對『力從地起』/人體工學的重要影響力，換句話說，我用身體明白那些是『拳架』的要點啦！（我想這些東西越來越少華人知道，直接導致現在中華拳術衰敗嚴重……）總之您寫的那本書真的啟發我不少呢。

我現在開始學練鄭子太極的五禽戲和您在書中所講解的34式太極拳，希望自身功力可以在短時間內提升。我現在23歲，自己存了一筆學費為這個只有高中學歷的我去美國讀大學。我希望能夠盡量學習現在中華武術還剩下寶貴知識，等我去到國外有機會打業餘比賽或MMA時，能夠有點成績以鼓勵大家復興中華武術的本來面目或實力呀～！

最後我想問一些簡單問題，請問單腳只能靠發糾纏絲勁來增強力量嗎？還有，我如何自己真的懂纏絲勁，而非只是只懂自家的『寸勁』呢？ 陰陽轉換只是指自身重心的轉換而已？

答：

先生你好：

很高興你能喜歡我的《懂勁之後——內家勁的修煉》一書，這書是我教拳時的教課書，裡面由潛至深把練內勁的步驟與方法，大致的記錄在書上，許多細微與關鍵的練法並沒有著墨在書上，一來是很多事事必須親自看著學生練，邊練邊改，因才施教，所以，沒寫在書上，不過，大致上是已經算是一本最能練內家勁的書了。

你網路上看到的高手，果然是高手，能看上我書的人。通常99%都來信讚賞前一本書《懂勁——內家拳的瑰寶》，這本書是我開悟懂勁時候寫的，很能讓一般練了幾十年太極拳，仍是空架子的人有相同感觸，所以，華人圈裡賣得很好，兩岸都有出繁體、簡體版，大陸一年銷售量甚至已經快要台灣總量的10倍之多，可見多數人仍在架子階段，進不了太極核心裡面。若是你沒有看過，倒也可以買來一看，或許，感悟更多。

從你的形容之中，感覺你很不錯，能從熊經體會到二字箝羊馬的功效，進而增進你詠春的功力，上週我才晤面一位學詠春的人，我就用詠春站二字箝羊馬的步法，讓他推，他一分也推不動我。但他自己用他們的二字箝羊馬的站法讓我推，我卻一手便輕易地推開他，甚至推他時，讓他毫無感覺，因為他吃不到力，便已飛出去。

這是因為我用長勁推他的關係，長勁不像短勁、整勁、寸勁，打人會痛、會受傷，長勁是讓人摸不著便能讓人發出的勁，這勁自然是從根勁起來的，對方摸不到我的根，自然無法預防。後來他大感佩服，也願意投入我門下開始學習太極內勁。

你真可謂後生可畏，年紀雖輕卻肯練功，還有大志向想打MMA，真屬難得，願你美夢成真。

關於你問的問題，很多都必須要面對面才能學的真確。若是要自己練勁入門的話，還是以練熊經來找勁求鬆，是比較容易上手的，我家鄭師祖曾言：「熊經練會了，太極就會一半。」熊經就是熊的經典動作，既然你已經在練五禽戲了，可持續下去。

至於陰陽轉換的問題，我只能說當然不止身體重心的移轉，這是最初淺的分辨法而已，練到高段，無處不陰陽，身體有陰陽、四肢有陰陽，一個腳掌就能分陰陽，一手之上也能分陰陽，甚至，對方也能分陰陽，這樣我們就能跟對方「合太極」，他陽推我陰走，但卻也從另一個角度陽進，讓他越推越吃虧，自己推自己，這樣才能我獨知人，而人不知我。

若沒嘗試過，是很難想像內勁的魅力，也無法理解的，不過，摸一次是嘗鮮，摸十次百次，就是學習了，以後若有機會，大家見面可以聚聚、試試勁。願我們彼此在共修路上共勉前進！加油！

黃逸武

本書完。

導引養生功

全系列為彩色圖解附教學光碟

張廣德養生著作　每冊定價 350 元

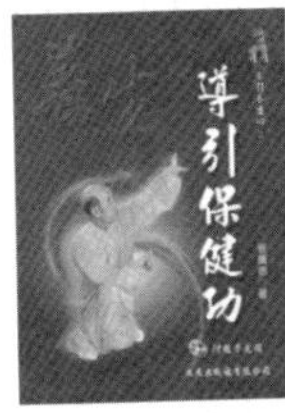

輕鬆學武術

太極跤

彩色圖解太極武術

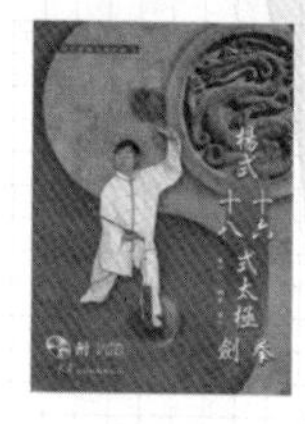

養生保健 古今養生保健法 强身健體增加身體免疫力

歡迎至本公司購買書籍

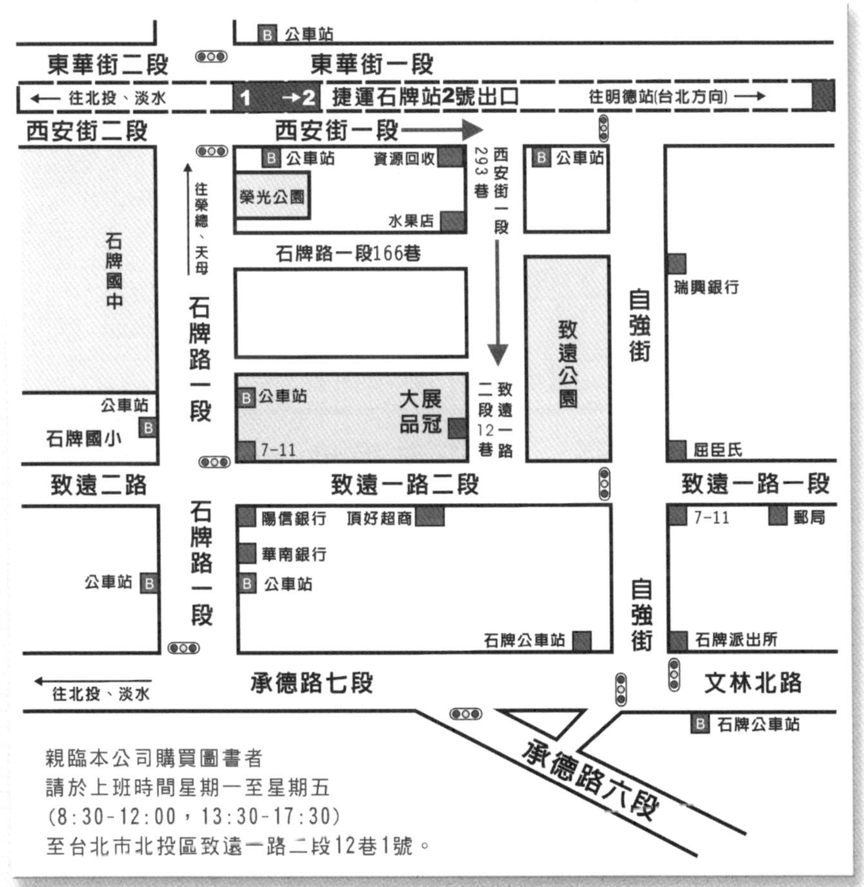

建議路線

1.搭乘捷運

淡水信義線石牌站下車，由月台上二號出口出站，二號出口出站後靠右邊，沿著捷運高架往台北方向走(往明德站方向)，其街名為西安街，約80公尺後至西安街一段293巷進入(巷口有一公車站牌，站名為自強街口，勿超過紅綠燈)，再步行約200公尺可達本公司，本公司面對致遠公園。

2.自行開車或騎車

由承德路接石牌路，看到陽信銀行右轉，此條即為致遠一路二段，在遇到自強街(紅綠燈)前的巷子左轉，即可看到本公司招牌。

國家圖書館出版品預行編目資料

懂勁釋疑—講手與懂推／黃逸武 著
—初版—臺北市，大展，2018[民107.11]
面；21公分—（武學釋典；32）
ISBN 978-986-346-227-9（平裝；附數位影音光碟）
1.太極拳
528.972　　107015541

懂勁釋疑—講手與懂推 附DVD

著　者／黃　逸　武
責任編輯／孟　　甫
發 行 人／蔡　森　明
出 版 者／大展出版社有限公司
社　址／台北市北投區（石牌）致遠一路2段12巷1號
電　話／（02）28236031・28236033・28233123
傳　真／（02）28272069
郵政劃撥／01669551
網　址／www.dah-jaan.com.tw
E-mail／service@dah-jaan.com.tw
登 記 證／局版臺業字第2171號
承 印 者／傳興印刷有限公司
裝　訂／眾友企業公司
排 版 者／千兵企業有限公司
初版1刷／2018年（民107）11月

定　價／500元

大展好書　好書大展

品嘗好書　冠群可期

大展好書　好書大展

品嘗好書　冠群可期